U0927091

《中国非公有制经济人士统战研究基地丛书》
主编　范柏乃

宁波大学非公有制经济研究院资助

地方政府促进社会力量参与社会救助的机制构建研究

唐果　贺翔　著

中国财经出版传媒集团
中国财政经济出版社

图书在版编目（CIP）数据

地方政府促进社会力量参与社会救助的机制构建研究／唐果，贺翔著. --北京：中国财政经济出版社，2020.8

（中国非公有制经济人士统战研究基地丛书／范柏乃主编）

ISBN 978－7－5095－9911－2

Ⅰ.①地… Ⅱ.①唐… ②贺… Ⅲ.①社会救济－制度建设－研究－中国 Ⅳ.①D632.1

中国版本图书馆 CIP 数据核字（2020）第 128800 号

组稿编辑：周桂元　　责任校对：李　丽
责任编辑：周桂元　　责任印制：张　健
封面制作：孙俪铭

中国财政经济出版社 出版

URL：http：//www.cfeph.cn

E－mail：cfeph@cfeph.cn

社址：北京市海淀区阜成路甲 28 号　邮政编码：100142

营销中心电话：010－88191537

天猫网店：中国财政经济出版社旗舰店

网址：https：//zgczjjcbs.tmall.com

北京财经印刷厂印刷　各地新华书店经销

787×1092 毫米　16 开　18 印张　300 000 字

2020 年 8 月第 1 版　2020 年 8 月北京第 1 次印刷

定价：72.00 元

ISBN 978－7－5095－9911－2

（图书出现印装问题，本社负责调换）

本社质量投诉电话：010－88190744

打击盗版举报热线：010－88191661　QQ：2242791300

《中国非公有制经济人士统战研究基地丛书》

编　委　会

总　　序

党的十八届三中全会明确提出，要“支持非公有制经济健康发展”。《中共中央关于全面深化改革若干重大问题的决定》明确指出，公有制经济和非公有制经济都是社会主义市场经济的重要组成部分，都是我国经济社会发展的重要基础。必须毫不动摇鼓励、支持、引导非公有制经济发展，激发非公有制经济活力和创造力。

截至2018年底，我国中小企业的数量已经超过了3000万家，个体工商户数量超过7000万户，非公有制经济对经济社会发展的贡献可以用“56789”来概括：税收贡献超过50%，国民生产总值、固定资产投资、对外直接投资均超过60%，高新技术企业占比超过70%，城镇就业贡献率超过80%，对新增就业贡献率达到90%。非公有制经济为我国经济社会发展作出了巨大贡献，在促进经济增长、激发创新、扩大就业和增加税收等方面发挥了重要作用。

在中国经济加快转型发展和进入新时代的背景下，非公有制经济的发展形态正由传统工业化向新型工业化转变，发展动力从资源消耗为主向创新驱动为主转变，发展体系由外向型经济向统筹内外、内外结合转变，发展业态由传统集聚为主向现代产业集群为主转变，管理体制从家族管理为主向现代管理为主转变，发展目标从商品输出为主向资本输出为主转变。

非公有制经济的转型发展，离不开非公有制经济人士的智力支持。我国的非公有制经济人士，是适应社会主义初级阶段解放和发展生产力的需要，在改革开放、发展社会主义市场经济过程中出现的一个新的社会群体。经过 30 多年的发展，非公有制经济人士的构成主体已发生巨大变化：由过去的主要以农民和城镇待业人员为主，发展到包括从党政机关、国有企事业单位、大专院校、科研单位分流出来的行政干部、中高级知识分子，以及海外归国人员在内的庞大队伍，并且这支队伍仍处于不断发展壮大和变化之中。非公有制经济人士具有较强的社会责任感，为经济建设和社会发展作出了很大贡献，已成为我国社会主义现代化建设的一支积极力量、统一战线的重要成员。

非公有制经济的蓬勃发展以及非公有制经济人士的健康成长、队伍壮大更加离不开围绕非公有制企业、人士的体制机制和制度环境的建设，尤其是政府职能的转变、行政体制的改革以及法治、市场和资本等环境的优化。2015 年 5 月，习近平总书记在中央统战工作会议上指出，促进非公有制经济健康发展和非公有制经济人士健康成长，要坚持团结、服务、引导、教育的方针，引导非公有制经济人士特别是年轻一代致富思源、富而思进，做到爱国、敬业、创新、守法、诚信、贡献。2016 年 3 月 4 日，习近平总书记在看望出席全国政协十二届四次会议民建、工商联界委员并参加联组讨论时进一步强调指出，非公有制经济要健康发展，前提是非公有制经济人士要健康成长。

《中国非公有制经济人士统战研究基地丛书》正是基于以上背景，在中国统一战线理论研究会非公有制经济人士统战工作理论浙江研究基地的出版资助下，吸收宁波大学、浙江大学等省内高校和科研机构，长三角乃至全国范围内的非公有制经济和非公有制经济人士的专家学者，以及实际工作部门人员，精心组织并撰写本套丛书。丛书主要围绕非公有制企业、非公有制经济人士、非公有制企业（人士）成长环境和体制机制改革等领域进行系统研究，深入探讨非公有制企业的市场拓展、技术创新、企业传承、文化建设、社会责任，非公有制经济人士的成长动力、成长瓶颈、成长机制，营商环境（如法治环境、市场环境和资本环境），以及政府职能转变等一系列重要问题。

出版《中国非公有制经济人士统战研究基地丛书》，可以为非公有制经济企业转型发展提供咨询服务，为党和政府决策提供事实依据，为促进非公有制经济健康发展和非公有制经济人士健康成长提供实际指导。

目　录

第一章

导 论

第一节 相关概念内涵

著名哲学家路德维希·约瑟夫·约翰·维特根斯坦（Ludwig Josef Johann Wittgenstein，1921）曾经说过："概念引导我们进行探索。"[①] 厘清概念是研究问题的逻辑起点。地方政府是由中央政府为治理国家一部分地域或部分地域的某些社会事务而依法设置的政府单位。在当前我国政治架构下，地方政府通常存在四级形式，分别为省（自治区、直辖市）、市、县（区）、乡（镇）四级地方政府。地方政府是救助困难群体的主体，"郡县治而天下安"。囿于权限管理限制及掌握的政策资源有限，县（区）、乡（镇）两级地方政府促进社会力量参与社会救助的政策多受制于上级地方政府，故本研究中地方政府主要指省级地方政府、市级地方

---

① 路德维希·约瑟夫·约翰·维特根斯坦．哲学研究［M］．陈嘉映译．上海：上海人民出版社，2001.

政府。

社会救助是国家和其他社会主体对于遭受自然灾害、失去劳动能力或者其他低收入的公民给予物质帮助或精神救助，以维持其基本生活需求，保障其最低生活水平的各种措施。

社会力量是指能够参与、作用于社会发展的基本单元，包括自然人、法人。法人是在法律上人格化了的、依法具有民事权利能力和民事行为能力并独立享有民事权利、承担民事义务的组织。组织包括第一部门（政府）、第二部门（企业）和第三部门（非营利组织）。企业为了在激烈的市场竞争中生存发展，具有很强的逐利性，参与几乎无利可图的社会救助的积极性不高，故地方政府有必要通过政策引导，促进其参与社会救助活动。中国老百姓对困难群体的救助主要以血缘、地缘和姻缘关系为基础，呈现出由近及远、由亲到疏的差序救助格局，通常不太愿意救助不认识的困难群众，故地方政府应该促进公民个人积极救助陌生困难群众。在众多类型的非营利组织中，慈善组织是救助困难群体的主力军。救助困难群体是慈善组织的宗旨，其天然具有参与社会救助的动机。慈善组织可以分为官方慈善组织和民间慈善组织，官方慈善组织由政府成立并直接或间接受到政府各种特殊的资助、支持以及控制，民间慈善组织由民间人士自发成立并自主开展活动，通常得不到政府的特殊照顾，相应地也不太受到政府的控制或支配。由于实力和资源所限，民间慈善组织在救助困难群体时经常陷入心有余而力不足的困境，导致其消极救助困难群体。故地方政府要通过支持民间慈善组织发展来促进其积极救助困难群体。本书中社会力量是指企业、公民个人、非营利组织尤其是民间慈善组织。

本书以公共管理、工商管理等相关理论为指导，在对地方政府促进社会力量参与社会救助的理论依据、现实动因，以及社会力量参与社会救助的优势、问题、途径、内容进行分析的基础上，对我国沿海地区慈善事业发展水平进行测评，调查企业、公民参与社会救助的影响因素，以及民间慈善组织发展的影响因素，构建出地方政府促进社会力量参与社会救助的机制。由于浙江省企业众多，民间非营利组织活跃，公民富裕，其社会救助工作水平一直处于全国前列。故本书以浙江省为例，研究地方政府促进社会力量参与社会救助的机制构建问题。

第二节 研究意义

一、理论意义

本书增加了社会救助领域的知识存量。在中国，社会保障研究始于20世纪80年代中期。当时，社会保障研究被等同于社会保险研究，故对于社会救助（之前被称为“社会救济”）的研究非常薄弱。直到世纪之交，“城市居民最低生活保障制度”开始受到关注，社会救助研究才逐渐受到重视。但是，从学术理论到实践经验层面直接论述社会救助制度的著作仍然是凤毛麟角（唐钧，2008），社会救助方面的教科书也始终未见。2008年乐章编著的《社会救助学》出版，才改变了我国没有社会救助教科书的窘况。可见，我国社会救助理论研究严重滞后于社会救助实践的发展。本书厘清了社会力量参与社会救助的主要途径，从理论上构建出地方政府促进社会力量参与社会救助的机制，从而增加了社会救助领域的知识存量。

二、实践意义

本书指出了地方政府促进社会力量参与社会救助的具体路径，有助于提升我国社会救助水平，改善困难群众生活质量。2014年，国务院颁布的《社会救助暂行办法》首次将社会力量参与社会救助作为一章进行阐述，指出“社会救助管理部门及相关机构应当建立社会力量参与社会救助的机制和渠道”。[①] 不过，长期以来，我国在社会救助中比较强调政府的主体责任而相对忽视社会力量的作用，造成地方政府缺乏支持社会力量

---

① 国务院．社会救助暂行办法［EB/OL］．https：//baike. baidu. com/item/% E7% A4% BE% E4% BC% 9A% E6% 95% 91% E5% 8A% A9% E6% 9A% 82% E8% A1% 8C% E5% 8A% 9E% E6% B3% 95/12800073？fr = Aladdin，2020 - 2 - 18.

参与社会救助的经验。本书作者通过调查研究得出结论：为了有效促进企业参与社会救助，地方政府应该构建针对企业高管的社会救助意识培养机制、企业社会救助营销引导机制、慈善组织公信力危机预警机制；为了促进公民积极参与社会救助，地方政府应该构建慈善组织诚信建设机制、公民社会救助意识培育机制，完善税收优惠政策执行机制；为了通过促进民间慈善组织发展来推动其积极参与社会救助，地方政府应该构建民间慈善组织发展政策方案规划水平提升机制、政府向民间慈善组织购买服务机制、慈善文化教育机制，完善高校培育慈善人才的引导、鼓励机制，对民间慈善组织实施“凭单制”。

第三节 成果创新之处和主要建树

一、主要创新之处

（一）首次构建了地方政府促进社会力量参与社会救助的机制

长期以来，我国在社会救助中比较强调政府的主体责任而相对忽视社会力量的作用。国务院于 2014 年 2 月颁布的《社会救助暂行办法》首次把社会力量参与社会救助作为单独一章进行阐述，表明我国逐渐重视社会力量在社会救助中的作用，学术界由此才开始重视社会力量参与社会救助问题。本书首次从企业、公民个人、非营利组织等方面首次构建出地方政府促进社会力量参与社会救助的机制。

（二）创造性运用工商管理学科的价值链理论、PEST 模型研究构建出民间慈善组织发展影响因素指标体系

国内学者对政府促进民间慈善组织发展的研究相对不足。截至 2018 年 2 月，在中国知网（www. cnki. net）上以“民间慈善组织”作为内容检索条件进行文献检索，找到 59 条结果；再以“政府”作为内容检索条件在检索结果中检索文献，只找到 5 条结果。为了检索到更多文献，以“慈善

组织”作为内容检索条件进行文献检索，找到664条结果；再以“政府”作为内容检索条件在检索结果中检索文献，找到52条结果。可见，国内学者对政府促进民间慈善组织发展的研究比较欠缺。本书创造性运用工商管理学科的价值链理论、PEST模型构建出民间慈善组织发展的影响因素指标体系，并厘清了地方政府促进民间慈善组织发展的主要对策。

（三）首次提出了社会救助营销的概念，厘清了企业实施社会救助营销的形式

在中国知网（www.cnki.net）上以“企业救助”作为内容检索条件对论文进行模糊检索，截至2016年12月，只发现12篇论文研究企业实施社会救助的问题。而且，这些论文主要研究企业救助自己困难职工的相关问题。可见，国内学术界对企业参与社会救助的研究比较欠缺，没有学者对地方政府促进企业参与社会救助问题进行研究。本书运用工商管理学科的企业社会责任理论以及市场营销理论对该问题进行了研究，首次提出了社会救助营销的概念，并厘清了社会救助营销的主要形式。

二、主要建树

（一）厘清了社会力量参与社会救助的主要途径

社会力量参与社会救助的途径分为间接参与途径和直接参与途径。间接参与途径指社会力量通过影响社会救助政策的制定、监控社会救助政策的执行等途径来参与社会救助。社会力量影响社会救助政策主要体现在两个方面：一是推动与困难群体相关的问题进入政策议程；二是提高社会救助方案规划的科学性。

社会力量直接参与社会救助的途径指包括非营利组织、企业、公民在内的社会力量直接参与社会救助的途径。公民个人直接参与社会救助的途径主要有两条：一是公民个人通过慈善捐赠参与社会救助；二是公民个人通过志愿服务参与社会救助。非营利组织直接参与社会救助的途径主要有两条：一是非营利组织独自实施社会救助；二是非营利组织与政府合作实施社会救助。企业直接参与社会救助的途径主要有两条：一是企业实施纯粹的社会救助；二是企业通过公益营销参与社会救助。

（二）构建了地方政府促进社会力量参与社会救助的机制

通过调查发现，“企业高管社会救助意识”“企业经营业绩”“慈善组织公信力”对企业参与社会救助有较大影响。为了有效促进企业参与社会救助，地方政府应该构建企业高管的社会救助意识培养机制、企业社会救助营销引导机制、慈善组织公信力危机预警机制。

通过调查发现，“慈善组织诚信”“社会救助意识”“税收优惠政策”等三个因素是地方政府促进公民参与社会救助的着力点。为了促进公民积极参与社会救助，地方政府应该构建慈善组织诚信建设机制、公民社会救助意识培育机制，完善税收优惠政策执行机制。

通过调查发现，“政治环境”“人力资源管理”“市场营销”“社会环境”是影响民间慈善组织发展的主要因素。为了通过促进民间慈善组织发展来推动其积极参与社会救助，地方政府应该构建民间慈善组织发展政策方案规划水平改善机制、政府向民间慈善组织购买服务机制、慈善文化教育机制，完善高校培育慈善人才的引导、鼓励机制，对民间慈善组织实施“凭单制”。

（三）提出社会救助营销的概念，厘清了企业实施社会救助营销的形式

社会救助营销是以关注困难群体的生存发展、社会进步为出发点，借助社会救助活动与消费者进行沟通，在救助困难群体的同时，使消费者对企业的产品产生偏好，提高企业的知名度和美誉度的营销行为。它能够兼容社会利益和企业利益，不仅有助于企业发展，还有助于提高社会救助水平，具有互利、共赢的特点。

社会救助营销的形式主要分为以下四种：一是社会救助宣传，即企业通过设计带有激励性的广告语或倡导语与公众进行沟通，加强公众对社会救助的了解和关心，说服人们通过奉献自己的金钱、非货币资源或者亲身参与到救助困难群体活动中来。二是社会救助关联营销，即企业用于救助困难群体的金额按照一定比例与其产品销售额或者营业收入挂钩。三是慈善捐赠营销，即企业慈善捐赠的目的不是纯粹地做好事，而是把慈善捐赠与企业的营销战略结合起来以期促进企业产品销售。四是志愿服务营销，即企业组织其员工、分销商、零售商等合作伙伴奉献他们的时间为残疾人、老年人、贫困家庭等弱势群体提供服务，以期通过志愿服务提高企业声誉，树立良好企业形象。

第二章

地方政府促进社会力量参与社会救助的理论依据与现实动因

第一节

地方政府促进社会力量参与社会救助的理论依据

一、治理理论

20 世纪 70 年代以来，西方国家认识到资源配置存在政府失灵和市场失灵现象，开始进行政府行政体制改革，治理理论应运而生。治理理论否定了传统管理理论中政府是唯一管理主体的观点，认为多种主体应该共同合作来管理社会事务，政府不再是唯一权力中心。治理理论的主要观点有五个：

（1）治理的主体。治理理论认为政府、企业和非营利组织应该作为治理主体共同来管理社会事务，政府不再是传统意义上实施管理的权力核心，但政府依然在社会事务管理中扮演着重要角色。

（2）治理主体间的关系。在传统管理理论中，政府与其他组织的关系是管理者与被管理者的关系。治理理论把这种关系转变为了合作与互动的伙伴关系，认为各个治理主体之间是平等互助、相互依赖。

（3）治理中承担的责任。传统管理理论认为，政府是社会管理的唯一权力来源，社会管理的责任都由政府承担。治理理论则认为治理主体的多元化必然导致责任主体的多元化，政府应该将相应的责任让渡给进行社会管理的其他组织。

（4）治理的目标。治理理论的最终目标是使公共利益最大化。政府在社会管理中无法使每位公民的个人利益最大化，但必须尽力为每位公民提供使个人利益最大化的机会。治理理论主张政府与其他组织共同合作，在公平、公正、公开的原则上实现公民利益最大化。

（5）治理的本质。治理理论认为治理的本质是以互惠合作为基础的网络协调机制，超越了以竞争为基础的市场协调机制和以行政命令为基础的计划机制。治理的本质是达到国家的善治，即治理主体在公开、公平、公正原则的基础上相互合作，最终实现公共利益最大化的目标。

二、政府失灵理论

政府失灵理论最早是由美国经济学家保罗·萨缪尔森（Paul A. Samuelson，1948）提出。政府失灵指个人对公共物品的需求在现代议会制民主政治中得不到很好满足，公共部门在提供公共物品时趋向于浪费和滥用资源，造成公共支出规模过大或者效率降低，政府的活动或干预措施缺乏效率。政府失灵主要可归纳为三种类型：政府内生性失灵；政府外生性失灵；政府体制性失灵。

由于市场这只“看不见的手”和政府这只“看得见的手”都会不可避免地失灵，学者们开始寻找一种在两者失灵时能够有效弥补的方式——第三部门。第三部门作为除市场和政府之外的第三只手，对弥补市场和政府失灵发挥着日益重要的作用。它承接了从政府手中让渡出来的一部分权力，例如对准公共物品的供给，从而使公权力对私权利的损害降到最小。那些政府不能涉及、不该涉及或是第三部门提供起来更有效率的领域就交由第三部门去做，以减少政府失灵带来的损失。

第二节
地方政府促进社会力量参与社会救助的现实动因

一、"治理"理念逐渐深入人心

2013年召开的党的十八届三中全会把"推进国家治理体系和治理能力现代化"作为全面深化改革的总目标，表明中国共产党和中国政府对社会政治发展规律有了新的认识。从统治走向治理，是人类政治发展的普遍趋势。"多一些治理，少一些统治"是21世纪世界主要国家政治变革的重要特征。治理理念重视社会管理力量多元化，强调处于市场与政府之间的第三部门管理社会的必要性。正如弗里德里希·奥古斯特·冯·哈耶克（Friedrich August von Hayek，1960）所说："第三部门常常能够，而且也应当能够以更为有效的方式为我们提供大多数我们在当下仍然以为必须由政府提供的服务"。①

二、社会救助形势比较严峻

根据我国制定的每人每天生活费用支出1美元的贫困标准，截至2016年，中国农村有7000多万贫困人口，城市有1000多万贫困人口，这些贫困人口主要集中在贵州、云南、四川、广西、湖南、河南等经济欠发达省份。如果按照国际上通行的每人每天生活费用支出1.25美元的贫困标准，那么中国还有两三亿贫困人口。而且，随着供给侧结构性改革进一步推进，钢铁、煤炭、水泥等行业去产能的深入实施，也可能会造成一些人因下岗失业而陷入贫困。

---

① 弗里德里希·奥古斯特·冯·哈耶克．法律、立法与自由［M］．北京：中国大百科全书出版社，2000.

三、社会救助中存在政府失灵

虽然经过几十年的改革和发展，我国社会救助制度建设取得了很大成就，公民的基本社会保障权益初步得到确立，以最低生活保障制度为核心的社会救助体系框架基本形成，救助力度持续增大，救助发挥的作用越来越大。但是，社会救助中依然存在政府失灵问题。例如，一些经济欠发达地区的政府受财政状况制约，社会救助资金短缺，无法对困难群众实现应保尽保；有些地方政府对申请社会救助的困难群众的资格审查程序复杂，资格审查耗时较长，造成部分困难群众不能及时得到救助甚至放弃救助；生活救助、医疗救助、住房救助、教育救助等各种社会救助专业性较强，相关政府部门因缺乏相关专业人才而造成社会救助效率不高；部分政府部门工作人员官僚主义严重，服务意识缺乏，导致社会救助水平低下。

第三章

社会力量参与社会救助的优势、问题、途径和内容

第一节 社会力量参与社会救助的优势

一、能够多渠道、有效地动员社会救助资源

社会力量具有动员、整合包括公益慈善资源、志愿资源等等社会救助资源的功能。非营利组织由于其特殊的价值观、主体的志愿性、盈余不可分特点，能够吸引民间救助资金。《慈善蓝皮书：中国慈善发展报告(2016)》指出，目前，慈善会系统和基金会系统接受的慈善捐赠约占中国慈善捐赠资源的80%，处于中国社会捐赠的主导型地位，政府民政系统接收捐赠量已经不足百亿元。这证明了非营利组织能够多渠道、有效地筹集社会救助资金。

与以个人捐款为主的欧美慈善市场不同，中国企业一直是慈善资金的主要捐赠者。随着中国经济发展及企业管理日益成熟，越来越多的企业主动承担企业社会责任，不仅积极进行慈善捐赠，还为困难群体提供就业

机会。

近几年，随着我国法治慈善不断取得进展，公民个人参与慈善事业的积极性不断提高。尤其是在“互联网＋公益”浪潮的推动下，公民个人捐赠行为发生了显著变化，碎片化、随时随地的小额捐款正在成为“互联网＋公益”的主要社会捐助形式。以腾讯公益为例，2015年，腾讯公益平台上的年度捐款总额就超过了5亿元。此外，随着公民社会的逐步形成，志愿服务等志愿活动日益成为公民社会生活中重要的部分。2015年，我国登记注册的志愿者人数超过了1亿人，参与志愿服务的活跃志愿者人数为9488万人。

二、能够准确了解困难群体救助需求，及时弥补政府救助范围、方式的不足

由于政府财力有限及公平性考量，困难群体陷入贫困的原因各不相同及其救助需求的多样性，造成包括低保边缘人群、支出型贫困家庭在内的一些困难群众无法被纳入政府救助范围。另外，政府救助方式主要是现金救助，而困难群体救助需求是多种多样的，既可能需要现金救助，也可能需要看护、心理疏导或者能力提升等服务救助。民间性是社会力量的特点之一，社会力量的民间性使其能够深入到困难群体之中，准确地把握他们的救助需求，有助于社会力量根据实际情况及时采取科学、有效的社会救助措施。例如，我国的罕见病患者有千万人之多，但是大多数治疗罕见病的药物没有被纳入医保用药目录，导致一些罕见病患者因经济原因不能及时得到有效治疗，且心理上备受煎熬，而民间成立的各种各样的罕见病非营利组织在一定程度上弥补了政府在这方面的欠缺。以瓷娃娃关怀协会为例，该组织根据成骨不全患者的不同情况及需求，通过医疗救助、创办杂志、召开病人大会等措施，不仅在医疗、生活等物质方面解决了患者及其家庭的一些困难，还对患者实施心理疏导，进行精神救助。

三、能够提供更加专业化的社会救助

志愿性是非营利性组织的特点之一，许多非营利性组织成员是由从事某一行业的专业人员组成的，他们除了自身本职工作外还参加相关志愿性活动，故其在提供相关专业性社会救助方面具有较大优势。而且，由于大多数非营利性组织、企业和公民个人长期处于某个专门领域，专注于某些

特定的社会群体，故其累积了丰富的相关经验，具有较高的专业化能力。例如，律师协会在向困难群体提供法律援助方面具有专业优势；河北经贸大学心理学专家刘猛成立了“妈妈之家”，为汶川地震中因丧子而成为失独者的母亲们提供心理救助。

第二节 社会力量参与社会救助可能引起的问题

社会力量参与社会救助有助于推动我国社会救助事业发展，不过，社会力量参与社会救助可能会带来一些风险。一是少数非营利组织和公民个人以社会救助之名牟利。虽然多数非营利组织和公民个人出于纯粹利他主义动机、精神回报动机积极参与社会救助，但是非营利组织和公民个人违反非营利原则，打着社会救助旗号牟利的现象时有发生。例如，××省×××基金会以“公益医保”名义高息揽储，以“投资”名义涉足地产放贷，放贷已成基金会主业，公益支出却寥寥无几；云南“慈善妈妈”王××假借筹建敬老院事由敛财。二是个别非营利组织和公民个人在社会救助中伤害困难群体。莱斯特·M. 萨拉蒙（Lester M. Salamon，1996）认为：“非营利部门已经被视为值得信任的、灵活的工具，用于满足自我表达、自我帮助、参与、回应和互相帮助等基本的人类需求。由于其在宗教和道德教义中具有深刻的根源，该部门获得了圣洁的自我感觉和角色。”[①] 然而，在现实生活中个别非营利组织和公民个人在社会救助中的所作所为打破了非营利部门“纯洁美德的神话”。例如，“××助学网”网站负责人王×借教育救助之机性侵多名受助女孩。

为了防范社会力量参与社会救助可能带来的风险，首先，政府要强化监管，尽快制定《社会救助法》。立法机关颁布的法律构成了社会力量参与社会救助的基本环境，它既是判断其行为正当性的基本标准，又是对社

① 莱斯特·M. 萨拉蒙. 公共服务中的伙伴——现代福利国家中政府与非营利组织的关系[M]. 北京：商务印书馆，2008.

会力量行为的系统约束。《社会救助法》不仅可以成为判断社会力量在社会救助中行为正当性的标准，还能够有效约束社会力量在社会救助中的具体行为。其次，要建立健全独立的第三方评估机制。政府监管的能力是有限的，且政府监管过严可能会限制遵纪守法的非营利组织发展，故要建立健全类似美国“全国慈善信息局”的独立的第三方评估机制。这种方式的监管不仅比政府监管更有效率，还会淘汰不良的非营利组织，促进健康的非营利组织发展。最后，要加强社会监督。一是加强舆论对社会力量参与社会救助的监督；二是加强捐赠者对社会力量参与社会救助的监督；三是鼓励、支持被救助者对社会力量参与社会救助的监督。

第三节 社会力量参与社会救助的途径和内容

一、社会力量参与社会救助的间接参与途径和内容

社会力量参与社会救助的途径分为间接参与途径和直接参与途径。间接参与途径指社会力量通过影响社会救助政策的制定、监督社会救助政策的执行等途径来参与社会救助。政策制定过程包括议程设立、方案规划、方案合法化等功能活动环节，社会力量影响社会救助政策的制定主要体现在两个方面：

一是推动与困难群体相关的问题进入政策议程。通常，社会公众要求政府采取行动解决各种各样社会问题，但是只有一小部分社会问题会被政策制定者关注并感到必须加以处理而提上议事日程。困难群体作为分散的个体，由于能力、财力、精力、时间有限，难以采取有效行动向政府表达利益诉求和参与社会决策过程。而一些非营利组织、企业和公民能够把困难群体组织起来或者自己出面通过游说、宣传、抗议等方式引起政府对困难群体相关问题的关注，出台相应政策。例如，由邓飞等500位记者倡议发起的为贫困地区小学生提供免费午餐的计划使农村学生营养问题得到了政府关注，国家最终出台了对处于农村义务教育阶段的学生营养改善

计划。

二是提高社会救助方案规划的科学性。方案规划是政策制定中最重要的一个环节，是对政策问题的分析研究并提出相应解决方案的活动过程。它是一种研究活动，需要借助专家学者的力量来展开问题界定、目标确立、方案设计、后果预测、方案抉择等活动，一些公民个人、企业和非营利组织中的专业人士能够在社会救助方案规划中提供专业性的意见。同时，方案规划也是一种政治行为，众多规划参与者因各自利益、价值观和信仰不同而相互影响和制约，社会力量在社会救助方案规划中能够为困难群体争取尽可能多的利益。

政策执行并非如公共政策学家 T. B. 史密斯（T. B. Smith，1975）所说："政策一旦制定，政策即被执行，而政策结果将与政策制定者所预期的相差无几。"[①] 现实生活中政策执行梗阻的现象时有发生，社会救助政策也不例外，从而造成社会救助政策效果不尽如人意。当前，非营利组织、企业和公民个人对政策执行的监督逐渐成为一种趋势。国家对善治的追求、公民社会的逐渐形成以及社会力量的民间性无疑有助于社会力量有效监督社会救助政策执行情况。以最低生活保障政策为例，由于当下基层政府往往通过上门查看、邻里访问、信函索证、民主评议、张榜公布等相对简单的手段核查低保申请者资格，负责核查工作的基层干部拥有较大自由裁量权，导致最低生活保障政策在执行中出现了许多"人情保""错保"现象。2015 年，在全国的低保专项治理行动中发现低保户中有 25.7 万人是"人情保"和"错保"。此外，低保户的经济状况是不断变化的。目前，低保救助通常捆绑了诸如水电补贴、医疗救助、教育救助、住房救助、就业救助以及其他优惠，这些捆绑的救助和优惠使得低保户不仅可以得到生活上的帮助，还能够在就医的二次报销、孩子的学费等方面享受种种优惠，故导致一些已不符合低保条件的低保户不愿意主动退保。社会力量基本来自于基层，更加贴近困难群体，可以及时、准确地了解低保户的真实状况及其变动情况，并及时向相关政府部门反映，故社会力量对基层干部和低保户的监督能够有效减少"人情保""错保""主动退保少"等现象的发生，提高社会救助政策效果。

---

① T. B. Smith. The Policy Implementation Process [J]. Policy Science, 1975, No. 4.

二、社会力量参与社会救助的直接途径

社会力量直接参与社会救助的途径指包括非营利组织、企业、公民在内的社会力量直接参与社会救助的途径。

1. 公民个人直接参与社会救助主要有两条途径

（1）公民个人通过慈善捐赠参与社会救助。公民个人出于各种原因进行慈善捐赠，这种慈善捐赠行为通常在捐助者与慈善组织之间展开，受到多方面因素、多个环节的影响：①慈善捐赠者方面。从慈善捐赠者方面来看，捐赠者的人口学特征、人格特质、价值观、当下的情绪状态和认知状态等四个因素综合影响其做出慈善捐赠决定。②慈善组织方面。从慈善组织方面来看，公众对慈善组织的信任度是对募款效益具有举足轻重的影响。善款流向和慈善组织行政支出的不透明都是损害捐赠者信心的主要原因。慈善组织可以从两个方面来促进公民个人慈善捐赠行为：一个方面是从慈善组织的定位、管理和运行上提高公众对其的信任度；另一个方面是慈善组织在与慈善捐赠者的互动中强化其心理需求或动机。③社会环境方面。慈善捐赠行为是一项社会性活动，其产生有社会性的原因，是社会文明程度的一个标志。文化影响与社会情境也是影响公民个人慈善捐赠行为的重要因素。如果社会环境过于强调“钱”这个概念，那么这有可能破坏公民个人的慈善捐赠行为。

（2）公民个人通过志愿服务参与社会救助。影响公众参与志愿服务的行为主要受到环境（包括组织内环境和社会环境）和公民个体自身因素的影响。为促进公民个人积极通过志愿服务参与社会救助，第一，要支持、培育志愿组织，创造良好的组织环境；第二，要鼓励、表彰志愿者，营造宽松的社会环境；第三，要加强公民参与能力的建设；第四，要促进公民志愿服务意识的发展。

2. 非营利组织主要通过两条途径直接参与社会救助

（1）非营利组织独自实施社会救助。非营利组织的公益性和自治性决定了其可以独立自主地进行社会救助决策，救助项目设计、管理和评估等活动，在政府财政无力覆盖的社会救助盲区或政府救助失灵的领域，非营利组织能够以自己的独特优势在社会救助中积极发挥作用。目前，我国医疗保障体系无法承担贫困人群的所有医疗费用，医疗救助可以成为非营利组织参与社会救助的重点领域。虽然我国已经建立了临时救助制度，但

是它与医疗救助制度一样有救助标准和限额，无法解决突发性意外情况给困难群众造成的所有问题，因此，“救急难”是非营利组织应该重点关注的领域之一。另外，灾害发生的突然性和灾害救助的急迫性决定了灾害救助也是非营利组织参与社会救助的重点领域之一。

（2）非营利组织与政府合作实施社会救助。为了改善社会救助的绩效，越来越多的政府机构通过与非营利组织合作来提供社会救助。非营利组织与政府机构合作实施社会救助的模式主要有三种：第一种模式是合同承包。由政府机构提供资金，非营利组织具体实施社会救助，双方以合同形式确立权利、义务关系。例如，上海市民政局与慈善救助服务社签订合同，通过向慈善救助服务社购买救助服务的形式为城市生活无着流浪乞讨人员提供社会救助。第二种模式是政府补助。政府通过资金补助、税收减免、低息贷款等形式对参与社会救助的非营利组织进行补助。比如，浙江省衢州市的民间学前早教中心如果招收一名贫困残疾儿童并让其完成三年学前教育任务，那么政府会按照每名残疾儿童2000元的标准补助民间学前早教中心，以鼓励其参与教育救助。第三种模式是凭单制。政府向被救助者发放凭单，使被救助者能够在市场上自由选择救助服务。例如，为了提高就业救助的绩效，浙江省衢州市在残疾人就业救助中发放残疾人就业培训教育券，以使持券残疾人能够在培训市场上自主选择培训学校。

企业直接参与社会救助的途径主要有两条：一是企业实施纯粹的社会救助。在传统的“兼爱”慈善理念影响下，一些中国企业在实施社会救助时抱着“做好事不留名”的观念，采取利他性慈善行为进行社会救助。这种纯粹的企业救助通常具有无偿性、随意性等特点。二是企业通过公益营销参与社会救助。与纯粹的社会救助不同，企业通过公益营销进行社会救助带有较强的目的性。正如迈克尔·波特（Michael E. Porter，1985）所说，公益营销是营销，而非公益。

第四章

我国沿海地区慈善事业发展的状况

如前所述，本书以浙江省为例，研究地方政府促进社会力量参与社会救助的机制构建问题。一个地区的慈善事业发展状况对当地的社会救助有着较大的影响，浙江也不例外。浙江地处沿海，故分别从省级地方政府层面和市级地方政府层面对我国沿海地区慈善事业发展状况进行测评，以明确浙江慈善事业发展状况在我国沿海地区处于何种水平。

第一节 我国沿海省级行政区慈善事业发展状况

一、沿海省级行政区慈善事业发展状况的聚类分析

通常，对一个地区慈善事业发展状况的测评主要考虑慈善捐赠、志愿服务、慈善组织、慈善项目、慈善政策法规和慈善文化等几个方面，其中慈善捐赠、志愿服务、慈善组织是现代慈善事业的三大基石。由于慈善政策法规和慈善文化难以量化，完整的省域志愿服务相关数据在现有条件下

难以获得，故本着指标数据可获得性和可量化性的原则，本书主要从慈善捐赠、慈善组织、慈善项目等三个方面来衡量沿海地区省级行政区（9 个省 2 个直辖市）慈善事业发展状况，具体指标为人均捐赠总额、基金会数量、受益规模、捐赠站点数量。人均捐赠总额衡量区域人均慈善捐赠水平，由区域各类组织接收的捐赠总额除以本地同期常住人口数量得出①；基金会数量衡量区域基金会组织发展水平；受益规模指慈善项目直接受益人（即项目服务对象）的数量，是衡量慈善项目受益规模的绝对值；捐赠站点数量衡量区域社会捐赠站、点覆盖水平。沿海省级行政区慈善事业发展的原始数据见表 4－1。②

表 4－1　　9 省 2 市慈善事业发展数据

省市	人均捐赠总额（元）	基金会数量（个）	受益规模（人）	捐赠站点数量（个）
辽宁	5.66	31	20980737	1574
河北	1.48	3	977936	63
山东	8.83	60	102258728	4209
江苏	19.47	310	46229035	3299
浙江	24.37	189	47498348	907
福建	6.86	112	17380866	1237
广东	12.66	17	2706072	191
广西	2.6	19	99517179	1109
海南	24.28	28	21480135	57
上海	2.86	117	75963	151
天津	5.22	39	2361311	1373

运用 SPSS 软件对人均捐赠总额、基金会数、受益规模、捐赠站点数等指标的具体数据进行 Pearson 相关分析。结果表明指标间相关性不大，适合直接进行聚类分析。考虑到四项指标存在量纲上的差别，对数据进行 Z 得分标准化处理。聚类方法选择 Ward 法，样品距离计算的准则采用欧几里德距离平方法。聚类的凝聚过程见表 4－2。

① 由于社会捐赠极为分散，各界的实际捐赠数据的现实可得性存在困难，因此用“接收捐赠总额”代替“捐赠总额”。

② 9 省 2 市慈善事业发展数据来自中国民政部官方网站的 2010 年民政事业统计数据（含省级统计数据）。

表 4-2 聚类表

阶	群集组合		系数	首次出现阶群集		下一阶
	群集 1	群集 2		群集 1	群集 2	
1	1	11	0.139	0	0	2
2	1	6	0.643	1	0	5
3	2	10	1.399	0	0	5
4	7	9	2.452	0	0	8
5	1	2	3.909	2	3	8
6	4	5	6.465	0	0	9
7	3	8	9.444	0	0	9
8	1	7	13.966	5	4	10
9	3	4	24.793	7	6	10
10	1	3	40.000	8	9	0

如果分类数为 2 或 3，则无法考察类别之间的具体差异。如果分类数为 5，则某一类别因含有的城市过少而更多地表达了特殊性。故把沿海地区 9 个省 2 个直辖市归为 4 类。第 1 类为辽宁、河北、福建、上海、天津；第 2 类为山东、广西；第 3 类为江苏、浙江；第 4 类为广东、海南。具体见表 4-3。

表 4-3 群集成员

案例	省市	5 群集	4 群集	3 群集	2 群集
1：Case 1	辽宁	1	1	1	1
2：Case 2	河北	1	1	1	1
3：Case 3	山东	2	2	2	2
4：Case 4	江苏	3	3	3	2
5：Case 5	浙江	3	3	3	2
6：Case 6	福建	1	1	1	1
7：Case 7	广东	4	4	1	1
8：Case 8	广西	5	2	2	2
9：Case 9	海南	4	4	1	1
10：Case 10	上海	1	1	1	1
11：Case 11	天津	1	1	1	1

二、实证结果分析及建议

在沿海地区省级行政区中，浙江省的“人均捐赠总额”和“基金会数量”均排名第一，“受益规模”位列第三，“捐赠站点数量”处于中等水平；江苏的“基金会数”排名第一，“人均捐赠总额”和“捐赠站点数量”均位列第三，“受益规模”位列第四。故第3类可被认为是慈善事业发展状况最好的省份。浙江省慈善事业在各级地方政府的积极推动、人民群众的广泛参与和慈善工作者的不断努力下快速发展。从“经营慈善”到“公益营销”，从“项目筹款”到“成本管理”，从“冠名基金”到“品牌战略”，从挂名经营到创办实体，浙江省对慈善观念不断进行更新。义工组织开展志愿服务是现代慈善事业的重要组成部分。2008年，浙江省慈善总会建立了义工部，并于次年组织“首次义工骨干培训班”，启动了义工项目试点工作，两年内资助40个义工服务项目，推动了义工服务专业化建设，促使义工工作走上了规范有序、健康发展的轨道。文化具有导向、激励功能。为了发展慈善事业，浙江省积极进行媒体慈善文化建设、企业慈善文化建设、艺术慈善文化建设、机构慈善文化建设、精英慈善文化建设。江苏省主要从四个方面推动慈善事业发展。一是着力培育品牌慈善项目。江苏省慈善总会每年都开展助学、助老、助医、助困、助孤、助残等几十个救助项目。在实施救助项目的过程中，江苏省慈善总会逐渐形成了多个品牌项目。二是不断创新募集资金方式。除积极开展社会捐助活动之外，江苏省慈善总会还创新推出了“留本付息”“合同认捐”的募捐方式。慈善冠名基金也是吸引企业捐赠的一种方式。此外，江苏省慈善总会还以品牌救助项目吸引社会捐赠。三是制定多项监管举措。在江苏省慈善总会成立之初，就形成了一套以章程为核心，调研回访、网站公示等多种途径的内部管理制度，努力做好救助资金的跟踪反馈工作。江苏省慈善总会建立了比较完善的监督体系，不仅每年向理事会报告工作和财务收支情况，接受各位理事和监事的内部监督，还主动约请江苏省审计厅对其财务收支状况进行审计，把每一笔捐赠及时向社会公布，接受社会的监督。四是积极制定相关法律。当前，我国虽然已经出台了《公益事业捐赠法》《基金会管理条例》等有关慈善事业的法律法规，但是这些法律法规却不能解决慈善组织建设、慈善募捐和捐赠等所有问题。为解决慈善组织建设、慈善募捐和捐赠等一系列突出问题，江苏省在全国率先制定了

《江苏省慈善事业促进条例》，对慈善活动、慈善救助、慈善募捐资格、慈善文化建设以及扶持激励、保障措施和法律责任等做出了明确规定，并于 2010 年 5 月 1 日起正式实施。

山东省的“受益规模”和“捐赠站点数量”均排名第一，“人均捐赠总额”和“基金会数量”均处于中等水平；广西的“受益规模”排名第二，“捐赠站点数量”和“基金会数量”处于中等水平，“人均捐赠总额”处于中下等水平。故第 2 类可被认为是慈善事业发展状况较好的省份。一直以来，山东省慈善总会比较关注慈善事业影响力和慈善组织知名度的提升。山东省慈善总会连续三年举办的“齐鲁慈善之光”大型文艺晚会，既有效宣传了慈善事业，激发了群众参与慈善活动的积极性，又募集了善款。山东省慈善总会还和新闻媒体紧密配合，运用多种形式进行慈善宣传。例如，他们与山东电视台、《齐鲁晚报》《联合日报》《山东侨报》合作开办了慈善专栏。他们努力向海外侨胞、港澳台同胞宣传山东的慈善事业，并派团去韩国考察学习。另外，山东省慈善事业的发展还与省、市、区、县各级慈善会注意组织建设、有一个得力的工作班子不无关系。山东省遴选慈善会的会长、秘书长时特别注意选择那些群众信得过、想干事、能干事、干成事的干部。山东省各级慈善组织重视加强自身建设，不断完善工作机构，充实工作人员，出台相关工作制度，制度化、规范化程度不断提高。同时加强对工作人员的学习培训，严格管理，不断提高工作人员素质。广西壮族自治区慈善总会长期坚持以人为本、以贫困地区和特困群体为资助对象，大力拓展慈善救助范围，组织实施了助医、助学、赈灾、扶贫、助孤等一批慈善救助项目。广西壮族自治区慈善总会采取了各种措施宣传慈善：一是开通“16889118”慈善一元捐热线电话和“广西慈善总会”网站，向公众传播了大量慈善信息；二是与《南国早报》《当代生活报》等新闻媒体合作，向社会宣传慈善项目援建情况，确定捐赠款援建项目的程序和实际效果等；三是和电视台、广播电台等媒体机构合作开展慈善公益活动。比如，与广西电视台“健康一生”栏目共同制作了《“微笑列车”绽放微笑》专题宣传片，广泛宣传“微笑列车”唇腭裂矫治手术项目。

广东省的“人均捐赠总额”排名第四，“受益规模”和“捐赠站点数量”均处于中下等水平，“基金会数量”处于倒数第二；海南省的“人均捐赠总额”排名第二，“受益规模”处于中等水平，“基金会数量”处于中下等水平，"捐赠站点数量"位列倒数第一。故第 4 类可被认为是慈善事业发展状况一般的省份。辽宁省、福建省、天津市、河北省的四个指标数基本处于中下等水平；上海市的"基金会数量"虽排名第三，但"人均捐赠总额"和"捐赠站点数量"均处于中下等水平，"受益规模"位列倒数第一。故第 1 类可被认为是慈善事业发展状况较差的省市。为了提升慈善事业发展水平，这 5 省 2 市要以浙江、江苏、山东、广西等省份为榜样，积极学习它们好的做法，并根据自身情况进行创新。只有这样，它们有朝一日才有可能被归入第 2 类甚至第 3 类。

第二节 我国沿海市级行政区慈善事业发展状况①

一、沿海市级行政区慈善事业发展状况的聚类分析

在影响城市慈善事业发展状况的诸多因素中，城市经济发达程度具有举足轻重的作用。2001－2011 年，我国捐赠善款总额排名前三位的省份基本分布在我国沿海地区，故选取沿海地区中经济相对发达的 15 个地级市进行聚类分析。通常，对城市慈善事业发展状况的测评要考虑慈善捐赠、志愿服务、慈善组织、慈善项目、慈善政策法规和慈善文化等几个方面，其中慈善捐赠、志愿服务、慈善组织是现代慈善事业的三大基石。由于慈善政策法规和慈善文化难以量化，故本书根据指标数据可获得性和量化性的原则，主要从慈善捐赠、志愿服务、慈善组织、慈善项目等四个方面来衡量城市慈善事业发展状况，具体指标为捐赠总额、志愿参与率、万人拥有慈善组织数、受益规模。捐赠总额指城市各类组织接收的捐赠总额；志愿参与率指各类志愿者人数占城市总人口的比例；万人拥有慈善组织数量指每万人拥有的慈善组织数量。受益规模指慈善项目直接受益人

① 本节内容发表在 2013 年 3 期《科技与管理》上，论文标题为《我国城市慈善事业发展状况的聚类分析——以沿海地区 15 市为例》，作者：杨旋、唐果、贺翔。

（即项目服务对象）的数量，是衡量慈善项目受益规模的绝对值。15 市慈善事业发展数据见表 4 – 4。[①]

表 4 – 4　　15 市慈善事业发展数据

城市	捐赠总额（万元）	志愿参与率（%）	万人拥有慈善组织数量（个）	受益规模（万人）
上海	540498	6.744714	0.781	289.5845
石家庄	34813	0.080916	0.023	1.9980
唐山	2841	0.016808	0.001	1.6658
秦皇岛	4610	0.010764	0.028	1.3450
沈阳	33894	8.876037	0.027	38.3979
大连	104836	3.192689	2.276	87.3076
南京	67342	10.77614	0.089	45
无锡	161234	9.574019	0.062	39.7372
常州	26464	1.997572	0.028	27.4599
昆山	19798	13.96784	0.114	4.6708
宁波	77277	6.455104	0.016	15.4617
绍兴	548702	5.624063	0.194	13.5856
厦门	86820	13.74811	0.198	23.5664
广州	85325	6.842575	1.692	8.3076
深圳	180375	8.475014	1.272	1030.4

运用 SPSS 软件对捐赠总额、志愿参与率、万人拥有慈善组织数量、受益规模等指标的具体数据进行 Pearson 相关分析。结果表明指标间相关性不大，适合直接进行聚类分析。考虑到四项指标存在量纲上的差别，对数据进行 Z 得分标准化处理。聚类方法选择 Ward 法，样品距离计算的准则采用欧几里德距离平方法。聚类的凝聚过程见表 4 – 5。

表 4 – 5　　凝聚过程表

序号	合并		距离测度值	第 1 次序号		下阶段序号
	类 1	类 2		类 1	类 2	
1	2	3	0.001	0	0	2

① 15 市慈善事业发展数据均来自民政部主管的中民慈善捐赠信息中心发布的“首届中国城市公益慈善指数（2011）”。

续表

序号	合并		距离测度值	第1次序号		下阶段序号
	类1	类2		类1	类2	
2	1	2	0.038	0	1	6
3	10	11	0.098	0	0	9
4	5	6	0.217	0	0	7
5	8	9	0.355	0	0	10
6	1	4	0.502	2	0	12
7	5	7	0.966	4	0	9
8	14	15	1.656	0	0	13
9	5	10	2.464	7	3	10
10	5	8	4.607	9	5	12
11	12	13	12.486	0	0	13
12	1	5	23.201	6	10	14
13	12	14	34.595	11	8	14
14	1	12	56.000	12	13	0

把聚合系数利用 Excel 作出聚合系数随分类数变化曲线，可知当分类数为 4 或 5 时，曲线变得比较平缓。具体见图 4－1。

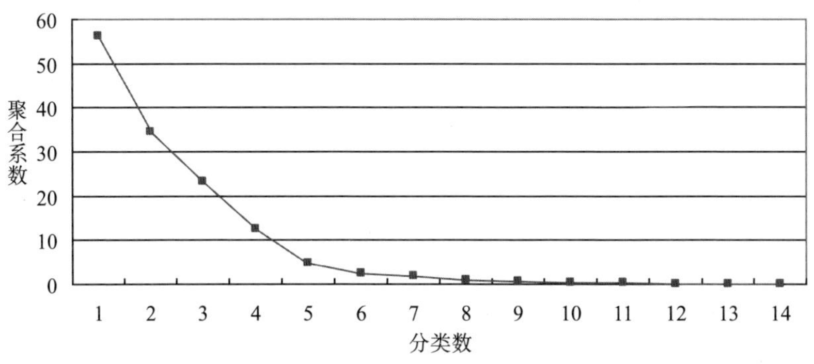

图 4－1　聚合系数随分类数变化曲线

如果分类数为 2 或 3，则无法考察类别之间的具体差异。如果分类数为 5 或 6，则某一类别因含有的城市过少而更多地表达了特殊性。故笔者把 15 个城市归为 4 类。第 1 类为上海和深圳；第 2 类为石家庄、唐山、秦皇岛、常州；第 3 类为沈阳、南京、无锡、昆山、宁波、绍兴、厦门；第 4 类为大连和广州。具体见表 4－6。

表 4-6 类成员聚类表

样品	城市	6 类	5 类	4 类	3 类	2 类
1：样品 1	上海	1	1	1	1	1
2：样品 2	石家庄	2	2	2	2	2
3：样品 3	唐山	2	2	2	2	2
4：样品 4	秦皇岛	2	2	2	2	2
5：样品 5	沈阳	3	3	3	2	2
6：样品 6	大连	4	4	4	3	1
7：样品 7	南京	3	3	3	2	2
8：样品 8	无锡	3	3	3	2	2
9：样品 9	常州	2	2	2	2	2
10：样品 10	昆山	5	3	3	2	2
11：样品 11	宁波	3	3	3	2	2
12：样品 12	绍兴	3	3	3	2	2
13：样品 13	厦门	5	3	3	2	2
14：样品 14	广州	4	4	4	3	1
15：样品 15	深圳	6	5	1	1	1

二、实证结果分析及建议

在 15 个城市中，上海的“捐赠总额”排名第一，“受益规模”排名第二，“志愿参与率”和“万人拥有慈善组织数量”都处于中等水平；深圳的“受益规模”排名第一，“捐赠总额”排名第二，“志愿参与率”和“万人拥有慈善组织数量”都处于中上水平。故第 1 类可被认为是慈善事业发展状况最好的城市。上海的慈善事业自改革开放以来发展迅速。一是慈善组织数量每年以 8% -10% 的速度递增；二是不断创新慈善活动。上海从最初设置慈善募捐箱到举办大型系列慈善活动；从各自为政、分散的、无序的募捐到“慈善公益联合捐”；从设立慈善物资管理中心到开通电话、短信和网上捐赠；从单位和社区开展的传统慈善募捐活动到民间形式多样的慈善音乐会、慈善晚会、义拍、义卖、义赛、义诊等，慈善活动方式不断创新、内容不断丰富。三是社会捐助网络逐渐完善。目前，上海的 17 个区县陆续建立了 308 家规范化运作的经常性社会捐助接收点和 110 家慈善超市。四是志愿服务蔚然成风，志愿服务精神已经成为上海城市精神的重要组成部分。五是创立了一批具有影响力的慈善项目品牌。由上海市慈善基金会创办的“蓝天下的至爱”，由上海市红十字会开展的“千万人帮万家”，“少儿互助基金”，由恒源祥集团和中国儿童少年基金会发起的“恒爱行动”，由上海市老年基金会开展的“九九关爱老年人行动”等项目产生了良好的社会效果。六是慈善政策法规体系日益完善。2009 年 4 月，上海市第十三届人大常委会第十次会议通过了《上海市志愿服务条例》。2010 年，中共上海市委办公厅、市人民政府办公厅印发了《上海市慈善事业发展指导纲要》。同年，上海市民政局成立了慈善事业和志愿服务促进处，负责推动相关政策法规的制定，促进上海慈善和志愿服务的发展。总之，上海慈善事业已形成了政府推动、民间运作、行业发展、社会参与的良好发展格局。近年来，深圳市也不断创新慈善方式，探索推行“慈善一元捐”“慈善一日捐”，设立了慈善冠名基金以及搭建了慈善日、慈善捐赠月等常态慈善捐助平台，提升了慈善资源动员能力和全民慈善参与度。深圳市在加强捐助中心、救助站、福利中心和福彩中心建设的同时，通过取消慈善组织业务主管部门，允许其直接到民政部门登记、购买社会服务等创新举措，极大地促进了社会组织开展慈善公益活动。此外，深圳组织实施了近万项慈善公益项目，推出了一大批知名度高、公信力强的品牌慈善项目。例如，设立了国内首个专门资助劳务工的专项基金——“劳务工关爱基金”，对在深劳务工及其子女给予医疗救助；实施了“雏鹰展翅”计划，以解决低保家庭大学生上学难的问题；启动了“深圳儿童大病救助基金”，对深圳低收入家庭大病儿童及汶川地震灾区劳务工重病子女给予救助；发起了“鹏城心希望”行动，对深圳劳务工先天性心脏病子女给予免费的手术救治；发起了“募师支教”行动，即由深圳商报社、深圳市关爱办、深圳市慈善会、深圳中航集团等单位联合发起，由民间出资招募教师扶贫支教的一种创新模式。

大连的“万人拥有慈善组织数量”排名第一，“受益规模”排名第三，“捐赠总额”和“志愿参与率”处于中上等水平；广州的“万人拥有慈善组织数量”排名第二，“捐赠总额”和“志愿参与率”均处于中上等水平，“受益规模”处于中等水平。故第 4 类可被认为是慈善事业发展状况较好的城市。大连市的慈善工作虽然起步较晚，但起点较高、发展比较快。大连市慈善总会作为大连最有活力和影响力的公益组织，其发展成为大连慈善事业的一个缩影。副省部级老领导担任慈善总会会长以及市级四大班子主管领导出任慈善总会名誉会长等措施提高了大连慈善总会的社会地位。多年来，为了提高公信力，大连市慈善总会和大连市慈善基金会先后制定了《大连市慈善总会章程》《大连市慈善基金会资金管理办法》，设立了监事会和法律顾问委员会，出台了《大连市慈善基金会监事会管理办法》，并制定了严格的规章制度和透明的审计制度、公示制度等。大连慈善总会还十分重视慈善组织网络建设，构建了市、区市县、街道（乡镇）、社区（村）“横向到边、纵向到底”的四级慈善组织网络体系。募捐是慈善的命脉。大连市慈善总会努力开拓，创新募捐思路和方法，积极探索募捐长效机制，建立了企业常年捐赠机制，准市场化募捐机制、应急捐赠机制和全民动员捐赠机制，注重企业捐赠和慈爱月募捐。另外，大连市慈善总会在筹建伊始就组建了慈善志愿者队伍。目前全市各级慈善组织都组建了慈善志愿者队伍，初步建立了覆盖全市城乡的志愿者组织和服务网络。近年来，大连市慈善总会志愿者分会先后获得了市“学雷锋标兵集体”“全国社区志愿者服务先进集体”等多项荣誉，大连市志愿者已成为大连的一张温情名片。广州市慈善事业起步于20世纪90年代初。1994年，广州市慈善会成立。它是全国省会城市中成立慈善会最早的城市之一。目前，全市12个区（县级市）都成立了慈善会，63个街（镇）成立了慈善组织，初步构建起了市、区（县级市）、街（镇）、社区多层次的慈善组织体系。广州通过打造具有广州特色的慈善医疗救助体系，开展多种形式的助学活动，实施贴近困难群众实际需求的扶贫项目，建立了慈善救助长效机制；通过举办“广州慈善日”活动和“广东扶贫济困日”活动，举办“慈善杯高尔夫球赛”，打造了慈善筹款品牌项目。另外，广州市对制度建设的重视也确保了慈善事业的健康发展。

沈阳、南京、无锡、宁波、绍兴、厦门等6市的4个指标的数据均处于中等水平，昆山的“志愿参与率”虽排名第一，但是其他指标差强人意。故第3类可被认为是慈善事业发展状况一般的城市。石家庄、唐山、秦皇岛、常州的四项指标的数据均处于中下水平，故第2类可被认为是慈善事业发展状况较差的城市。为了提升慈善事业发展水平，这9个城市要以上海、深圳、大连、广州为榜样，积极学习它们好的做法，并根据自身情况进行创新。只有这样，这九个城市有朝一日才有可能被归入第4类甚至第1类。

第五章

地方政府促进企业参与社会救助的机制

长期以来，我国比较强调政府在社会救助中的主体责任而相对忽视社会力量在社会救助中作用的发挥。国务院于 2014 年 2 月颁布的《社会救助暂行办法》首次把社会力量参与社会救助作为单独一章进行阐述，表明我国逐渐重视社会力量在社会救助中的作用。2017 年 3 月 5 日，国务院总理李克强在十二届全国人大五次会议上所作的《政府工作报告》中明确指出，要“创新扶贫协作机制，支持社会力量参与扶贫。”[①] 这标志着促进社会力量参与社会救助已经成为地方政府的重要工作之一。企业是社会力量的重要组成部分，企业参与社会救助的状况影响着社会力量参与社会救助的水平。由于我国曾经在社会救助中忽略了社会力量的作用，缺乏支持社会力量参与社会救助的经验，故厘清企业参与社会救助的主要影响因素，进而确定地方政府促进企业参与社会救助的着力点无疑是当下地方政府促进社会力量参与社会救助中急需解决的问题之一。

我国绝大部分企业是民营企业，国有企业所占企业总数比例较低。国有企业由于其资本的国有属性，比较愿意参与社会救助。相对而言，民营企业不太积极参与社会救助。故进一步对地方政府促进民营企业参与社会

① 李克强．政府工作报告［EB/OL］. http：//www.scio.gov.cn/tt/34849/Document/1545199/1545199.htm，2020－03－01.

救助进行研究。

民营企业主要通过企业慈善捐赠来救助困难群体。民营企业家的慈善捐赠意愿决定着民营企业的社会救助行为，地方政府提升民营企业家的慈善捐赠意愿有助于促进民营企业参与社会救助。故以浙江省为例，对地方政府提升民营企业家慈善捐赠意愿的路径进行研究。

民营企业参与社会救助实际上是企业在承担社会责任，对民营企业承担社会责任问题进行研究有助于地方政府更好地促进企业参与社会救助，故对民营企业承担社会责任相关问题进行研究。

第一节 企业参与社会救助的主要影响因素

在中国知网（www. cnki. net）上以“企业救助”作为内容检索条件对论文进行模糊检索，截至 2016 年 11 月，只发现 12 篇论文研究企业实施社会救助的问题。而且，这些论文主要研究企业救助自己困难职工的相关问题。王运才（2014）分析了当前企业帮扶救助困难职工工作中存在的问题。认为帮扶救助工作要从制度帮扶、长效帮扶、健康帮扶、实事帮扶等方面展开，积极创新帮扶救助机制。王彬（2013）分析了企业职工陷入贫困的成因，指出企业在帮扶中存在资金筹集难、帮扶手段有限、帮扶力量不足等问题，并提出了应对之策。陈其胜（2010）以石化企业为例，分析了需要帮扶救助的人员类别以及帮扶求助需求类型，认为企业工会要做好调查分析，当好“第一知情人”；做好协调配合，当好“第一联络人”；做好帮扶救助，当好“第一帮助人”；完善制度，当好“第一责任人”。

层次分析法由美国运筹学家萨泰（T. L. Saaty）于 20 世纪 70 年代提出，是一种在把与决策有关的元素分解成目标层、准则层、方案层等三个层次基础上进行定性和定量分析的决策方法。它具有系统性、简洁实用性、所需定量数据信息较少的特点，常被用于非结构化的复杂决策问题。企业参与社会救助的影响因素确定是一种非结构化的复杂决策，故运用层次分析法调查影响企业参与社会救助的因素。

一、建立递阶层次结构

企业实施社会救助的主要手段是慈善捐赠，且学者对企业进行社会救助的研究相对不足，故通过梳理企业慈善捐赠的影响因素提出研究假设并进行层次分析。

企业实施社会救助需要具有一定实力，良好的经营业绩是企业参与社会救助的经济基础。Brown et al.（2006）认为，企业的债务—价值比率越高，其能够慈善捐赠的现金就越少，也越不可能建立基金会。张强和韩莹莹（2015）发现，企业慈善捐赠力度与其利润水平表现出正相关。刘华、魏娟、巫丽兰（2016）认为，企业的前期财务业绩对其慈善捐赠有着重要影响。戴长征和黄金铮（2015）也认为，税前利润是影响企业进行慈善捐赠的最主要因素。山立威、甘犁、郑涛（2008）认为，企业的经营业绩越好，它进行慈善捐赠的金额越大。可见，企业经营业绩是影响企业参与社会救助的因素之一。

谢勇才和丁建定（2015）认为，企业的行为反映了企业高管的价值观和管理偏好。企业是否参与社会救助的决策一般由企业高管决定，企业高管的社会救助意识会对企业的社会救助产生影响。孙远太（2016）认为，企业高管越富有同情心，企业越倾向于慈善捐赠。眭文娟、张慧玉、车璐（2016）发现，企业慈善捐赠力度和企业首席执行官的社区服务价值观有明显的正相关。童泽林、王新刚等人（2016）认为，慈善理念是影响企业慈善捐赠的重要因素。可见，企业高管社会救助意识是影响企业参与社会救助的因素之一。

曾建光、张英、杨勋（2016）通过实证分析发现，企业所处生命周期阶段不同，其慈善捐赠情况也不同。许年行、李哲（2016）认为，企业所处生命周期阶段决定了其慈善捐赠的能力和力度。处于初创期的企业的慈善捐赠积极性不高，而处于成熟期的企业会加大慈善捐赠投入。Brammer、Stephen 和 Millington（2006）认为，企业的规模和其慈善捐赠水平呈现出正相关性。可见，企业生命周期是影响企业参与社会救助的因素之一。

朱斌（2015）认为，政府的动员对企业的慈善捐赠有着较大影响。曾建光、张英、杨勋（2016）也认为，政府劝募对企业的捐赠行为有影响。谢岳、党东升（2015）认为，响应政府动员是国有企业进行慈善捐赠的重要原因。可见，行政动员是影响企业参与社会救助的因素之一。

闵琪、伊淑彪（2016）认为，一些企业是通过慈善组织进行捐赠，慈善组织公信力的高低会影响企业慈善捐赠的积极性。许年行、李哲（2016）认为，企业对慈善组织的信任程度对企业慈善捐赠行为有较大影响。可见，慈善组织公信力是影响企业参与社会救助的因素之一。

王清刚、徐欣宇（2016）认为，慈善税法中关于税收减免、税率调整等规定影响着企业慈善捐赠行为。Guthrie（2008）认为，企业是为了实现利润最大化而进行慈善捐赠，企业捐款数额与其负担的税率之间存在负相关性。李春根、徐建斌（2015）认为，税收影响着企业的慈善捐赠，企业所得税税率变化引起其慈善捐赠数额同方向变化。可见，税收优惠政策是影响企业参与社会救助的因素之一。

根据前人已有的相关研究，笔者构建了企业参与社会救助影响因素指标体系，并据此制作了《企业参与社会救助影响因素调查问卷》。企业参与社会救助影响因素指标体系分为三层，目标层是“企业参与社会救助影响因素”，准则层包括“企业内部影响因素”“企业外部影响因素”，方案层包括“企业经营业绩”“企业高管社会救助意识”“企业所处生命周期”“行政动员”“慈善组织公信力”“税收优惠政策”等6项指标。具体见表5-1。

表5-1 企业参与社会救助影响因素指标体系

企业参与社会救助影响因素（A）	企业内部影响因素（B_1）	企业经营业绩（C_1）
		企业高管社会救助意识（C_2）
		企业所处生命周期（C_3）
	企业外部影响因素（B_2）	行政动员（C_4）
		慈善组织公信力（C_5）
		税收优惠政策（C_6）

二、构建两两比较判断矩阵

判断矩阵是各元素针对上一层次某个元素建立起同一层任意二个元素之间评比的数据矩阵，如表5-2所示。矩阵b_{ij}表示相对于A_k而言B_i和B_j对企业参与社会救助的相对影响程度，通常取1，2，…，9及它们的倒数作为标度，标度的定义如表 5－3 所示。

表 5－2　　B_i和 B_j对企业参与社会救助相对影响程度矩阵

A_1	B_1	B_2	Λ	B_n
B_1	b_{11}	b_{12}	Λ	b_{1n}
B_2	b_{21}	b_{22}	Λ	b_{2n}
M	M	M		M
B_n	b_{n1}	b_{n2}	Λ	b_{nn}

表 5－3　　判断矩阵标度定义

标度 b_{ij}	含义
1	i 因素与 j 因素对企业参与社会救助具有同等影响程度
3	i 因素对企业参与社会救助的影响程度比 j 因素对企业参与社会救助的影响程度稍微大
5	i 因素对企业参与社会救助的影响程度比 j 因素对企业参与社会救助的影响程度明显大
7	i 因素对企业参与社会救助的影响程度比 j 因素对企业参与社会救助的影响程度非常大
9	i 因素对企业参与社会救助的影响程度比 j 因素对企业参与社会救助的影响程度极端大
2，4，6，8	为以上两相邻判断之间的中间状态对应的标度值
倒数	若 j 因素与 i 因素比较，得到的判断值为 $b_{ji}=1/b_{ij}$

根据表 5－1，A－B 判断矩阵，设 $A=(b_{ij})_{2\times2}$，称为目标层判断矩阵；B－C 判断矩阵，设 $B_s=(C_{sij})_{6\times6}$，称为准则层判断矩阵（s＝1，2）。任何判断矩阵都应满足 $b_{ij}=1$（i＝j，i、j＝1，2，…，n）。判断矩阵中的指标数值可以根据调研数据、统计资料以及专家意见综合权衡后得出。

浙江省有杭州、宁波、温州、嘉兴、湖州、绍兴、舟山、金华、衢州、台州、丽水等 11 个地级市。笔者向各地级市的 100 家企业发放《企业参与社会救助影响因素调查问卷》，请企业负责人填写该表。浙江省 11 个地级市共计发放 1100 份调查问卷，回收调查问卷 1056 份，回收调查问卷占全部发放调查问卷的 96%，在 1056 份回收调查问卷中又剔除了填写质量较差的 34 份调查问卷，最后实际有效调查问卷是 1022 份，占回收调查问卷的 96.78%。本书所采用的标度是根据调研数据权衡后得出。

三、层次单排序和一致性检验

相对于一级指标“企业参与社会救助影响因素（A）”而言，二级指标“企业内部影响因素（B_1）”“企业外部影响因素（B_2）”就其影响企业参与社会救助的程度进行比较。检验其一致性，通过一致性检验。如表 5 -4 所示。

表 5 -4　B_1、B_2相对于 A 对企业参与社会救助的影响程度

A	B_1	B_2	W_i	
B_1	1	3	0. 750	λ_{max} = 2. 000 CI = 0. 000 RI = 0. 000 CR = 0. 000
B_2	1/3	1	0. 250	

相对于二级指标“企业内部影响因素（B_1）”而言，三级指标“企业经营业绩（C_1）”“企业高管社会救助意识（C_2）”“企业所处生命周期（C_3）”等因素就其影响企业参与社会救助的程度进行两两比较。检验其一致性，通过一致性检验。如表 5 -5 所示。

表 5 -5　C_1、C_2、C_3相对于 B_1对企业参与社会救助的影响程度

B_1	C_1	C_2	C_3	W_i	
C_1	1	1/3	3	0. 258	λ_{max} = 3. 039 CI = 0. 019 RI = 0. 580 CR = 0. 033
C_2	3	1	5	0. 637	
C_3	1/3	1/5	1	0. 105	

相对于二级指标“企业外部影响因素（B_2）”而言，三级指标“行政动员（C_4）”“慈善组织公信力（C_5）”“税收优惠政策（C_6）”等因素就其影响企业参与社会救助的程度进行两两比较。检验其一致性，通过一致性检验。如表 5 -6 所示。

表 5 -6　C_4、C_5、C_6相对于 B_2对企业参与社会救助的影响程度

B_2	C_4	C_5	C_6	W_i	
C_4	1	1/3	3	0. 258	λ_{max} = 3. 039 CI = 0. 019 RI = 0. 580 CR = 0. 033
C_5	3	1	5	0. 637	
C_6	1/3	1/5	1	0. 105	

四、层次总排序和一致性检验

根据以上计算的 B_1、B_2以 A 为准则对企业参与社会救助的影响程度，以及 C_1、C_2、…、C_6分别以 B_1、B_2为准则对企业参与社会救助的影响程度，依据层次分析法的计算原理，可以计算出 C 层相对于 A 层的总排序，并检验其一致性，通过一致性检验。如表 5－7 所示。

表 5－7　　　　C 层总排序

	B_1	B_2	C 层总排序（影响程度）
	0.750	0.250	
C_1	0.258		0.194
C_2	0.637		0.478
C_3	0.105		0.079
C_4		0.258	0.065
C_5		0.637	0.159
C_6		0.105	0.025
CI CR			$CI_{总}$ = 0.019 $RI_{总}$ = 0.580 $CR_{总}$ = 0.033

第二节
诸因素影响企业参与社会救助的机理

通过层次分析可知，“企业高管社会救助意识”影响企业参与社会救助的程度最大；“企业经营业绩”影响企业参与社会救助的程度排第二位；“慈善组织公信力”影响企业参与社会救助的程度排第三位；“企业所处生命周期”影响企业参与社会救助的程度排第四位；“行政动员”影响企业参与社会救助的程度排第五位；“税收优惠政策”影响企业参与社会救助的程度最小。在影响企业参与社会救助的诸因素中，“企业高管社会救助意识”“企业经营业绩”“慈善组织公信力”等三个因素的影响程度之和高达0.831，显然是地方政府促进企业参与社会救助的着力点。具体见表5-8。

表5-8 诸因素对企业参与社会救助的影响程度及排序

影响因素	影响程度	影响程度排序
企业高管社会救助意识	0.478	1
企业经营业绩	0.194	2
慈善组织公信力	0.159	3
企业所处生命周期	0.079	4
行政动员	0.065	5
税收优惠政策	0.025	6

企业高管通常会把自己的个人价值观和个人偏好内化到企业日常管理中，体现在企业具体行为上。企业是否参与社会救助的决策一般由企业高管做出，故企业高管的社会救助意识会对企业社会救助行为有很大影响。

追求利润最大化是企业的目标之一。企业在救助困难群体中会产生救助成本，造成企业的经营成本增加，利润下降。另外，中国传统文化认为，义、利是对立的，若为义者则不可言利也，否则就是假仁假义。这种传统的义利观造成我国多数企业出于回报社会、人文关怀、道德伦理等原因参与社会救助，没有把救助困难群体与企业市场营销有机结合起来从企业发展的角度实施社会救助。上述原因导致企业在实施社会救助时没有把社会救助看作改善企业经营业绩的工具之一，而是在社会救助中更多地考虑其经营业绩状况，故企业经营业绩会对企业社会救助行为产生较大影响。

作为依靠生产、出售产品而营利的组织，社会救助不是企业擅长的事情。而且，由于存在信息不对称，企业即使有救助之心也可能不知道需要救助的困难群体在何处。慈善组织作为实施社会救助的桥梁，能够有效联通救助提供者和救助需求者，提高社会救助效率和效果。故一些企业会选择捐钱、捐物给慈善组织，委托它们对困难群体进行救助。然而，近年来慈善组织在诚信、信息公开、专业化程度等方面曝光的负面新闻削弱了慈善组织的公信力，引发慈善组织公信力危机，故这些企业不愿通过委托—代理形式参与社会救助。可见，慈善组织公信力对企业社会救助行为产生较大影响。

企业的生命周期分为初创期、成长期、成熟期、衰退期等四个阶段。在初创期，企业的首要目标是生存。处于初创期的企业通常资金紧张，资金是这一阶段企业最稀缺的资源之一，故企业不会积极参与社会救助。在成长期，企业已经走出了资金入不敷出的困难阶段，发展速度加快，实力不断增强。建设优秀企业文化，改善企业管理尤其是人力资源管理水平，树立良好企业形象是这个阶段企业关注的重点。为了建设优秀企业文化，吸引人才，提高企业知名度和美誉度，企业往往会积极参与社会救助。在成熟期，企业发展速度逐渐放缓，规模较大，具有较强实力和良好的企业形象。这个阶段的企业通常会为回报社会而主动承担社会责任，积极救助困难群体。在衰退期，企业的“大企业病”日益严重，产品老化，效益下降，财务状况恶化。如何避免企业衰亡，成功进行二次创业是这个阶段企业所关心的事情。故企业参与社会救助的力度会减弱。由于大多数企业处于成长期、成熟期，处于初创期的企业相对不多，所以企业所处生命周期对企业社会救助行为影响不太大。

在过去很长一段时间内我国政府一直是管理型政府，长期的“路径依赖”造成地方政府仍然习惯于通过行政动员的方式推动企业救助困难群体。企业的发展离不开良好的外部环境，地方政府是影响企业发展的重要外部因素之一。为了保持与地方政府良好的关系，获得地方政府的认可和支持，企业会因行政动员而参与社会救助。不过，随着各级政府把服务型政府作为政府建设的主要目标，以及依法治国的全面推进，政府通过行政动员方式推动企业参与社会救助的现象日益减少，故行政动员对企业社会救助行为影响不大。

公共政策是政府进行公共事务管理的主要手段。为了促进企业慈善捐赠，我国出台了一些税收优惠政策。然而与西方发达国家的税收政策相比，我国的税收优惠政策对企业慈善捐赠的促进作用不大。究其原因，一是企业慈善捐赠的税收优惠力度偏弱，操作流程烦琐；二是企业对税收优惠政策的知晓度不高；三是多数企业受传统义利观的影响，认为既然愿意救助困难群体，就没必要在意这些税收优惠。故在六个影响因素中，“税收优惠政策”对企业参与社会救助的影响程度最小。

第三节 地方政府促进企业参与社会救助的措施

为了有效促进企业参与社会救助，地方政府应该重点针对“企业高管社会救助意识”“企业经营业绩”“慈善组织公信力”等三个影响因素采取相应措施。

一、建立企业高管的社会救助意识培养机制

自古以来，我国政府在救助困难群体中扮演着主要角色，民间力量在救助中的作用在一定程度上被忽视。在中国，政府介入济贫始于汉代，儒家的济贫思想强调“仁政”，主张政府积极介入，关注社会整体和国家控制，在济贫实践上注重运用行政手段救助困难群体。新中国成立之后的很长一段时间内，政府把民间慈善事业定位为“统治阶级欺骗与麻醉人民的装饰品”，明确指出在救助困难群体中政府是主体，否定了社会力量在社会救助中的独立地位和作用。上述情况使人们产生了思维定势，总认为社会救助只是政府的事情，导致老百姓的社会救助意识缺乏。

由于“企业高管社会救助意识”对企业参与社会救助的影响程度最大，故地方政府应采取以下措施努力培养企业高管的社会救助意识。一是运用各种媒介手段向企业高管开展企业参与社会救助必要性的宣传、教育工作；二是推动参与社会救助的企业主动披露社会救助参与信息，倡导企业发布社会救助参与报告，使社会上形成企业积极参与社会救助的良好氛围，同时使未参与社会救助的企业高管感受到群体压力；三是在政府采购中明确规定，政府采购产品时不仅考虑产品的价格、质量、交货期等因素，还会考虑被采购企业参与社会救助的情况；四是设立企业参与社会救助奖，在贷款担保、各类认定、补贴资助等方面优先考虑获奖企业，同时从物质上使获奖企业高管得到实惠，并在推选人大代表、政协委员时予以优先考虑。

在努力培养企业高管社会救助意识的基础上，地方政府要借鉴发达国

家促进社会企业发展的成功经验，大力支持社会企业的发展，积极推动一些企业向社会企业转型。

二、构建企业社会救助营销引导机制

把义与利对立起来的传统义利观造成我国多数本土企业没有从企业发展的角度考虑救助困难群体的事情，没有计划和安排。企业经营业绩的好坏对企业社会救助积极性的高低有着较大影响，其社会救助行为呈现出随意性、短期性、冲动性等特点。反观在华的可口可乐、安利等跨国公司，它们的社会救助行为通常表现出规划性、长期性、稳定性等特点。究其原因，在于跨国公司把义与利结合起来实施社会救助营销。社会救助营销是以关注困难群体的生存发展、社会进步为出发点，借助社会救助活动与消费者进行沟通，在救助困难群体的同时，使消费者对企业的产品产生偏好，提高企业的知名度和美誉度的营销行为。它能够兼容社会利益和企业利益，不仅有助于企业发展，还有助于提高社会救助水平，具有互利、共赢的特点。企业本质上是逐利性组织，故地方政府在推动企业承担社会责任，提倡企业无私救助困难群体的同时，也要改变老百姓的传统义利观，积极引导企业实施社会救助营销。

社会救助营销的形式主要分为以下四种：一是社会救助宣传，即企业通过设计带有激励性的广告语或倡导语与公众进行沟通，加强公众对社会救助的了解和关心，说服人们通过奉献自己的金钱、非货币资源或者亲身参与到救助困难群体活动中来。社会救助宣传活动有三种形式：第一，由慈善组织发起社会救助宣传，企业接受其邀请参与进来，为该活动的宣传作贡献；第二，企业主动寻找、接洽相关慈善组织，建立合作关系，在慈善组织的协助下进行社会救助宣传；第三，企业完全独立自主策划和管理社会救助宣传活动。二是社会救助关联营销，即企业用于救助困难群体的金额按照一定比例与其产品销售额或者营业收入挂钩。社会救助关联营销比较适合产品市场趋向大众化、有大规模客户群以及广泛分销渠道的企业，例如食品、日用品、金融服务、交通和电信等行业的企业。三是慈善捐赠营销，即企业慈善捐赠的目的不是纯粹地做好事，而是把慈善捐赠与企业的营销战略结合起来以期促进企业产品销售。四是志愿服务营销，即企业组织其员工、分销商、零售商等合作伙伴奉献他们的时间为残疾人、老年人、贫困家庭等弱势群体提供服务，以期通过志愿服务提高企业声誉，树立良好企业形象。

三、建立慈善组织公信力危机预警机制

当下，服务型政府建设已是我国各级政府的目标。地方政府不仅要对慈善组织进行管理，还要为慈善组织提供公共服务。所以，在加强对慈善组织的监管以提高其公信力的同时，地方政府的民政部门要还通过构建慈善组织公信力危机预警系统，为慈善组织提供危机预警服务，以避免慈善组织公信力遭到损害而影响企业通过委托—代理形式参与社会救助的积极性。慈善组织公信力危机预警是民政部门综合运用定量和定性方法对慈善组织公信力危机的诱因和危机的征兆进行事先的监测与评判，并由此发出慈善组织公信力危机警示的管理活动。慈善组织公信力危机预警系统分为慈善组织公信力危机监测子系统、慈善组织公信力危机评判子系统和慈善组织公信力危机预报子系统。具体见图 5－1。

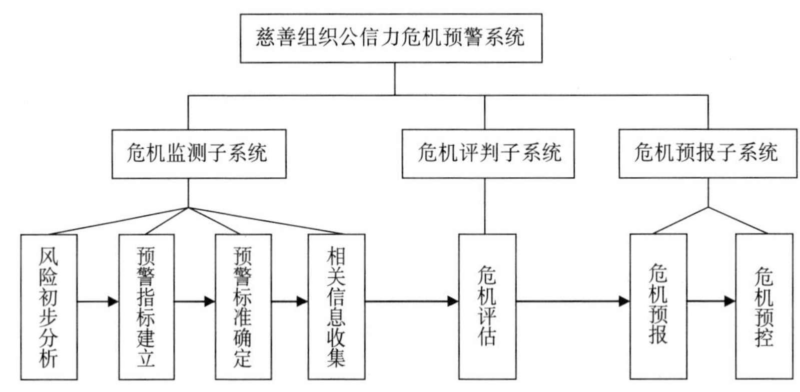

图 5－1　慈善组织公信力危机预警系统

慈善组织公信力危机监测子系统的作用是通过对慈善组织公信力危机诱因、征兆的严密观察，收集整理反映慈善组织公信力危机的各种信息与信号。慈善组织公信力危机监测子系统主要包括风险初步分析、预警指标建立、预警标准确定、相关信息收集等模块。风险初步分析的目的是确认哪些因素会导致危机发生。慈善组织公信力主要由合法性、诚信、信息公开、绩效、社会使命感、专业化程度等六个方面组成。这六个方面中哪一个方面出现问题都有可能造成慈善组织公信力危机。确定了危机预警监测对象后，根据科学性、概括性、系统性、可比性原则针对合法性、诚信、

信息公开、绩效、社会使命感、专业化程度等六个方面建立相应的预警指标。在选定了具体的指标体系后，根据慈善组织公信力危机发生的历史数据和资料确定各指标的预警线。广泛收集相关信息是慈善组织公信力危机预警的前提，信息收集的渠道既包括大众媒体，又包括互联网；既包括慈善组织利益相关者的抱怨与批评等外部渠道，又包括慈善组织内部的数据和成员的看法、建议等；既有日常的信息传递和沟通渠道，又有特定时期的专项调查。

慈善组织公信力危机评判子系统的作用是在对监测到的大量慈善组织公信力危机信息进行有效整理的基础上，对未来可能发生的慈善组织公信力危机类型及危害程度进行评估。慈善组织公信力危机评判子系统主要包括相关信息整理、潜在危机评估等两个模块。在整理相关信息时，民政部门要对信息的真实性进行甄别，对信息进行归类，要关注重要的慈善组织公信力危机预警信号。对于潜在慈善组织公信力危机的评估，民政部门可以采用斯蒂文·芬克（Steven Fink，1986）的危机危害程度量表，以慈善组织公信力危机冲击度和慈善组织公信力危机概率为维度构建出四个象限，来了解慈善组织公信力危机可能造成的伤害和可能发生的概率。

慈善组织公信力危机预报子系统的作用是根据慈善组织公信力危机评估的结果，对危机发生概率较低，但对慈善组织公信力危害程度较大的潜在危机向慈善组织发出预报，提请慈善组织管理者注意，并提前采取预控措施；对危机发生概率较高，对慈善组织公信力危害程度较大的潜在危机，需要立即进行警报，向慈善组织告知慈善组织公信力危机已经发生，以及拟采取的应对措施。

除了上述措施之外，由于“企业所处生命周期”对企业参与社会救助的影响程度排第四，地方政府还要从资金、人才、税收、土地等等方面加强对初创企业的扶持力度，以助其顺利过渡到成长期阶段。对于处于衰退期的企业，地方政府要提供良好的公共服务助其进行二次创业。“税收优惠政策”对企业参与社会救助的影响程度最小，这在一定程度上反映出税收优惠政策对企业参与社会救助的促进作用远未充分发挥出来。政策执行并非如公共政策学家T. B. 史密斯（T. B. Smith，1975）所说：“政策一旦制定，政策即被执行，而政策结果将与政策制定者所预期的相差无几。"[①] 地方政府要加强税收优惠政策执行力度，不仅要大力进行税收优惠政策宣传，加强税收优惠政策认知，做好组织准备和物质准备，还要在税收优惠政策执行一段时间后对其实施绩效评估并根据评估结果进行相应调整。只有这样，税收优惠政策目标才能够有效达成。

第四节 地方政府促进民营企业家慈善捐赠的路径[②]

近年来，浙江省慈善捐赠总额常常位列全国第一，其慈善捐赠中来自民营企业的捐赠约占80% 。可见，民营企业家的捐赠对浙江慈善事业发展状况具有举足轻重的影响。不过，与浙江民营企业的数量相比，进行慈善捐赠的浙江民营企业比重并不太高。2011 年 7 月 15 日民政部发布的《中国慈善事业发展指导纲要（2011 - 2015 年）》指出，慈善事业发展的目标之一是要“以社会主义核心价值体系为指引，慈善文化全面普及，慈善理念广泛传播，公民、企业和社会组织的社会责任意识逐步增强，越来越多的公众、企业和社会组织参与慈善活动，慈善逐步成为社会风尚和人们的生活方式”。分析影响浙江民营企业家慈善捐赠的因素不仅有助于提高浙江民营企业的捐赠水平，还能够通过民营企业家的示范作用带动他的员工积极参与慈善活动，最终促使慈善成为社会风尚和人们的生活方式。

一、阻碍浙江民营企业家慈善捐赠的因子分析

通过询问部分民营企业家和文献研究总结出了 12 项影响民营企业家慈善捐赠的因素，它们分别是：捐赠税收减免手续烦琐；捐赠渠道狭窄；捐赠税收减免政策的减免力度小；慈善组织缺乏监督；企业规模不大；担

① T. B. Smith. The Policy Implementation Process [J]. Policy Science, 1975, No. 4.

② 本节内容发表在 2013 年第 1 期《科技与管理》上，论文标题为《基于因子分析的浙江民营企业家捐赠意愿提升研究》，作者：黄辉、唐果、贺翔。

心显露财富；留更多的钱给子孙；相关部门对企业的捐赠行为宣传不够；“富人捐赠是应该，捐少了是不爱国”等捐赠舆论环境不好；慈善组织捐赠款使用不透明；企业经营业绩不好；捐赠无助于企业的业务拓展等。根据上述 12 项因素制作了《阻碍宁波民营企业家慈善捐赠因素调查问卷》，该调查问卷要求民营企业家根据自己的真实感受判断 12 项因素的符合程度，每一项因素使用 5 级 likert 量表进行测量。民营企业家对阻碍其慈善捐赠的因素从“非常不符合”“不太符合”到“符合”“比较符合”“非常符合”给出分数，分值范围从 1 分到 5 分。以“捐赠税收减免手续烦琐”为例，民营企业家如认为该因素“比较符合”实际情况，那么打 4 分，如其认为“非常不符合”实际情况，则打 1 分。

目前，中国绝大多数民营企业都是民营企业家亲自经营管理企业，鲜有聘请职业经理人出任企业总经理。在相关政府部门和行业协会的协助下向浙江的杭州、宁波、温州、绍兴等民营经济发达城市的民营企业总经理发放调查问卷 650 份，回收 604 份，回收问卷占全部所发放调查问卷的 93%。在回收问卷中又剔除了填写质量较差的调查问卷 32 份，最后实际有效调查问卷为 572 份，有效问卷占全部所发调查问卷的 88%。因子分析是利用降维的思想，从研究原始变量相关矩阵内部的依赖关系出发，把一些具有错综复杂关系的变量归结为少数几个综合因子的一种多变量统计方法。根据调查所获数据使用 SPSS 软件对 12 项因素进行相关性分析可知，KMO 统计量值为 0.942，Bartlett 球形检验的 P 值为 0.000。这表明所获数据很适合进行因子分析。

以特征值大于 1 的原则确定公共因子个数可知共有 4 个公共因子对应的特征值大于 1，故提取相应 4 个公共因子。从累积方差贡献率可以看出，前 4 个公共因子已经解释了方差变异中的 60.912%，包含了 12 项因素的大部分信息。绝大部分变量的共性方差在 0.5 以上，且半数超过 0.6。这说明 4 个公共因子能够较好地反映 12 项因素的大部分信息。因此，可以将原始的 12 项因素划分为 4 类。

为了确定 4 个公共因子分别由哪些因素构成，对因子载荷进行方差最大化正交旋转。通过对因子载荷进行方差最大化正交旋转后可知，公共因子 1 在留更多的钱给子孙；捐赠无助于企业的业务拓展；“富人捐赠是应该，捐少了是你不爱国”等捐赠舆论环境不好；担心显露财富等方面有较大载荷，故公共因子 1 可以定义为慈善理念因子。公共因子 2 在捐赠渠道狭窄；捐赠税收减免政策的减免力度小；捐赠税收减免手续烦琐等方面有较大载荷，故公共因子 2 可以定义为税收激励因子。公共因子 3 在慈善组织缺乏监督；慈善组织捐赠款使用不透明等方面有较大载荷，故公共因子 3 可以定义为慈善监管因子。公共因子 4 在企业规模不大；企业经营业绩不好等方面有较大载荷，故公共因子 4 可以定义为企业实力因子。

可见，慈善理念因子、税收激励因子、慈善监管因子、企业实力因子是阻碍宁波民营企业家慈善捐赠的 4 个最主要的因素。4 个公共因子的贡献率分别为 17.969%、17.498%、13.624%、11.821%。对 4 个公共因子贡献率进行归一化处理后得到其在阻碍民营企业家慈善捐赠中的权重：慈善理念因子的权重为 29.5%；税收激励因子权重为 28.7%；慈善监管因子权重为 22.4%；企业实力因子权重为 19.4%。具体见表 5－9 和表 5－10。

表 5－9　　解释的总方差

成份	初始特征值			提取平方和载入			旋转平方和载入		
	合计	方差的%	累积 %	合计	方差的%	累积 %	合计	方差的%	累积 %
1	2.656	22.132	22.132	2.656	22.132	22.132	2.156	17.969	17.969
2	1.830	15.246	37.378	1.830	15.246	37.378	2.100	17.498	35.467
3	1.579	13.155	50.533	1.579	13.155	50.533	1.635	13.624	49.091
4	1.245	10.379	60.912	1.245	10.379	60.912	1.418	11.820	60.912
5	0.996	8.300	69.211	–	–	–	–	–	–
6	0.813	6.773	75.984	–	–	–	–	–	–
7	0.708	5.901	81.885	–	–	–	–	–	–
8	0.592	4.930	86.815	–	–	–	–	–	–
9	0.494	4.114	90.929	–	–	–	–	–	–
10	0.430	3.582	94.510	–	–	–	–	–	–
11	0.377	3.144	97.654	–	–	–	–	–	–
12	0.281	2.346	100.000	–	–	–	–	–	–

说明：提取方法为主成分分析法。

表 5－10　　旋转后的因子载荷矩阵[a]

指标	因子			
	1	2	3	4
留更多的钱给子孙	0.830	－0.013	－0.118	0.230
捐赠无助于企业的业务拓展	0.698	0.043	0.067	－0.097

续表

指标	因子			
	1	2	3	4
“富人捐赠是应该，捐少了是不爱国”等捐赠舆论环境不好	0.656	0.147	0.042	-0.173
担心显露财富	0.541	0.237	0.154	0.527
相关部门对企业的捐赠行为宣传不够	0.352	0.120	-0.167	-0.255
捐赠渠道狭窄	0.020	0.834	0.044	0.037
捐赠税收减免政策的减免力度小	0.105	0.782	0.100	0.127
捐赠税收减免手续烦琐	0.193	0.709	-0.222	-0.018
慈善组织缺乏监督	-0.149	0.176	0.823	0.008
慈善组织捐赠款使用不透明	0.084	-0.334	0.769	-0.028
企业规模不大	-0.066	0.169	-0.045	0.824
企业经营业绩不好	-0.224	-0.159	-0.481	0.535

说明：提取方法为主成分分析法和旋转法即具有 Kaiser 标准化的正交旋转法。

a. 旋转在 6 次迭代后收敛。

二、促进浙江民营企业家慈善捐赠的主要路径

（一）积极倡导现代慈善理念

现代慈善理念包括：施者感恩受者；对捐赠者宽容；高调慈善；来自民间的慈善压力；组织发达而不是个体单干；免税行善而不是涸泽而渔；重税施压而不是道德说教；保护尊严，杜绝揭人隐私；捐赠权高于社会知情权；全民慈善优于富人慈善。

我国慈善理念主要源于儒家的仁义学说、佛教的慈悲观念与因果报应说以及民间善书所宣扬的道教思想等三个方面。儒家强调有差等的爱，讲求慈善活动的血缘基础和伦理根基，故传统慈善行为多发生在熟人社会中，缺乏对陌生人的人道主义、普世主义关爱，缺乏乐于奉献社会的公共精神。公共精神的缺失促使民营企业家一心只想把财富留给子孙，使其将来免受饥饿之苦。

自古以来，慈善被认为属于个人修身的范畴，主张无私奉献而不求回报，企业捐赠如求回报会被认为玷污了慈善的纯洁性。浙江民营企业多为实力不强的中小企业，故一些民营企业家为了把有限的财力、物力用于企业发展而不愿意进行没有回报的捐赠活动。另外，孔子主张“君子喻于

义，小人喻于利”“不患寡而患不均”。这种传统价值观加上大众对民营企业家致富过程合法性的怀疑和批判，不仅造成社会上出现“仇富”现象，而且出现了“富人捐赠是应该，捐少了是不爱国”等不正确的舆论，这导致民营企业家害怕因捐赠露富而被逼捐、索捐。近年来，虽然浙江采取了各种形式大力宣传慈善行为，例如，宁波举办了“宁波慈善奖”“感动宁波——十大慈善新闻事件和人物”评选活动，还组织“慈善一日捐”活动，通过这些宣传活动，慈善精神逐渐深入人心，社会参与日益广泛，社会上涌现了一大批如“顺其自然”“胡坤”“湾头父子”“象山红”等隐名捐款的爱心人士。但是，现代慈善理念还没有完全在人们头脑中形成。北京师范大学中国公益研究院院长王振耀认为，现代慈善理念要求对捐赠者宽容，“宽容而不是苛责，是慈善界的主流行为方式。过高的道德标准，往往产生虚伪或者暴力”。目前，战略性慈善在国外日渐流行。战略性慈善是指企业通过慈善而获取社会效益和经济效益，并对企业的竞争环境产生积极影响，从而促使企业慈善行为和股东利益一致、企业社会责任与经济目标兼容。浙江省民政厅、浙江省慈善总会、浙江省红十字会等相关部门要运用各种手段宣传现代慈善理念，既要提倡人们不能根据企业捐赠数额高低而对其进行褒贬，积极鼓励浙江民营企业家实施战略性慈善行为，又要让人们认识到慈善的自愿性以避免逼捐、索捐现象的发生，从而最终形成宽容、可持续发展的慈善环境。

另外，现代慈善理念主张“重税施压而不是道德说教”。美国著名学者戴维·伊斯顿（David Easton，1971）认为，“公共政策是政治系统权威性决定的输出，是对全社会的价值作有权威的分配”。① 为了避免富豪把财富全部留给后代，许多西方国家广泛实施遗产税，有的国家遗产税税率甚至高达50%以上。在这种重税政策之下，许多富豪会捐赠大量资金建立起由其家族成员参与管理的慈善基金会，从而达到避税的目的。因此，浙江相关部门既要积极倡导“陌生人伦理”，又要着手制定遗产税以促使民营企业家积极捐赠。

（二）努力改善税收激励不足的状况

政府运用税收优惠政策鼓励公益捐赠行为是国际通行惯例。为了发展

① David Easton. The Political System：An Inquiry into the State of Political Science，New York：Knopf，1971.

慈善事业，鼓励企业积极捐赠，我国也陆续制定了一些税收优惠政策，但是它们并没有达到预期效果。我国相关法律规定，企业只有通过依法登记的非营利性社会团体或县级以上人民政府向受赠人捐赠，或者直接向特定的社会团体捐赠才可以享受所得税方面的税收减免政策。这一方面造成了企业捐赠渠道狭窄，影响了民营企业家捐赠的积极性，另一方面也不利于以爱心同盟为代表的浙江省众多未注册的民间慈善组织的发展壮大。一般而言，民营企业的资金比较紧张，故大多数民营企业家倾向于物资捐赠。但是，我国税法规定企业捐赠物资只减免所得税，需要缴纳增值税等相关税费。显然，这也降低了民营企业家捐赠的热情。另外，繁杂的捐赠退税手续让一些民营企业家主动放弃了退税，这在很大程度上也抑制了民营企业家捐赠的积极性。公共政策是政府机构活动的产物、政府体制的函数，是政府进行公共事务管理的主要手段和方式。任何社会的经济繁荣、政治发展和社会进步均离不开合理的公共政策的指导和调控。为了促进浙江慈善事业的发展，相关部门要在落实国家现有的捐赠税收减免政策基础上，结合浙江的具体情况进一步完善捐赠税收优惠政策，减免实物捐赠的增值税，简化退税手续，扩大目前享受捐赠免税政策的慈善组织的范围，并降低慈善组织登记注册的门槛。

（三）加大对慈善组织的监管力度

近年来，“慈善腐败”现象时有发生。例如，2007 年“中国妈妈”胡 × ×侵吞孤儿善款；2009 年 × ×市抗癌健康基金会募集的善款被转进广告公司作为募集费用；2011 年上海市 × ×区红十字会的“高额餐费”事件。“慈善腐败”频发无疑打击了浙江省民营企业家的捐赠积极性。为了提高浙江民营企业家的捐赠意愿，一方面，浙江省司法机关要建立由检察长负责的机构，对浙江省慈善组织进行事前、事中和事后监督工作；另一方面，浙江要加强社会舆论的监督力度，鼓励各种媒体开辟“慈善专栏”。“慈善专栏”既要正面宣传慈善事业，又要对慈善中存在的一些问题进行深度报道。目前，重庆市和山东省济宁市出现了一种从社会上聘请一些热心公民对慈善组织进行监督的“慈善监督员”制度。浙江省也可效仿重庆市和山东省济宁市的做法，建立“慈善监督员”制度。由于慈善事业是一个特殊的行业，慈善组织的一些业务具有很强的专业性。因此，浙江省在聘请慈善监督员的过程中既要重视应聘者的热情和爱心，又要关注其专业素养。

在阻碍民营企业家慈善捐赠的4个最主要因素中，虽然企业实力因素的影响最小，但是它的权重也达19.4%。因此，除了上述主要措施之外，为了促进民营企业家慈善捐赠，浙江省也要为民营企业的快速发展创造良好的外部环境，为其提供优质的公共服务。

第五节 民营企业承担社会责任的SWOT分析及推进策略

企业社会责任观念起源于美国，是在20世纪20年代随着资本的不断扩张而引起一系列社会矛盾，诸如贫富分化、社会穷困，特别是劳工问题和劳资冲突等而提出来的。企业社会责任要求企业不仅要为股东创造利润，还应该考虑利益相关者，即影响和受影响于企业行为的各方的利益。它强调对包括股东、员工、消费者、供应商、竞争对手、社区等在内的利益相关者的社会责任，注重企业对社会的贡献，强调在生产过程中对人的价值的关注。

一、民营企业承担社会责任的SWOT分析

（一）企业社会责任的含义及认识误区

所谓企业的社会责任，在西方早期是指在市场经济体制下，企业除了为股东创造利润外，还应该考虑相关利益人，即影响企业行为和受企业行为影响的各方面的利益。其中，雇员的利益是企业社会责任中最直接和最主要的内容。这个问题是在20世纪20年代提出的，当时由于资本的不断扩张而引起一系列社会矛盾，诸如贫富差距、社会穷困、劳资冲突等，因而引起人们对企业社会责任的思考。目前国际上普遍认同的企业社会责任理念是：企业在创造利润、对股东利益负责的同时，还要承担对员工、对社会和环境的责任，包括遵守商业道德、生产安全、职业健康、保护劳动者合法权益及资源等。为了便于管理者理解和履行企业社会责任，一些学者提出了企业社会责任的层次观，其中卡罗尔（Carroll，1991）教授提出

的企业社会责任层次观得到了广泛的接受。卡罗尔（Carroll，1991）用了一个四层次的金字塔模型来说明企业社会责任。经济责任是基本责任，处于金字塔的底部。第二个层次是期望企业遵守法律，在此之上是伦理责任层次。金字塔的最上层是寄望企业成为一个好的企业公民，期望企业自愿承担慈善责任。卡罗尔（Carroll，1991）认为，企业不是按金字塔中由低到高的次序承担其责任，而是同时承担所有的社会责任，包括经济、法律、伦理和慈善四个方面的责任。对社会负责的企业应该努力去盈利、遵守法律、合乎伦理地做事和成为好的企业公民。

目前，人们对企业社会责任的认识普遍存在一些误区，例如，把企业社会责任与 SA8000 标准混为一谈，认为企业社会责任只是出口型企业的事情，与一般企业无关；把企业承担社会责任等同于企业办社会，认为承担社会责任就是增加企业负担；认为企业承担社会责任是企业自己的事情，与政府无关；认为企业社会责任就是企业捐赠。以上这些认识误区影响了企业积极履行社会责任。

（二）我国民营企业社会责任的演化及存在的主要问题

从我国民营企业发展的历史来看，我国民营企业承担企业社会责任的行为是不断演化的。其演化过程可以具体划分为四个阶段：第一阶段是从改革开放到 20 世纪 80 年代中期，民营企业承担的社会责任主要是经济责任，同时客观上也为社会提供产品和服务；第二阶段是从 20 世纪 80 年代后期到 90 年代初期，民营企业开始重视、关心员工，着手企业文化建设和改善员工的生产与生活状况，开展培训和个人职业发展计划，对人力资源进行更多的投资等；第三阶段为 20 世纪 90 年代中期，民营企业把承担社会责任的范围进一步拓宽到消费者、供应商、政府等利益密切相关者方面；第四阶段是从 20 世纪 90 年代后期至今，消除贫困、支持教育、环境保护等社会事务也逐步成为民营企业履行社会责任的重要内容之一。

通过我国民营企业社会责任的演化轨迹，我们可以看到民营企业承担社会责任的范围越来越宽。不过，目前我国大部分民营企业的社会责任缺失相当严重。中华全国工商联合会早在 2004 年撰写的《中国民营经济发展报告》中就指出，一些民营企业不遵守市场经济的游戏规则，缺乏对竞争对手和消费者的尊重；缺乏正确的竞争理念，把胜利和发展寄托于竞争对手的失败和垮台上，大搞不正当竞争，使企业失去信誉、丢掉朋友；缺乏诚信，道德素质缺失，编造业绩、欺骗股民、诈骗民众；不遵守法律法规，设立假账、逃避检查、偷税漏税等，阻碍了民营企业的正常发展。而且，民营企业在劳动用工方面还存在大量问题，如非法雇用童工，违法使用未成年工；侮辱体罚工人，侵犯员工人身权利；超时加班加点，不依法支付加班费；社会保险覆盖率低，不提供法定的福利待遇；扣押拖欠职工工资，尤其是拖欠农民工工资；员工住宿和工作条件差，安全设施不到位，生产安全事故频发；员工没有自己的工会组织或组织不能有效发挥作用；对员工冷漠、缺乏人文关怀，等等。部分民营企业在经营活动中还存在着欺诈顾客、掺杂使假、偷工减料、粗制滥造等不道德行为。它们为了赚钱不择手段地弄虚作假，欺骗广大消费者。各种假冒伪劣产品频频在市场上出现。每当一种新产品问世，只要稍微畅销，民营企业生产的冒牌货就会接踵而至；有的则敲诈勒索，绞尽脑汁地非法谋取私利。此外，民营企业在环境保护方面存在的问题也比较突出。由此可见，我国一部分民营企业还处于社会责任的低层次，没有承担法律责任，在满足社会需求等经济责任方面有诸多欠缺，更谈不上承担伦理责任和慈善责任。民营企业既没有真正对股东负责，也没有较好地承担起对员工、消费者、政府、社区和环境的责任。

（三）SWOT 矩阵概述

优势—劣势—机会—威胁矩阵，即 SWOT 矩阵，是一种重要的战略匹配工具。其主要思路是：对企业发展所处的优势因素（Strengths）、弱势因素（Weaknesses）、机会因素（Opportunities）和威胁因素（Threats）进行罗列分析，依照一定的次序把这些因素按矩阵形式排列起来，遵循控制或减弱不利因素影响、发挥自身优势的原则，把各种因素相互匹配起来加以分析，从中得出一系列结论。SWOT 矩阵最初主要应用于企业制订发展战略，由于该方法分析清晰、直观、受限制少、使用简单，为研究者或管理者提供一个相对自由的思考空间，能抓住战略分析的关键，得出一些有说服力的结论或建议，成为企业制订战略的主流方法之一，受到管理者、研究者的青睐。后来，这种方法被广泛用于经济、社会等领域。

在弄清楚研究对象内部的优势、劣势和外部的机会与威胁后，对选定的关键影响因素进行深入分析，可选用四种发展战略之一或其组合。即：

SO 战略：内部优势 + 外部机会。企业通过发挥内部优势来有效抓住并利用外部机会。对于所有的战略管理者来说，都希望企业处于这样的战略地位，并在此基础上抓住机会和优势，选择持续发展之路。

WO 战略：外部机会 + 内部劣势。企业通过有效利用外部机会来弥补其内部的不足。往往会出现这样的情况，企业面临着很好的外部发展机会，但由于内部能力不足阻碍了其利用这一机会来实现企业的发展战略目标。

ST 战略：内部优势 + 外部威胁。企业发挥其内部优势来避免或者减轻外部威胁的冲击。

WT 战略：内部劣势 + 外部威胁。这是一种克服内部劣势并避免外部环境威胁的战略。一个企业如果既存在大量的内部不足，又面临很多外部威胁，就处于一种非常不利的地位。有时候，这类企业不得不通过重组或者并购得以生存，或者索性宣告破产。

（四）民营企业承担社会责任的 SWOT 分析

1. 内部优势

（1）民营企业与当地社区具有和谐的关系。一般来说，民营企业产生于当地的社区，在当地社会有很深的根基。它们比其他企业更加理解当地人们的生活和文化。企业社会责任体系中很重要的一项内容，就是要处理好与当地社区的关系，企业的经营决策要对当地社区负责。中小企业与当地社区的这种密切联系让他们在处理与当地社区关系时，变得更具有责任心，这种责任心不是来源于企业社会责任理念引入后产生的效果，而是源于中小企业与当地社区的天然联系。这种淳朴原始的关系，使中小企业可以和当地社区共同发展，客观上可以促进企业承担社会责任。

（2）民营企业对外部环境变化反应迅速。通常，民营企业具有比较强烈的忧患意识、生存危机意识和相对灵敏的市场反应。民营企业的决策、运作、组织结构的调整比较容易，在面对外部环境变化时，能迅速有效地做出反应。对于新生事物，如企业社会责任理念，民营企业能够做到快速反应。如果其有实施社会责任管理的意愿，民营企业的指挥系统能够使管理者迅速了解到内部的效率环节状况，把企业有限的人力、物力和财力资源加以合理的充分的运用，并可以相对轻松地调整组织结构，为社会责任管理的实施奠定组织基础。

（3）民营企业具有战略联盟思想。许多民营企业由于种种原因既希望保持自己的独立性，又试图缩小与一流公司间的差距，所以采取的策略往往是建立联盟而不是合并，更不是各自为政，互为对手。战略联盟策略使民营企业懂得了联盟者之间不仅是竞争，还有合作，在合作中谋求“双赢”从而提升自己的实力。这种理念在一定程度上正是社会责任理念的精髓。

2. 内部劣势

（1）民营企业内部存在严重的信任危机。华人文化是一种具有波纹特征的“差序格局”，中国传统的乡土社会结构就像一个由一根根私人联系所构成的网络。这个网络在以自己为中心，像石子投入水中引起的波纹一样向外扩散，离中心越近，表明在血缘上越亲近，信任程度就越高；反之，离中心越远，与自己关系越疏远，信任程度越低。在以血缘、亲缘为中心延伸出的“家文化”的影响下，民营企业往往将企业家族化，把企业视为家族的一部分，倾向于将企业当作家族的附属品。一旦遇到企业危机时企业主首先考虑的通常是家族的利益，而不是企业的存亡。企业信任危机主要表现在内部失信。企业内部失信又表现为两方面：一是企业与员工之间的失信。企业不承担劳动合同法的有关规定，延长员工的工作时间，克扣和拖欠工人工资，赠送了一些股份给员工却始终不分红，引起劳资纠纷。二是企业与投资者之间的失信，主要是企业对投资者的承诺未能很好承担以及对投资回报未按契约兑现。

（2）民营企业管理理念落后。民营企业通常具有“资本雇佣劳动力”的落后观念，认为员工和企业的关系只是劳动力的雇佣关系。大多数民营企业主仍然把人看作工具，以工作任务为导向，以利润为中心，根本没有以人为本的观念。

3. 外部机会

（1）经济全球化进程要求民营企业承担社会责任。自20世纪80年代以来，在新技术革命的冲击下，人们的眼光越来越开阔，世界不同类型、不同发达程度国家之间的多边合作日益密切，整个世界成为了一个大市场。企业社会责任观就是在这一背景下风靡于美、日等发达资本主义国家，由以往的以企业为中心转变为以社会为中心，并赋予利益追求以丰富的社会内涵。作为经济全球化时代的一个重要成员，中国的企业发展必须适应和遵循国际竞争规则，否则就难以生存下去。我国企业必须要适应这种国际环境，以吐纳环宇的雄心和超前的战略眼光瞄向国际市场，向国际标准看齐。只有这样，我国企业在未来的竞争中才会有更大发展。SA8000标准是社会责任国际在1997年制定的全球第一个社会责任认证标准。其关注的不是产品和环境，而是企业内部劳工的权利，规定了企业必须承担的对社会和利益相关者的责任。其目标是通过有道德的采购活动来改善全球工人的工作条件，确保供应商所提供的产品符合社会责任标准的要求，最终达到公平而体面的工作条件。在欧美发达国家中，SA8000标准已经成为社会公认的企业行为准则。跨国公司纷纷以SA8000为蓝本制定自己的企业社会责任守则，并要求发展中国家的供货商严格遵守，否则便撤销订单。

（2）构建社会主义和谐社会要求民营企业承担社会责任。目前，“和谐社会”已经成为中国政府社会建设的新理念。没有企业的和谐，就不可能有整个社会的和谐。改善劳资关系，缓和、化解劳动矛盾是构建和谐社会的紧迫要求。对企业而言，不仅要关注企业的经济效益，还要关注社会效益，应该对自然、人类、社会、经济协调发展做出贡献，促进社会和谐发展。近年来，我国公共卫生事件频发、自然资源短缺、环境污染问题严重、“民工荒”出现、矿难事故连年发生、劳资关系紧张带来的负面影响不断显现，广大人民群众迫切希望民营企业承担起社会责任。

4. 外部威胁

（1）中国消费、投资环境给民营企业实施社会责任的压力不足。民营企业承担社会责任不是企业的单方面行为，而是一个社会互动过程。企业承担社会责任行为的产生往往依赖于其面临的社会压力，而这种压力需要某些社会条件才能够出现。

首先，我国许多消费者只根据产品的功能、质量等这些自然效用做出是否购买的决策，还没有普遍形成关心产品的社会效用（如产品是在企业如何对待劳工、环境等社会共同利益的条件下生产出来的）的价值观。而且，民营企业的规模通常不大，消费者即使因其没有承担社会责任而抵制购买其产品，民营企业也很容易通过转换行业或重新注册企业的方法来应对抵制购买的影响，其退出一个行业的成本与大型企业相比低很多。

其次，企业股价的高低升降能准确、及时地反映企业经营状况及经营者的表现。如果企业的经营状况不能很好地在资本市场上反映出来，例如企业做出了一项损害消费者利益的决策但这项决策所引起的后果未能在资本市场上及时地被反映出来，那么即使社会大众可以通过股票的流动来影响企业，过于延迟的信息传递也会使投资者对企业经营状况做出错误的评价，并由此导致企业更加错误的行为。

(2) 经济制度的变迁导致民营企业承担社会责任的成本增大。大部分民营企业的存活时间比较短，这一方面是由于某些民营企业经营管理不善造成的，另一方面是企业家对于中国经济制度预期的不确定性导致企业没有长期计划。中国的改革历程任重道远，“摸着石头过河”的模式使人们对未来制度变迁的方向不清楚，预期的不确定性造成许多民营企业家在经营企业时倾向于短期行为。民营企业只有在可以持续经营的前提下，才会考虑到发展问题，才会注重社会上的利益相关者，从而承担社会责任。试想一个只有 3 年寿命的企业，其行为必定会短期化，社会责任对于这样的企业来说不再是一种理念、一种资源而是一种负担和成本。

（五）民营企业承担社会责任的战略选择

通过对民营企业承担社会责任的内部优势、内部劣势、外部机会和外部威胁进行分析可知，不同规模的民营企业应采取不同的战略选择。

1. 大中型民营企业应采取 SO + ST 战略

目前，企业承担社会责任成为一种世界潮流，经济全球化进程和构建社会主义和谐社会都要求民营企业承担社会责任。大中型民营企业要利用内部优势，抓住外部机会，减轻外部威胁对承担社会责任的冲击。大中型民营企业不仅要承担经济责任、法律责任，还要承担伦理责任，去做那些正确的、正义的、公平的事情，避免或尽量减少对利益相关者（雇员、消费者、环境等）的损害，自愿承担慈善责任，为社区生活质量的改善作出贡献。通常，大中型民营企业已经具有了一定的经济实力，其所关注的焦点不是如何生存，而是如何更快发展壮大。企业一旦承担它所应承担的伦理责任和慈善责任，社会就会接纳它，可以因此而树立良好的企业形象和信誉。企业形象是包括消费者在内的社会公众对企业的综合印象，它对于企业在市场竞争中的兴衰成败有重大影响。另外，民营企业对股东、用户、社区、环境负责有助于其建立起一个和谐的外部经营环境。有些企业还还可能因承担社会责任受到政府的奖励，如企业投资于新型绿色食品业、节能产业可以享受贷款和税收减免等优惠政策。再比如，面对大量亏损企业和严峻的再就业问题，有实力的民营企业如能通过兼并、资产重组，主动替政府分忧，帮助解决问题，便能得到政府多方面的关照和社会成员的广泛支持。另外，上市对企业来说是一条发展壮大的捷径。大中型民营企业通过上市不仅可以筹得大量资金，也可以促使其更好地承担社会责任。

2. 小微型民营企业要采取 WO 战略

大部分民营企业是白手起家，其能够获取的外部资源有限。这种情况导致许多民营企业都在为生存而打拼。小微型民营企业有自己的目标和健康成长的要求，企业满足这一目标的行为同时就是尽社会责任。如果一个企业自身成长都有问题，不但不能给社会带来福利，相反会成为社会的包袱，社会责任将无从谈起。小微型民营企业在承担经济责任的同时要通过承担法律责任来改变内部劣势。具体地说：第一，规范劳动合同，避免集体合同流于形式。企业在雇用员工时不以“试用期”为借口任意延长试用期，在试用期将满时不以种种借口解雇员工使其拿不到应得报酬。第二，在工时与工资方面，对员工加班加点依法付酬。第三，在职业安全、健康问题和环境保护方面加强措施，减少劳动安全隐患，依法实施国家法定的劳保、工休、医疗和其他福利保障措施，为员工建造一些有利于身心健康的活动设施。长远来看，小微型民营企业只有在生产经营中合法经营、公平竞争、讲公德、讲信誉，最终才能在激烈的市场竞争中存活下来。另外，小微型民营企业在承担经济责任和法律责任的基础上，也要以大型民营企业为榜样，尽可能地去承担伦理责任甚至慈善责任。

二、推进民营企业承担社会责任的对策

推进民营企业承担社会责任有助于促使其积极参与社会救助。浙江省宁波市是长江三角洲南翼经济中心，也是浙江省经济中心之一，民营经济发达，民营企业众多。笔者以宁波为例，探讨推进民营企业承担社会责任的对策。

（一）宁波民营企业承担社会责任的意义

社会在不同历史时期存在不同的社会问题。目前，贫困和失业、社会的不公平、城市之间发展的不平衡已成为社会和谐的制约因素，作为社会重要组成部分的企业应与社会其他组织一起努力解决共同面临的这些社会问题。目前，我国民营企业社会责任缺失比较严重。这不仅妨碍了其自身发展，还不利于和谐社会的构建。宁波作为中国民营经济最发达的地区之

一，其民营企业数量众多，民营企业创造的 GDP 约占全市总量的 80%。因此，宁波民营企业是否积极承担社会责任对宁波企业界承担社会责任的状况具有举足轻重的影响。

1. 宁波民营企业承担社会责任有利于企业发展

（1）积极承担社会责任的企业更易于与国际接轨。SA8000 标准是社会责任国际在 1997 年 10 月制定的全球第一个社会责任认证标准，其主要关注企业内部劳工的权利，它规定了企业所必须承担的对社会和利益相关者的责任。目标是通过有道德的采购活动来改善全球工人的工作条件，确保供应商所提供的产品符合社会责任标准的要求，最终达到公平而体面的工作条件。在欧美发达国家中，SA8000 标准已经成为社会公认的企业行为准则。跨国公司纷纷以 SA8000 标准为蓝本制定自己的企业社会责任守则，并要求发展中国家的供应商严格遵守，否则便撤销订单。宁波是我国首批沿海对外开放城市，其经济的外贸依存度比较高，大多数企业借助于出口贸易而快速发展。可见，宁波民营企业承担社会责任状况影响着其发展。

（2）主动承担社会责任的企业能够拥有良好的社会形象。当前，企业之间竞争越来越激烈和残酷，竞争的领域不再局限于单纯的产品、价格、渠道、促销等方面，已扩展到包括品牌、公关、社会影响力等方面。民营企业作为市场经济的产物，不像国有企业那样受到国家计划和行政约束。许多民营企业在资本积累初期过于追求企业利益最大化，其内部缺少相应的约束机制。企业违法用工、不注重劳动安全、损害消费者利益的事情屡见不鲜。这造成了人们对民营企业有着天然的不信任。如果民营企业能通过承担一些社会责任，把保护和促进社会发展纳入企业战略管理，或者直接向社会捐钱捐物，救危济困等，那么企业可以有效拉近其与消费者的距离，获得公众的认同。实际上，民营企业积极承担社会责任是对企业品牌的投资、企业信誉的投资以及企业社会形象的投资。

（3）积极承担社会责任的企业能够激励员工努力工作，保留员工。主动承担社会责任的企业通常会把员工的社会保障、福利设施、员工培训等内容融入企业日常经营和管理当中，为员工提供优质的工作环境和条件。企业与员工的关系是企业社会责任的重要内容，企业要想赢得员工的忠诚，就必须本着“以人为本”的管理理念，赋予现代企业管理崭新的时代内容。企业只有把员工当成必须依靠的、互助互利的合作伙伴，像关心企业利润和发展一样关心员工的生活、前途和命运，员工才会真正与企业同舟共济，保持较高的工作满意度和较高的工作积极性，最终达到员工与企业双赢的局面。

2. 宁波民营企业承担社会责任有利于宁波和谐社会构建

宁波民营企业善待员工，有利于企业内部和谐。宁波民营企业承担法律责任，守法经营，有利于促进宁波社会的民主法制、公平正义的形成；民营企业承担创造利润、对股东负责的经济责任，能直接促进宁波社会物质丰富和文化的繁荣，形成构建宁波和谐社会的基石；民营企业承担伦理责任和慈善责任，有利于诚信友爱社会氛围的形成，并促进宁波社会的进步与安定。

（二）宁波民营企业承担社会责任的现状

为了了解宁波民营企业承担社会责任的状况，笔者在宁波市内通过当面填写和电子邮件方式向民营企业高级经营管理者发放 267 份《宁波民营企业承担社会责任调查问卷》，回收问卷 216 份，回收问卷占全部发放问卷的 80.9%。在回收卷中又剔除了空白项较多的填写质量较差的问卷，最后实际有效问卷是 198 份，有效问卷占全部发放问卷的 74.2%。问卷就“保障股东权益”“善待员工”“保护消费者权利”“与供应商诚信合作”“与竞争对手公平竞争”“环境保护”和“为社区作贡献”这 7 项内容作了调查。其中“善待员工”的内容包括重视生产安全，遵守劳动合同，改善福利待遇和生活环境；“保护消费者权利”的内容包括保证产品质量与安全，诚信服务，保护消费者权益；“为社区做贡献”的内容包括对文教卫体等公益事业的捐助，对失业、下岗工人、伤残者提供平等就业机会，对公共设施、医疗机构等提供人力、物力、财力的支持。

1. 不同规模民营企业承担社会责任现状分析①

在有效问卷中，大型民营企业有 20 家，占全部回收有效问卷的 10.1%；中型民营企业有 79 家，占全部回收有效问卷的 39.9%；小微型民营企业有 92 家，占全部回收有效问卷的 46.5%；没有填写规模信息的共有 7 家企业，占全部回收有效问卷的 3.5%。调查结果显示，对大型民营企业而言，其最注重的是“保护消费者权利”，占大型民营企业总数的

① 根据国家统计局于 2017 年制定的《统计上大中小微型企业划分办法》划分企业规模。

90%；其次是“善待员工”，占大型民营企业总数的85%；位居第三的是“环境保护”，占大型民营企业总数的80%。对中型民营企业而言，其最注重的是“保护消费者权利”，占中型民营企业总数的87.3%；其次是“善待员工”，占中型民营企业总数的86.1%；位居第三的是“为社区做贡献”，占中型民营企业总数的79.8%。对小微型民营企业而言，其最注重的是“保障股东权益”，占小型民营企业总数的91.3%；其次是“保护消费者权利”，占小微型民营企业总数的87%；位居第三的是“善待员工”，占小微型民营企业总数的84.8%。以上调查结果表明，大中型民营企业基本上把承担企业社会责任作为一种“战略投入”来看待，不计较承担社会责任对企业眼前利润的影响而着眼于企业长远利润。因而大部分大中型民营企业比较关注的前三项社会责任项目不仅包括直接利益相关者（如消费者、员工），还包括间接利益相关者（如社区、环境）。而小微型民营企业通常处于创业生存阶段，财力不足，加上民营企业主对企业发展前景缺乏足够的信心，缺乏战略意识，没有把承担社会责任提升到企业战略层面，从而导致绝大部分小微型民营企业注重企业眼前利益得失，把“保障股东权益”放在首要考虑的位置。

2. 不同生产要素类型民营企业承担社会责任现状分析

为了反映不同类型民营企业承担社会责任的情况，把民营企业分为劳动力密集型、技术密集型和资金密集型三类并对其进行了分类调查。在198家民营企业中，劳动力密集型企业有101家，占被调查民营企业的51%；技术密集型企业有63家，占被调查民营企业的31.8%；资金密集型企业有23家，占被调查民营企业的11.6%；没有标明企业生产要素类型的有11家，占被调查民营企业的5.6%。根据问卷调查结果，对于劳动密集型民营企业来说，其最关注的是“保护消费者权利”，占劳动密集型民营企业总数的92.1%；其次是“保障股东权益”，占劳动密集型民营企业总数的85.1%；位居第三的是“为社区作贡献”，占劳动密集型民营企业总数的75.2%。对于技术密集型民营企业来说，其最关注的是“善待员工”，占技术密集型民营企业总数的88.9%；其次是“保障股东权益”，占技术密集型民营企业总数的82.5%；位居第三的是“保护消费者权利”，占技术密集型民营企业总数的81%。对于资金密集型民营企业来说，其最关注的是“保护消费者权利”，占资金密集型民营企业总数的91.3%；其次是“善待员工”，占资金密集型民营企业总数的87%；位居第三的是“环境保护”，占资金密集型民营企业总数的 82.6%。以上调查数据显示，由于在劳动密集型企业中劳动力成本在企业总成本所占比例较大，所以宁波一些劳动密集型民营企业为了降低企业成本而不太关注“善待员工”。而且，大多数劳动密集型企业所生产的产品是与居民生活日常消费密切相关的，导致劳动密集型企业为了占领市场而对“保护消费者权利”的关注率高达 92.1%。对技术型民营企业而言，作为技术型民营企业员工主体的知识型员工通常具有较强的劳动力市场竞争力，如果企业不善待员工，那么知识型员工很可能流失。以上原因导致其最关注的是“善待员工”。

3. 不同市场类型民营企业承担社会责任现状分析

为了反映不同市场类型民营企业承担社会责任的情况，把民营企业分为外向型民营企业和非外向型民营企业两类并对其进行了分类调查。在 198 家民营企业中，外向型民营企业有 80 家，占被调查民营企业的 40.4%；非外向型民营企业有 105 家，占被调查民营企业的 53%；没有标明企业市场类型的有 13 家，占被调查民营企业的 6.6%。问卷调查结果显示，外向型民营企业最重视“善待员工”，占外向型民营企业总数的 87.5%；其次是“保护消费者权利”，占外向型民营企业总数的 86.2%；位居第三的是“保障股东权益”，占外向型民营企业总数的 83.8%。非外向型民营企业最重视“保障股东权益”，占非外向型民营企业总数的 89.5%；其次是“为社区作贡献”，占非外向型民营企业总数的 85.7%；位居第三的是“保护消费者权利”，占非外向型民营企业总数的 83.8%。以上调查结果表明，随着全球企业社会责任运动和经济全球化程度的不断深入，越来越多的国外公司要求其供应商取得 SA8000 标准认证，这促使宁波外向型民营企业为了开拓国际市场而更加关注“善待员工”。国内市场是非外向型民营企业的目标市场，其对文教卫体等公益事业的捐助，对失业、下岗工人、伤残者提供平等就业机会，对公共设施、医疗机构等提供人力、物力、财力的支持等承担社会责任行为不仅有助于非外向型民营企业与社区建立良好的关系，还有助于提高非外向型民营企业的知名度和美誉度，从而最终有利于企业产品的销售，因而非外向型民营企业相对比较重视“为社区作贡献”。

（三）推进民营企业承担社会责任的主要对策

在历史上，宁波并不缺乏具有社会责任感的企业家，历史上的“宁波帮”，如包玉刚、王宽诚、邵逸夫等人都是著名的社会慈善家和“教育救国”活动家。根据调查可知，宁波民营企业对社会责任有所认知并承担了一些社会责任。然而相对于中外先进企业对社会责任的认识，相对于经济全球化对我国企业的挑战，相对于我国建设和谐社会对企业的要求，宁波的民营企业还需加深对社会责任的认识并承担更多的社会责任。

1. 政府的策略选择

（1）推进企业社会责任法制化。通常，企业承担社会责任会造成企业成本的增加，且不能为其带来直接收益。这导致一些企业不积极承担社会责任，从而在市场竞争中因生产成本相对较低而获得一定优势，从而影响了其他企业承担社会责任的积极性。罗纳德·哈里·科斯（Ronald H. Coase，1937）、道格拉斯·诺斯（Douglass C. North，1960）等新制度经济学家认为人有机会主义倾向，即人有借助于不正当手段谋取自身利益的行为倾向，而制度是在一个特定群体内部得以确立并实施的行为规则，它抑制着个人可能出现的机会主义行为，使人的行为变得比较可预见。为了维护社会公共利益和保证社会健康运转，政府应该建立推进企业履行基本社会责任的法律、法规，并且不断强化执法和规范的力度。宁波市地方政府可以率先将企业公民建设问题提升到地方立法层面，明确企业作为公民的社会权利与义务，这样能够极大促进企业社会责任的履行和落实，同时又有助于外向型民营企业开拓国际市场时避开其他国家借此对其实行的贸易壁垒，并提升宁波企业的国际形象。

（2）政府部门要建立科学的考核机制。政府作为市场竞争环境中的监督者与服务机构，应该运用宏观调控手段，出台相应的规则和制度，以企业利益为纽带引导企业承担相应的社会责任。宁波市地方政府主要通过“履行社会责任、创建和谐企业”活动来推进企业承担社会责任，其印发了《宁波市和谐企业考评工作操作手册》和《宁波市和谐企业创建考核评价实施办法》，希望藉此促进更多的企业承担社会责任。科学的考核机制能够充分反映每一个企业的社会责任表现，政府部门应把企业社会责任活动全面纳入考核的范围，选取企业考核指标时要充分考虑到民营企业的规模、行业特点及其他相关的多元利益主体的意见。例如，调查数据显示，小微型民营企业不太愿意承担与间接利益相关者相关的社会责任项目，那么政府在对其考核中可以有针对性地加大与间接利益相关者相关的社会责任项目的考核力度。另外，管理学大师彼得·德鲁克（Peter F. Drucker，1954）曾经说过："不能量化，就无法管理"。所以，政府部门在确定考核指标时要遵循"考核指标能够量化的尽量量化，不能量化的就要细化"的原则。

政府部门还要根据具体情况选择合适的考核方法，360 度考核方法相对来说是一种较好的选择。360 度考核的思想与中国传统管理中的"走群众路线""从群众中来，到群众中去"等观点相吻合，它要求在考核过程中打开大门，广泛邀请社会团体、各界人士积极参与，这有助于社会舆论与新闻机构的积极配合，从而形成增强企业社会责任的良好氛围。对于承担社会责任好的民营企业，政府应该给予表彰和奖励。例如，对于社会责任记录良好的民营企业，政府应当在政府采购活动中优先提供机会。国家应对那些因积极承担社会责任而给其他企业做出表率或因承担社会责任而对社会良性发展产生重要影响的民营企业给予物质或精神激励，即社会责任奖金（或社会责任奖励证书），如国家颁发的环保贡献奖金、社会福利事业优秀奖金等。对获得相关奖励或证书的企业给予一定的物质激励有利于强化企业对承担社会责任的荣誉感和认同感。对于承担社会责任差的民营企业，甚至危害社会公众利益的民营企业，应该给予批评或处罚，只有这样才更能激发民营企业承担社会责任的积极性。

（3）充分发挥第三部门的作用。未来的政府不再是统治的政府，而是治理的政府，这是 20 世纪 90 年代以来西方公共行政改革日渐明确的一个方向，也成为与这场改革遥相呼应的公共管理学研究的重要内容。"治理"意味着政府不再是社会唯一的权力中心，各种公众认可的第三部门和私人部门都可能成为不同层面上的权力中心；国家正在把其独自承担的职能转移给非政府公共机构或私人部门，政府和第三部门之间、公共部门和私人部门在处理公共事务时的关系将发生改变，表现在它们之间的地位趋于平行，通过合作将共同分担公共责任。为了促进民营企业社会责任的落实，政府可以采取措施充分发挥第三部门如行业协会、消费者协会等社会团体的作用，以形成多层次、多渠道的监督体系和制度安排。消费者是企业的衣食父母，在调查中许多民营企业把"保护消费者权利"放在首位就是最好的证明。在西方国家，消费者和第三部门是企业社会责任实施情况的监督者和推动者，全球第一个道德标准 SA8000 的形成就是其促成的。服装行业、塑料行业是宁波的优势产业，政府部门可以先推进服装行业协会、塑料行业协会开展建设社会责任管理体系的活动，然后逐渐在各行业全面展开。

2. 民营企业的策略选择

（1）企业要转变经营理念，当好“企业公民”。市场经济的基本精神是尊重人的价值与尊严，市场的不断发育和竞争的加剧必然要求管理者更关注人，当好“企业公民”的关键也要求以人为本。一些大的跨国公司在制定和执行规章制度的过程中，认为人的价值高于利润，在员工与生产安全、成本、利润发生冲突的时候，总是把人的价值放在第一位，真正做到“以人为本”。宁波大中型民营企业基本能够“善待员工”，而小微型民营企业最注重“保障股东权益”，在重视生产安全，遵守劳动合同，改善福利待遇和生活环境方面做得不够好。另外，宁波民营企业普遍在承担“与供应商诚信合作”“与竞争对手公平竞争”社会责任方面有所欠缺。因此，宁波民营企业家要改变传统的经营理念，重视社会责任问题，认识到其肩负着发展经济和促进社会进步的双重历史重任。企业在自身发展的同时，必须以符合伦理道德的行动回报社会。如果企业在市场竞争中自觉承担相应的社会责任，就容易在公众中获得更高的信任度，使其产品和服务对消费者具有更大的吸引力，企业才可能获得持久的发展。

（2）企业内部要建立社会责任管理体系。民营企业的发展壮大离不开民营企业主的智慧和胆识，企业的成功强化了民营企业主独断专行的作风，导致大部分民营企业管理具有“管理随意化，决策浪漫化”的特点。这个特点使得民营企业在承担社会责任中表现出任意性、非连续性的特征。民营企业应该建立一个社会责任管理体系，用它来自觉约束企业行为，管理和监督企业更好地履行社会责任。企业的行业、能力的差异决定了不可能有一个通用的社会责任管理体系，各民营企业应该根据其生产与服务的特点、企业实力大小、管理水平的高低来设计和建立社会责任管理体系。在社会责任管理体系中企业要明确社会责任内容，根据 SMART 原则来制定社会责任约束指标并落实到部门和个人，有条件的民营企业还要建立社会责任专门管理机构（如社会责任部）来切实落实企业的社会责任。

第六节 民营企业承担社会责任考核指标的权重确定

如前所述，政府部门出台科学的考核机制是宁波推进民营企业承担社会责任的主要对策之一。在绩效考核中，考核指标权重是否合理往往决定着考核机制的成败，故运用层次分析法研究宁波民营企业承担社会责任考核指标的权重。

一、建立递阶层次结构

宁波民营企业承担社会责任考核指标体系可分为三层，目标层是民营企业承担社会责任考核指标（总目标 A），准则层包括对股东的社会责任（B_1）、对员工的社会责任（B_2）、对消费者的社会责任（B_3）、对环境的社会责任（B_4）、对社区及其他群体的社会责任（B_5）等五项指标，方案层包括股东利益最大化（C_1）、信息透明及其他（C_2）等在内的 13 项指标。整个民营企业承担社会责任考核指标体系如表 5－11 所示。

表 5－11　　民营企业承担社会责任考核指标体系

民营企业承担社会责任考核指标（A）	对股东的社会责任（B_1）	股东利益最大化（C_1）
		信息透明及其他（C_2）
	对员工的社会责任（B_2）	生产安全（C_3）
		薪酬、福利改善（C_4）
		员工培训（C_5）
	对消费者的社会责任（B_3）	产品质量和安全（C_6）
		售后服务到位（C_7）
		消费者需求满足度（C_8）
	对环境的社会责任（B_4）	减少污染排放和噪音（C_9）
		节能降耗（C_{10}）
		参与环境治理（C_{11}）
	对社区及其他群体的社会责任（B_5）	保护弱势群体（C_{12}）
		慈善捐助（C_{13}）

二、构建两两比较判断矩阵

判断矩阵是各元素针对上一层次某个元素建立起同一层任意二个元素之间评比的数据矩阵，如表 5 - 12 所示。矩阵 b_{ij}表示相对于 A_k而言 B_i和 B_j的相对重要性，通常取 1，2，…，9 及它们的倒数作为标度，标度的定义如表 5 - 13 所示。

表 5 - 12　　B_i和 B_j的相对重要性矩阵

A_1	B_1	B_2	Λ	B_n
B_1	b_{11}	b_{12}	Λ	b_{1n}
B_2	b_{21}	b_{22}	Λ	b_{2n}
M	M	M		M
B_n	b_{n1}	b_{n2}	Λ	b_{nn}

表 5 - 13　　判断矩阵标度定义

标度 b_{ij}	含义
1	i 因素与 j 因素，具有同等重要程度
3	i 因素比 j 因素稍微重要
5	i 因素比 j 因素明显重要
7	i 因素比 j 因素非常重要
9	i 因素比 j 因素极端重要
2，4，6，8	为以上两相邻判断之间的中间状态对应的标度值
倒数	若 j 因素与 i 因素比较，得到的判断值为 $b_{ji}=1/b_{ij}$

根据表 5 - 11，A - B 判断矩阵，设 $A=(b_{ij})_{5\times5}$为目标层判断矩阵；B - C 判断矩阵，设 $B_s=(C^s_{ij})_{13\times13}$为准则层判断矩阵（s = 1，2，3，4，5）。任何判断矩阵都应满足 $b_{ij}=1$（i = j，i、j = 1，2，…，n）。判断矩阵中的指标数值可以根据调研数据、统计资料以及专家意见综合权衡后得出。本书所采用的标度是根据调研数据权衡后得出。在宁波市内通过当面填写和电子邮件方式向民营企业相关人员、公务员和普通群众发放 156 份《宁波民营企业承担社会责任考核指标权重调查问卷》，回收问卷 144 份，回

收问卷占全部发放问卷的 92.3%。在回收问卷中又剔除了空白项较多的填写质量较差问卷，最后实际有效问卷是 138 份，有效问卷占全部发放问卷的 88.5%。所得出的标度能够反映人们对宁波民营企业承担社会责任考核指标的共识。

三、层次单排序和一致性检验

层次单排序是根据判断矩阵计算对于上一层某因素而言，本层次与之有联系的因素的重要性次序的权值，它可以归结为计算判断矩阵的特征和特征向量问题，即对判断矩阵 B，计算满足 $BW = \lambda_{max}W$ 的特征根和特征向量，并将特征向量正规化，将正规化后所得到的特征向量 $W = [W_1, W_2, \Lambda, W_n]^T$ 作为本层次元素 b_1，b_2，…，b_n 对于其隶属元素 A_k 的排序权值。

受诸种主客观因素的影响，判断矩阵很难出现严格一致性的情况。因此，在得到 λ_{max} 后，还需要对判断矩阵的一致性进行检验。为了检验判断矩阵的一致性，需要计算它的一致性指标 CI，定义 $CI = (\lambda_{max} - n)/(n - 1)$。当 CI = 1 时，判断矩阵具有完全一致性。$\lambda_{max} - n$ 愈大，C. I. 就愈大，那么判断矩阵的一致性就差。为了检验判断矩阵是否具有满意的一致性，需要将 CI 与平均随机一致性指标 RI 进行比较。RI 的取值见表 5 - 14 所示。

表 5 - 14　RI 的取值

阶数 n	1	2	3	4	5	6	7	8	9
RI	0.00	0.00	0.52	0.89	1.12	1.26	1.36	1.41	1.46

如果判断矩阵 $CR = CI/RI < 0.1$ 时，则此判断矩阵具有满意的一致性，否则就需要对判断矩阵进行调整。在这里，具体指标之间的两两比较，一般通过调查访问法、专家咨询法进行。根据各指标的重要性构造判断矩阵进行计算，所得结果如下：

二级指标 B_1、B_2、B_3、B_4 和 B_5 相对于一级指标 A 的权重（相对于总目标“民营企业承担社会责任考核指标”而言，准则层指标“对股东的社会责任（B_1）”“对员工的社会责任（B_2）”“对消费者的社会责任（B_3）”“对环境的社会责任（B_4）”“对社区及其他群体的社会责任（B_5）”之间相对重要性的比较）。并检验其一致性，通过一致性检验。如

表5-15所示。

表5-15　　B_1、B_2、B_3、B_4、B_5相对于A的权重

A	B_1	B_2	B_3	B_4	B_5	W_i	
B_1	1	3	4	6	7	0.480	$\lambda_{max}=5.207$ CI=0.052 RI=1.120 CR=0.046
B_2	1/3	1	3	5	6	0.273	
B_3	1/4	1/3	1	3	4	0.138	
B_4	1/6	1/5	1/3	1	2	0.065	
B_5	1/7	1/6	1/4	1/2	1	0.043	

三级指标C_1、C_2相对于二级指标B_1的权重（相对于“对股东的社会责任)”而言，“股东利益最大化（C_1）”“信息透明及其他（C_2）”各指标之间的相对重要性比较)。并检验其一致性，通过一致性检验。如表5-16所示。

表5-16　　C_1、C_2相对于B_1的权重

B_1	C_1	C_2	W_i	
C_1	1	6	0.857	$\lambda_{max}=2.00$ CI=0.00 RI=0.00 CR=0.00
C_2	1/6	1	0.143	

三级指标C_3、C_4和C_5相对于二级指标B_2的权重（相对于“对员工的社会责任（B_2）”而言，“生产安全（C_3）”“薪酬、福利改善（C_4）”“员工培训（C_5）”各指标之间的相对重要性比较)。并检验其一致性，通过一致性检验。如表5-17所示。

表5-17　　C_3、C_4和C_5相对于B_2的权重

B_2	C_3	C_4	C_5	W_i	
C_3	1	4	6	0.682	$\lambda_{max}=3.108$ CI=0.054 RI=0.580 CR=0.093
C_4	1/4	1	4	0.236	
C_5	1/6	1/4	1	0.082	

三级指标C_6、C_7和C_8相对于二级指标B_3的权重（相对于“对消费者的社会责任（B_2）”而言，“产品质量和安全（C_6）”“售后服务到位

(C_7)”“消费者需求满足度(C_8)”各指标之间的相对重要性比较)。并检验其一致性，通过一致性检验。如表 5－18 所示。

表 5－18　C_6、C_7和C_8相对于B_3的权重

B_3	C_6	C_7	C_8	W_i	
C_6	1	5	7	0.731	λ_{max} = 3.065 CI = 0.032 RI = 0.580 CR = 0.055
C_7	1/5	1	3	0.188	
C_8	1/7	1/3	1	0.081	

三级指标C_9、C_{10}和C_{11}相对于二级指标B_4的权重(相对于“对环境的社会责任(B_4)”而言，“减少污染排放和噪音(C_9)”“节能降耗(C_{10})”“参与环境治理(C_{11})”各指标之间的相对重要性比较)。并检验其一致性，通过一致性检验。如表 5－19 所示。

表 5－19　C_9、C_{10}和C_{11}相对于B_4的权重

B_4	C_9	C_{10}	C_{11}	W_i	
C_9	1	5	6	0.717	λ_{max} = 3.094 CI = 0.047 RI = 0.195 CR = 0.088
C_{10}	1/5	1	3	0.195	
C_{11}	1/6	1/3	1	0.088	

三级指标C_{12}和C_{13}相对于二级指标B_5的权重(相对于“对社区及其他群体的社会责任(B_5)”而言，“保护弱势群体(C_{12})”“慈善捐助(C_{13})”各指标之间的相对重要性比较)。并检验其一致性，通过一致性检验。如表 5－20 所示。

表 5－20　C_{12}和C_{13}相对于B_5的权重

B_5	C_{12}	C_{13}	W_i	
C_{12}	1	4	0.800	λ_{max} = 2.00 CI = 0.00 RI = 0.00 CR = 0.00
C_{13}	1/4	1	0.200	

四、层次总排序和一致性检验

根据以上计算的B_1、B_2、B_3、B_4和B_5以 A 为准则的权重，以及C_1、

C_2、…、C_{13}分别以B_1、B_2、B_3、B_4和B_5为准则的权重，依据层次分析法的计算原理，可以计算出C层相对于A层的总排序，并检验其一致性，通过一致性检验。如表5-21所示。

表5-21 C层总排序

	B_1	B_2	B_3	B_4	B_5	C层总排序（权重值）
	0.480	0.273	0.138	0.065	0.043	
C_1	0.857					0.412
C_2	0.143					0.069
C_3		0.682				0.186
C_4		0.236				0.065
C_5		0.082				0.022
C_6			0.731			0.101
C_7			0.188			0.026
C_8			0.081			0.011
C_9				0.717		0.046
C_{10}				0.195		0.013
C_{11}				0.088		0.006
C_{12}					0.800	0.035
C_{13}					0.200	0.009
CI CR	0.00 0.00	0.054 0.093	0.032 0.055	0.047 0.088	0.00 0.00	$CI_{总}=0.022$ $RI_{总}=0.276$ $CR_{总}=0.080$

五、结果分析

运用层次分析法，确定了宁波民营企业承担社会责任考核指标的权重。在方案层的13个指标权重排序中，“股东利益最大化（C_1）”“生产安全（C_3）”“产品质量和安全（C_6）”位列前三，“消费者需求满足度（C_8）”“慈善捐助（C_{13}）”“参与环境治理（C_{11}）”居最后三位。宁波市地方政府在制定民营企业承担社会责任考核指标权重时要着重考核股东利益最大化、生产安全、和产品质量和安全等方面，同时不忽视对慈善捐助、参与环境治理等方面的考核。

第七节
社会责任视角下民营企业降低知识型员工流失率的途径

如前所述，民营企业积极承担社会责任能够激励员工努力工作，保留员工。在民营企业中，知识型员工的流失率一直居高不下，故进一步基于社会责任视角研究民营企业降低知识型员工流失率问题。

一、我国民营企业承担社会责任的现状

我国民营企业的社会责任缺失相当严重。中华全国工商联合会早在2004 年发布的《中国民营经济发展报告》中就指出，一些民营企业不遵守市场经济的游戏规则，缺乏对竞争对手和消费者的尊重；缺乏正确的竞争理念，把胜出和发展寄托于竞争对手的失败和垮台上，大搞不正当竞争，使企业失去信誉、丢掉朋友；缺乏诚信，道德素质缺失，编造业绩、欺骗股民、诈骗民众；不遵守法律法规，设立假账、逃避检查、偷税漏税等等，阻碍了民营企业的正常发展。而且，民营企业在劳工方面还存在大量问题，如非法雇用童工，违法使用未成年工；侮辱体罚工人，侵犯员工人身权利；超时加班加点，不依法支付加班费；社会保险覆盖率低，不提供法定的福利待遇；扣押拖欠职工工资，尤其是拖欠民工工资；员工住宿和工作条件差，安全设施不健全，生产安全事故频发；员工没有自己的工会组织或组织不能有效发挥作用；对员工冷漠，缺乏人文关怀等等。部分民营企业在经营活动中还存在着欺诈顾客、掺杂使假、偷工减料、粗制滥造等不道德行为。它们为了赚钱不择手段地弄虚作假，欺骗广大消费者。此外，民营企业在环境保护方面存在的问题也比较突出。可见，我国绝大部分民营企业还处于社会责任的低层次，不仅没有效履行法律责任，还在满足社会需求等经济责任方面也有诸多欠缺，更谈不上履行伦理责任和慈善责任。民营企业既没有真正对股东负责，也没有较好地承担起对员工、消费者、政府、社区和环境的责任。

二、民营企业知识型员工流失的主要原因

民营企业是我国国民经济中富有活力的部分，数量众多。随着全球经济一体化与知识经济的到来，民营企业在面对大好发展机遇的同时，遇到了更加严峻的竞争与挑战。现在越来越多的民营企业认识到人力资源是企业中第一重要的资源，它对企业核心竞争力的提高具有决定性的影响。争人才、抢人才已成为21世纪最大、最激烈的竞争，成为企业与企业之间竞争的焦点。科学技术发展到今天，现代生产力水平的提高已经不主要依靠体力劳动了。廉价的劳动力和自然资源因素在经济发展中的重要性逐步下降，取而代之的是智力劳动。这一切都凸显了知识型员工在企业发展中的作用。知识型员工最早被美国管理大师彼得·德鲁克（Peter F. Drucker，1954）定义为掌握和运用符号或概念，利用知识或信息工作的人。从这个概念上看，很多企业的中级以上管理者和专业的技术人员都是知识型员工，是企业发展的重要力量，也是企业最难管理的群体。他们的流失将给企业主要带来四个方面的损失：一是知识型员工的流失可能导致企业关键岗位的空缺；二是核心知识型员工的流失会造成核心技术或商业机密的泄露；三是大量知识型员工的流失必将“扰乱军心”，给企业本身和企业内其他员工带来负面影响；四是知识型员工的流失必将使企业再支出费用去寻找合适的人选。

影响民营企业知识型员工流失的因素分为企业不可控因素和企业可控因素。不可控因素包括人才市场供求情况、国家和地区的产业结构、国家和地区经济发展状况，等等。这里重点论述可控因素。可控因素包括以下几个方面：①

（一）企业规模

民营企业的规模一般不大，抗风险能力差，人才通常都以进入大规模的企业而感到自豪，对企业的不稳定感和“面子观”导致知识型员工的组织承诺度不高。另外，民营企业的规模小造成企业内部适合于知识型员工轮岗的岗位较少，使得知识型员工内部流动的机会不多，而这种内部流

---

① 由于民营企业对不可控因素无能为力，故笔者仅探讨影响民营企业知识型员工流失的企业可控因素。

动有助于其积累工作经验和发展工作技能，增加工作满意度。对于比较注重自身职业生涯规划的知识型员工而言，轮岗无疑对其具有较强的吸引力。

（二）企业在行业中所处地位

民营企业在本行业中所处地位往往较低，所占市场份额较少，使得知识型员工的职业安全感不高，流失更易发生。一般而言，企业在行业中的地位越高其员工日后的就业能力就越强，越有发展前途。因此，民营企业的知识型员工流失率较高。

（三）企业收入政策

人的需求是分层次的，无论是马斯洛（Maslow）的需求层次论，赫茨伯格（Herzberg）的双因素理论，还是艾尔弗雷德（Alderfer）的ERG理论，都强调生理的需要是第一位的。作为满足这一需要的最重要保障——个人收入水平是个体择业的首要考虑因素，追求更高的收入是知识型员工流动的一个重要原因。大部分民营企业由于实力有限而无法提供具有较强外部竞争性的薪酬，导致民营企业的知识型员工流失。另外，许多民营企业忽视制度建设，偏好人治，从而影响了企业收入的公平性、均等性和合理性，造成知识型员工流失。

（四）民营企业主管理风格

民营企业主的管理风格是指民营企业主对知识型员工采取的管理方式取向。对知识型员工的管理主要有任务导向式管理和人本导向式管理两种方式。大多数民营企业主仍然把人看作工具，以工作任务为导向，以利润为中心，根本没有以人为本的观念。繁重的工作任务、过高的最低绩效要求、单调的工作内容使知识型员工感到不安和乏味。外界环境越好，提供的机会越多，知识型员工的生活期望越高，则其对现有工作的满意度越低。以上这些原因造成民营企业的知识型员工的工作满意度较低，从而导致其流失。

（五）民营企业诚信缺失

民营企业信用低下的问题集中反映在企业与内部或外部利益相关的社会群体之间相互关系的对立上。内部失信表现为：一是企业与员工之间的失信。企业不履行劳动合同法的有关规定，延长员工工作时间，克扣和拖欠工人工资，即使赠送了一些股份给员工却始终不分红，引起劳资纠纷；二是企业与投资者之间的失信。企业对投资者的承诺未很好履行和对投资回报未按契约兑现。外部的失信主要表现为：一是企业与消费者之间的失信。如制假售假，承诺的商品售后服务不到位，损害消费者权益。二是企业与合作企业之间的失信。如逃废债务、合同欺诈等等。三是企业与政府之间的失信。如没有遵纪守法、照章纳税、环境保护等等。以上种种行为导致了知识型员工对民营企业主缺乏基本信任，即使民营企业给予知识型员工一定比例的股份也无法起到“金手拷”的作用。同时，知识型员工对民营企业的发展前景缺乏信心也导致了民营企业主与知识型员工无法建立起彼此长期合作的心里契约。由于知识型员工的劳动力市场力量比较强，所以知识型员工从民营企业中流失也就在所难免了。

三、社会责任视角下民营企业降低知识型员工流失率的途径

（一）民营企业应注重经营管理和提高经营效益，承担经济责任

企业主体有自己的目标和健康成长的要求，企业满足这一目标的行为同时就是尽社会责任。如果一个企业自身成长都有问题，不但不能给社会带来福利，相反会成为社会的包袱，社会责任将无从谈起。企业必须以自身业务的开展来不断满足和超越客户需要，并以负责和透明的方式开展经济行为，赢得顾客、社会、政府、合作伙伴及所以利益相关者的信任。只有这样，企业才能获得良好的经营效益，而这是给知识型员工具有外部竞争性薪酬的基础；企业规模才能够不断增大，企业在行业中的地位才能够不断提升。这些都有助于降低知识型员工流失率。

（二）民营企业应积极承担法律责任

为了自身的生存和发展，民营企业必须关注、了解、遵守与之相关的法律法规，诸如劳动保护、社会保障、安全生产、消防、职业卫生、工人权利以及工会等方面的法律法规、标准和规定，主动参照相关法律法规，对自身社会责任管理的现状进行调查和评价，强化全面履行社会责任的意识，以便在社会和员工中树立良好的企业形象。民营企业只有在生产经营活动中遵纪守法，才能保证自身发展的可持续性，才能使知识型员工建立起对其的信任，从而提高知识型员工的组织承诺度。

（三）民营企业要注重承担伦理责任

企业要从伦理道德的角度对自身经营思想、营销行为等进行规范、约束和控制，它是民营企业内在的、自觉的行动和制度安排。一是树立市场经济的营销理念，制定伦理型营销战略，增强民营企业的社会责任感；二是加强企业道德形象建设，尽可能提供给员工较高的工资和较好的福利；三是建立企业道德规则，规范企业行为；四是重视对自身经营活动的监督和对非道德行为的控制。这些措施都有助于企业留住知识型员工。

（四）自愿履行慈善责任，实现民营企业和社会双赢

中国在历史上曾经有着悠久的邻里互助之风，“远亲不如近邻”即是其写照。1999 年 6 月 28 日，九届全国人大常委会第十次会议通过了《中华人民共和国公益事业捐赠法》。其中第四章对民间慈善捐赠者制定出了一些优惠措施，如公司和其他企业依照本法的规定捐赠财产用于公益事业，依照法律、行政法规的规定享受企业所得税方面的优惠。慈善捐赠是企业自觉自愿的捐赠，企业的捐赠不但不会减少其福利，还会增加其福利。一般来说，只要捐赠者觉得对别人捐赠的边际效用大于自己消费的边际效用，就会向别人捐赠，一直到对别人捐赠的边际效用等于自己消费的边际效用，其个人效用总量最大化时才会停止捐赠。这时捐赠者达到了捐赠的最优状态。同时，接受捐赠的人也会增加个人福利。因此，企业慈善捐赠会实现帕累托增进型的社会福利改善。另外，民营企业履行慈善责任不仅有助于提高其知名度，更有助于增加其美誉度，从而使知识型员工内心产生强烈的企业自豪感。

第八节
社会责任视角下企业参与公共危机管理的途径

当下，包括新冠肺炎在内的公共危机频发，人类社会面临巨大挑战。企业积极承担社会责任不仅有助于其自身发展，还有助于社会发展，故笔

者基于社会责任视角研究企业参与公共危机管理问题。

一、我国公共危机的诱因分析

当今社会已进入公共危机频发的时期，大量突发性公共危机事件随时可能发生，令人猝不及防，严重威胁着人类安全和社会稳定。公共危机是指社会偏离正常轨道的过程与非均衡状态，我国政府把公共危机划分为事故灾难、公共卫生事件、社会安全事件和自然灾害四大类。从社会、政府和个人三个层面来看，公共危机的诱因主要表现在以下四个方面：

（一）经济发展的不均衡性

改革开放以来，中国社会收入的分配格局发生了巨大变化，从全民“共享型”增长演变为“部分获益型”增长，从全民“非零和博弈”增长演变为“零和博弈”增长。在国家范围内，人与人、人与集团之间围绕各自的经济利益展开较量。在市场逐渐成熟的过程中，资本市场的集聚效应作用日益明显，地区和个体的贫富差距急剧拉大。首先，城乡居民收入差距不断扩大，公共服务水平和可及性比较悬殊。其次，地区发展差距进一步加大，极化指数快速上升。另外，我国是发展中大国，面临巨大的人口生存压力。已探明的资源储量贫乏、生态环境污染严重加大了原有不均衡经济发展过程中的结构性张力。在目前发展格局中，人与自然的不和谐也日益成为经济增长的瓶颈和社会不稳定的因素。

（二）政治体制改革有待深化

目前，一些难以解决的经济问题根源往往在于非经济领域。社会结构剧烈变动与政治体制改革相对滞后的交互作用造成传统权力结构畸变和传统权威模式失效，使得旧的政治社会体制宏观控制、协调矛盾、平衡冲突的能力有所减弱，成为了危机出现的体制性诱因。

（三）传统道德文化体系的失稳

文化是人类社会生活中深层次东西，是保证人类冲突减少的最后屏障。因此，由文化矛盾引发或支持的冲突和危机，其根深蒂固性和持久性要远甚于其他原因直接引发的危机。在经历了西方社会的冲击和新中国成立后的几次文化变革后，传统的孔儒思想体系的说教功能逐渐弱化，出现了一定程度的信仰危机。在社会经济快速发展中，教育发展滞后，社会道德、公共伦理出现失范，网络时代的生活方式严重冲击着旧有的道德规范体系，道德虚无主义情绪蔓延。科学技术的飞速发展导致人们在不断出现新的行动内容和选择标准面前缺乏必要的规范加以引导和约束；既有规范系统在急剧变迁的社会生活之中的紊乱也造成了人们在具体行动中的严重偏离和越轨。

（四）不满意人群绝对数量庞大

目前，尽管大体上满意人群要多于不满意人群，但是在绝对数量上不满意人群仍然十分庞大。这些不满意人群主要是下岗失业者、低收入者和收入水平下降者以及文化程度低者。随着社会竞争加剧以及相关保障体系不够完善，这些群体还会进一步被边缘化。这些群体不仅处于经济生活的底层，而且在民主政治生活中参与程度也较低。这些充满不满情绪的个体可能会变成破坏中国社会稳定的因素，在一定的突发事件的“导火索”的作用下，有可能形成破坏性的公共危机事件。

二、企业参与公共危机管理的意义

随着公共危机爆发逐渐频繁，表现形式越来越多样化，带来的危害日益巨大，单靠政府部门已无法有效地管理公共危机，急需非政府部门发挥其不可替代且异常重要的作用。

（一）有助于我国政府管理模式的变革

未来的政府不再是统治的政府，而是治理的政府，这是20世纪90年代以来西方公共行政改革日渐明确的一个方向，也成为与这场改革遥相呼应的公共管理学研究的重要内容。“治理”意味着政府不再是社会唯一的权力中心，各种得到公众认可的第三部门和私人部门都可能成为不同层面上的权力中心。国家正在把其独自承担的职能转移给非政府公共机构或私人部门，政府和第三部门之间、公共部门和私人部门在处理公共事务时的关系将发生改变，表现在它们之间的地位趋于平行，通过合作将共同分担公共责任。

（二）有助于公共危机管理绩效的提高

为了避免公共危机，我国已经建立起公共危机管理体系。但是，单纯公共危机管理体系的形成不能保证社会安然无忧，长治久安的根本还是取决于公共治理结构的优化：治理主体由过去单一的政府变为由政府、企业和社会组织各方面有序参与的合作集体；治理规范由过去单纯的国家法令变为法令、道德和社会及公民的自主契约等并存；治理程序从仅仅考虑效率变为公平、民主和效率等并重；治理的手段由过去单纯强调法治变为重视法治、德治和社会公民自觉自愿的合作补充；治理的方向由过去单一的自上而下变为上下左右互动。在公共危机管理活动中，只有依赖政府部门、非政府公共部门、企业等私人部门甚至公民个人的共同努力才有可能根治公共危机的危害。

（三）有助于企业自身的发展

公共危机有可能破坏企业正常生产和服务以及增加产品和服务成本，造成企业财产损失。另外，企业作为一个与外界保持密切联系的开放系统，需要与外界环境不断地进行各种资源和信息交换，其运行和发展不可避免地受到种种环境力量影响。公共危机，尤其是在短时间内不断出现的公共危机，以及时间持续较长的公共危机都会直接对投资环境产生负面影响。公共危机有可能引起失业、抑制消费的需求、导致经济的滞涨，降低国民经济发展速度，甚至间接导致政治不稳定，从而最终影响企业的发展。

三、社会责任视角下企业参与公共危机管理的途径

（一）企业应注重经营管理和提高经营效益，承担经济责任

企业有自己的目标和快速成长的要求，企业满足这一目标的行为就是在尽社会责任。如果一个企业自身成长都有问题，不但不能给社会带来福利，相反会成为社会的包袱，成为社会不稳定的因素。如果企业具有良好的经营效益，发展迅速，那么企业可以提供更多的就业机会给失业者，员工收入通常也会增加，这有助于减少不满意人群数量。另外，企业是社会的经济细胞，一个地区的经济发展水平高低取决于当地企业发展水平，经济欠发达地区企业的迅速发展有助于本地区缩小与经济发达地区的差距，从而降低我国经济发展的不均衡性。

（二）企业应积极承担法律责任

改革开放以来，各级党政决策层和整个公民社会不断走向政治成熟，

由政治原因引发社会动乱的可能性逐步减少，而重大工业事故、重大环境污染事件、能源危机、疾病流行、重大自然灾害等各种公共危机则日益凸显，这些低政治性公共危机同样严重威胁着国家和社会的安全。为了自身的生存发展和降低发生公共危机的频率，企业必须关注、了解、遵守与之相关的法律法规，诸如劳动保护、环境保护、社会保障、安全生产、消防、职业卫生等方面的法律法规、标准和规定，主动参照相关法律法规对自身社会责任管理现状进行调查和评价，强化全面履行社会责任的意识。

（三）企业要注重承担伦理责任

企业要从伦理道德的角度对自身经营思想、营销行为等进行规范、约束和控制。一是树立市场经济的营销理念，制定伦理型营销战略，增强企业的社会责任感；二是加强企业道德形象建设，尽可能给员工提供较高的工资和较好的福利；三是建立企业道德规则，规范企业行为；四是重视对自身经营活动的监督和对非道德运作行为的控制。企业的这些行为对企业员工具有潜移默化的影响作用，有助于减轻传统道德文化失稳的程度。

（四）积极履行慈善责任

公共危机通常会造成人们的生命和财产损失，导致需要救助人群出现，汶川大地震就是一个例子。长久以来，我们社会太过关注财富积累、继承与保护，对财富文化、财富伦理以及财富责任缺乏正确向度的引导，由此造成财富文化观念与财富责任意识的极度弱化，造成社会过度逐利化。慈善捐赠是企业自觉自愿的捐赠，企业捐赠不但不会减少其福利，还会增加其福利，会实现帕累托增进型的社会福利改善。而且，慈善事业既是经济事业发展的晴雨表，也是调节贫富差别的平衡器。企业捐赠有助于缩小两极分化，减弱“仇富”心理，有利于社会和谐，从而在一定程度上减少公共危机的发生。当然，要让中国企业积极履行慈善责任，除了要不断倡导财富文化与财富责任，提升他们的慈善意识外，还要健全和完善慈善事业发展需要的法规制度，解决当前慈善机构太少，官办色彩较强，募捐能力较弱，公信力较差等问题。只有这样，企业才会更加积极通过承担社会责任来参与到公共危机的管理之中。

第六章

地方政府促进公民参与社会救助的机制

关于研究公民参与社会救助的文献，截至2018年7月，在中国知网（www.cnki.net）上以“救助”作为内容检索条件进行文献检索，找到10123条结果，再以“公民”及其近义词“居民”“个人”作为内容检索条件在检索结果中分别检索文献，只找到2篇相关论文。王晋颖（2012）分析了我国流浪儿童救助现状以及公民参与流浪儿童救助的意义，指出了当下我国公民参与流浪儿童救助的不足之处，最后提出了促进公民积极参与流浪儿童救助的对策。古丽燕（1994）从法律视角研究了公民参与社会救助问题，认为要增设“公民不履行救助义务罪”以促进公民积极参与社会救助。

关于研究地方政府进行社会救助的文献，截至2018年7月，在中国知网（www.cnki.net）上以“救助”作为内容检索条件进行文献检索，找到10123条结果，再以“地方政府”作为内容检索条件在检索结果中分别检索文献，只找到5篇相关论文。杨红燕（2011）对中央与地方政府之间的社会救助支出责任划分问题进行了研究，认为社会救助支出责任应以中央财政承担为主，地方财政承担为辅。李虹、王志章（2010）指出了地方政府在地震灾害救助中存在的问题，认为地方政府在地震灾害救助中应该扮演灾后社会秩序的维护者、灾后心理救助的组织者、灾区社会重建的评估者、灾区文化生活重建的领导者、公共倾诉空间的提供者、社会支持力量的创造者以及参与救援的倡导者、联络者和监督者。石东坡、李瑞宾（2012）以舟曲特大山洪泥石流灾害为例，分析了地方政府履行社会救助职责法治化的法理根据，指出了地方政府履行社会救助职责法治化的制度供给途径。黄蕊（2017）分析了当前我国失地农民群体救助现状及形成原因，指出了落实地方政府对于失地农民救助经济责任的路径。张洋（2014）分析了城市流浪乞讨群体形成的原因，描述了地方政府对城市流浪乞讨群体的救助管理现状，从救助管理制度和救助管理工作两个方面提出了政府救助管理流浪乞讨群体的对策。可见，国内学术界对公民参与社会救助以及地方政府进行社会救助的研究比较欠缺，更没有学者研究地方政府促进公民参与社会救助问题。

第一节　公民参与社会救助的主要影响因素

一、设计研究方案

公民参与社会救助的途径主要有两条：一是物质帮助；二是精神救助。物质帮助主要通过慈善捐赠实现，精神救助主要通过志愿服务实现。马斯洛把人的需求由较低层次到较高层次依次分为生理需求、安全需求、社交需求、尊重需求和自我实现需求，认为低层次需求获得满足后高层次需求才会出现，才显示出激励作用。物质帮助属于生理需求层面上的帮助，精神救助属于社交需求层面上的帮助。目前对于我国需要救助的困难群体而言，物质帮助显然比精神救助更加重要。故本书主要从物质帮助视角研究公民参与社会救助问题。当下，学界对公民参与社会救助的研究相对不足，因此主要通过梳理影响公民慈善捐赠的因素构建出公民参与社会救助的影响因素指标体系。

首先，根据前人相关研究成果构建出公民参与社会救助影响因素指标体系，并提出相关假设。然后，根据公民参与社会救助影响因素指标体系制作出《公民参与社会救助影响因素调查问卷》，向浙江省每个地级市的

300个居民发放该调查问卷，杭州、宁波、温州、嘉兴、湖州、绍兴、舟山、金华、衢州、台州、丽水等11个地级市共计发放3300份调查问卷。接着，运用层次分析法处理调查数据以确定在这些影响公民参与社会救助的因素中哪些是影响公民参与社会救助的主要因素，从而厘清地方政府促进公民参与社会救助的着力点。

二、提出研究假设

公民参与社会救助的主要方式是慈善捐赠，且学者对公民参与社会救助的研究相对不足，故主要通过梳理影响公民慈善捐赠的因素提出相关研究假设。

Havens（2007）认为，公民慈善捐赠额度与收入存在正相关，经济收入越高其慈善捐赠的金额就越大。Andrew Jones 和 John Posnett（2014）通过研究英国家庭的慈善捐赠行为后发现捐赠数额的多寡与收入水平相关。张进美、刘武、刘天翠（2013）随机调查辽宁省811位公民后发现，公民收入越高，其捐赠行为就越可能发生。可见，收入水平是影响公民参与社会救助的因素之一。

基于此，提出研究假设：

H_1："收入水平"是影响公民参与社会救助的主要因素。

Michael O'Neil（2001）在美国的加利福尼亚调查了2406个成年人后发现，个人的慈善行为和他受教育程度有很大关系。Gruber（2015）认为，公民的捐赠行为与受教育程度存在正相关关系。刘武、杨晓飞、张进美（2010）对辽宁省787位居民的慈善行为进行调查后发现，随着被调查者文化程度的提高，其做慈善的次数呈现增多趋势。可见，文化程度是影响公民参与社会救助的因素之一。

基于此，提出研究假设：

H_2："文化程度"是影响公民参与社会救助的主要因素。

张进美和刘武（2010）认为，公民的慈善意识、慈善认知能够直接影响其慈善捐赠行为的发生与否。Smith 和 Mc Sweeney（2007）认为，如果个人捐赠者出现了负面的慈善捐赠认知和感知，那么其慈善捐赠动机会消失。苏媛媛、石国亮（2014）通过调研北京、南京、深圳、武汉和西安等五个城市发现，居民的慈善认知会影响到人们的慈善捐赠行为。可见，社会救助意识是影响公民参与社会救助的因素之一。

基于此，提出研究假设：

H_3："社会救助意识"是影响公民参与社会救助的主要因素。

Eleanor Brown 和 James M. Ferris（2007）认为，慈善组织诚信对慈善捐赠的影响较大。Paul C. Light（2008）认为，包括慈善组织的公信力、规模在内的慈善组织因素对公民的慈善捐赠行为有着重要影响。金英爱（2013）通过调查青岛市和大连市居民发现，慈善组织诚信品质对公众慈善捐赠动机有较大影响。可见，慈善组织诚信是影响公民参与社会救助的因素之一。

基于此，提出研究假设：

H_4："慈善组织诚信"是影响公民参与社会救助的主要因素。

Arthur C. Brooks（2004）认为，相关税收优惠政策是影响公民慈善捐赠行为的重要因素。Anderson 和 Beier（1999）分析了 1988 年美国密歇根州对社团基金的税收减免措施及相关数据，发现税收减免的确能够促进个人和机构对社团基金的捐赠规模和数量。黄晓瑞、吴显华（2015）认为，税收激励在我国慈善捐赠中发挥着积极作用，不过由于我国税收优惠政策存在一些问题，导致税收激励慈善捐赠的效果有所折扣。可见，税收优惠政策是影响公民参与社会救助的因素之一。

基于此，提出研究假设：

H_5："税收优惠政策"是影响公民参与社会救助的主要因素。

Sugden（1984）认为，当个人捐赠者做出慈善捐赠决策时，会观察周围其他人的慈善捐赠情况。Shih - Ying Wu（2004）认为，公民慈善行为依赖于他人行为，其捐赠量取决于他人捐赠总量。胡晓明（2017）认为，社会慈善氛围要素对个人慈善捐赠动力有着重要影响。可见，社会救助氛围是影响公民参与社会救助的因素之一。

基于此，提出研究假设：

H_6："社会救助氛围"是影响公民参与社会救助的主要因素。

三、建立递阶层次结构

在借鉴上述学者研究成果的基础上，把公民参与社会救助影响因素指标体系分为三层，目标层是"公民参与社会救助影响因素"，准则层包括"公民个人因素""外部环境因素"，方案层包括"收入水平""文化程度""社会救助意识""慈善组织诚信""税收优惠政策""社会救助氛围”等6项指标。见表6-1。

表6-1　　公民参与社会救助影响因素指标体系

公民参与社会救助影响因素（A）	公民个人因素（B_1）	收入水平（C_1）
		文化程度（C_2）
		社会救助意识（C_3）
	外部环境因素（B_2）	慈善组织诚信（C_4）
		税收优惠政策（C_5）
		社会救助氛围（C_6）

四、构建两两比较判断矩阵

判断矩阵如表6-2所示，标度定义如表6-3所示。

表6-2　　B_i和B_j对公民参与社会救助相对影响程度矩阵

A_1	B_1	B_2	Λ	B_n
B_1	b_{11}	b_{12}	Λ	b_{1n}
B_2	b_{21}	b_{22}	Λ	b_{2n}
M	M	M		M
B_n	b_{n1}	b_{n2}	Λ	b_{nn}

表6-3　　判断矩阵标度定义

标度 b_{ij}	含义
1	i因素与j因素对公民参与社会救助具有同等影响程度
3	i因素对公民参与社会救助的影响程度比j因素对公民参与社会救助的影响程度稍微大
5	i因素对公民参与社会救助的影响程度比j因素对公民参与社会救助的影响程度明显大
7	i因素对公民参与社会救助的影响程度比j因素对公民参与社会救助的影响程度非常大
9	i因素对公民参与社会救助的影响程度比j因素对公民参与社会救助的影响程度极端大
2，4，6，8	为以上两相邻判断之间的中间状态对应的标度值
倒数	若j因素与i因素比较，得到的判断值为 $b_{ji}=1/b_{ij}$

根据表6－1，A－B判断矩阵，设 $A=(b_{ij})_{2\times2}$ 为目标层判断矩阵；B－C判断矩阵，设 $B_s=(C_{sij})_{6\times6}$ 为准则层判断矩阵（$s=1,2$）。任何判断矩阵都应满足 $b_{ij}=1$（$i=j$，i、$j=1,2,\cdots,n$）。判断矩阵中的指标数值可以根据调研数据、统计资料以及专家意见综合权衡后得出。本研究所采用的标度是根据调研数据权衡后得出。

五、层次单排序和一致性检验

相对于"公民参与社会救助影响因素（A）"而言，"公民个人因素（B_1）""外部环境因素（B_2）"就其影响公民参与社会救助的程度进行比较。检验其一致性，通过一致性检验。如表6－4所示。

表6－4　　B_1、B_2对公民参与社会救助的影响程度

A	B_1	B_2	W_i	
B_1	1	1/2	0.333	$\lambda_{max}=2.000$ CI＝0.000 RI＝0.000 CR＝0.000
B_2	2	1	0.667	

相对于"公民个人因素（B_1）"而言，"收入水平（C_1）""文化程度（C_2）""社会救助意识（C_3）"等因素就其影响公民参与社会救助的程度进行两两比较。检验其一致性，通过一致性检验。如表6－5所示。

表6－5　　C_1、C_2、C_3对公民参与社会救助的影响程度

B_1	C_1	C_2	C_3	W_i	
C_1	1	3	1/5	0.188	$\lambda_{max}=3.065$ CI＝0.032 RI＝0.580 CR＝0.055
C_2	1/3	1	1/7	0.081	
C_3	5	1/7	1	0.731	

相对于"外部环境因素（B_2）"而言，"慈善组织诚信（C_4）""税收优惠政策（C_5）""社会救助氛围（C_6）"等因素就其影响公民参与社会救助的程度进行两两比较。检验其一致性，通过一致性检验。如表6－6所示。

表 6-6 C_4、C_5、C_6对公民参与社会救助的影响程度

B_2	C_4	C_5	C_6	W_i	
C_4	1	3	5	0.637	$\lambda_{max}=3.039$
C_5	1/3	1	3	0.258	CI = 0.019 RI = 0.580
C_6	1/5	1/3	1	0.105	CR = 0.033

六、层次总排序和一致性检验

根据以上计算的 B_1、B_2以 A 为准则对公民参与社会救助的影响程度，以及 C_1、C_2、…、C_6分别以 B_1、B_2为准则对公民参与社会救助的影响程度，计算出 C 层相对于 A 层的总排序。检验其一致性，通过一致性检验。如表 6-7 所示。

表 6-7 C 层总排序

	B_1	B_2	C 层总排序
	0.333	0.667	（影响程度）
C_1	0.188		0.063
C_2	0.081		0.027
C_3	0.731		0.244
C_4		0.637	0.425
C_5		0.258	0.172
C_6		0.105	0.071
CI CR			$CI_{总}=0.023$ $RI_{总}=0.580$ $CR_{总}=0.040$

第二节 诸因素影响公民参与社会救助的机理

在影响公民参与社会救助的诸因素中，“慈善组织诚信”“社会救助

意识”“税收优惠政策”等三个因素的影响程度均超过0.1，其影响程度之和高达0.841，其余三个影响因素的权重均未超过0.1。可见，“慈善组织诚信”“社会救助意识”“税收优惠政策”等三个影响因素是影响公民参与社会救助的主要因素，是地方政府促进公民参与社会救助的着力点。假设H_3、H_4、H_5、得到验证，H_1、H_2、H_6没有得到验证。具体见表6－8。

表6－8　　诸因素对公民参与社会救助的影响程度及排序

影响因素	影响程度	影响程度排序
慈善组织诚信	0.425	1
社会救助意识	0.244	2
税收优惠政策	0.172	3
社会救助氛围	0.070	4
收入水平	0.063	5
文化程度	0.026	6

一、慈善组织诚信影响公民参与社会救助的机理

公民通常因缺乏相关专业知识、被救助者信息或时间而倾向于通过慈善组织参与社会救助，慈善组织是连接救助者和被救助者之间的桥梁。不过，由于近年来慈善组织失信事件时有发生，不断蚕食着大众对慈善组织的信任，造成多数公民不愿意再委托慈善组织进行社会救助。在无法找到有效可靠的社会救助渠道且自身能力有限的情况下，他们参与社会救助的积极性不高。例如，在“郭美美事件”发生后的半年时间内，全国慈善组织接收慈善捐款金额环比降幅高达86.6%，这在一定程度上也验证了慈善组织诚信对公民参与社会救助的影响程度很大的结论。

二、社会救助意识影响公民参与社会救助的机理

目前，我国一些公民的社会救助意识淡薄。究其原因，一是儒家文化的影响。在历史长河中，儒家文化对中华文化和社会发展有着重大影响。儒家文化认为实行“仁义”“仁政”是政府的事情，民间的慈善活动在一定意义上会衬托出政府的不“仁”、不作为。所以，中国古代的各种救助行为主要来自于官府，民间救助一直处于拾遗补缺的地位，没有得到官府

的支持，甚至在一定程度上受到封建王朝压制。社会救助意识培育土壤的缺乏造成一部分老百姓社会救助意识的淡薄。另外，儒家文化主张“亲亲有术”，认为“不在其位，不谋其政”。受儒家文化的影响，中国老百姓缺乏公共精神，对困难群体的救助主要以血缘、地缘和姻缘关系为基础，呈现出由近及远、由亲到疏的差序救助格局。二是新中国成立初期政府对慈善事业的批判。新中国成立初期，我国政府认为中国人创办的慈善组织属于封建主义性质，外国教会办的慈善事业是侵略工具，故取缔了慈善组织，导致当时在中国大陆出现了只有政府救济、没有民间慈善事业的现象。虽然自从 2004 年慈善事业第一次被明确写进了党的重要文件以来，我国民间慈善事业逐渐恢复，但是民间慈善事业和慈善组织的长期缺位造成一部分公民认为救助困难群体完全是政府的事情，与己无关。上述两方面原因造成我国一部分公民的社会救助意识淡薄，进而影响着公民积极参与社会救助。

三、税收优惠政策影响公民参与社会救助的机理

当下，我国没有一套健全的鼓励公民参与社会救助的税收优惠政策体系，相关税收优惠政策主要散落于《中华人民共和国个人所得税法》《中华人民共和国慈善法》《中华人民共和国个人所得税法实施条例》等法律法规中。这些税收优惠政策在激励公民积极参与社会救助中主要存在以下问题：

（1）个人所得税政策的缺陷抑制了公民参与社会救助。我国个人所得税以某项所得的应纳税所得额作为扣除限额的计算依据，而有些国家是以所得全额为扣除限额的计算依据。显然，我国的个人所得税政策抑制了高收入者的社会救助行为。另外，个人所得税政策规定公民捐赠税前扣除的最高比例只是 30%，这增加了大额捐赠者的成本。

（2）免税程序复杂。如果公民因慈善捐赠而打算享受免税政策，那么他必须经过计算免税扣税额、修改本月工资扣税额、修改税务明细申报表等一系列复杂的程序。显然，烦琐的免税程序无疑会打击公民参与社会救助的积极性。

（3）相关税收优惠政策缺乏宣传。虽然有些公民知道国家制定了激励企业进行慈善捐赠的税收优惠政策，但是鲜有公民知道有激励个人进行慈善捐赠的税收优惠政策。由于存在以上种种问题，导致税收优惠政策促

进公民积极参与社会救助的效果不是很大。

四、社会救助氛围影响公民参与社会救助的机理

中国是一个崇尚集体主义的社会，中国人在日常行为中常常追求中庸之道，处于若干群体与社会圈中的多数中国人在生活中会尽量做到合群。所以，即使有人对社会救助不热心，也可能因受制于熟人社会的无形压力而救助困难群体。中国人也比较要面子，捐赠金额会向周围大多数人看齐，否则会因为捐赠金额低于平均水平而觉得没面子。另外，中国人社会救助意识淡薄，一些人参与社会救助并没有经过“周密计划”，而是偶然受到他人动员或是受到某个场合的“触发”而临时起意。基于以上原因，社会救助氛围对公民参与社会救助也有影响。

五、收入水平影响公民参与社会救助的机理

马斯洛（1943）的需求层次理论认为，人类需求像阶梯一样从低到高按层次可以分为生理需求、安全需求、社会需求、尊重需求和自我实现，某一层次需求相对满足了，追求更高层次需求就成为驱使行为的动力。目前，人们主要采取捐赠财物的方式救助困难群体，救助困难群体在一定意义上是满足其尊重需求或自我实现的行为。所以，当人们还不富裕时收入水平会影响其参与社会救助的积极性，当人们生活富裕时对尊重需求、自我实现等高层次需求的追求就会激励其积极参与社会救助而不太会受收入水平的影响。浙江地区经济发达，长期以来人民生活富裕。故在六个影响因素中，收入水平影响公民参与社会救助的程度相对不大，只排在第五位。

六、文化程度影响公民参与社会救助的机理

一般而言，人的文化程度由其所受学校教育程度决定。学校教育是一种引导受学生获得知识技能，陶冶思想品德，发展智力、体力的活动，在人的发展中起着主导性的作用。例如，学校尤其是大学会经常组织学生捐赠财物、献血，鼓励学生做青年志愿者，这些活动无疑会对学生产生潜移默化影响。故文化程度对公民的社会救助行为有一定影响。

第三节

地方政府促进公民参与社会救助的措施

如前所述，“慈善组织诚信”“社会救助意识”“税收优惠政策”等三个因素是地方政府促进公民参与社会救助的着力点。所以，为了促进公民积极参与社会救助，地方政府应该着重从以下三个方面设计促进公民参与社会救助的机制。

一、构建慈善组织诚信建设机制

向慈善组织捐赠的公民与该慈善组织之间的关系本质上是委托—代理关系。委托代理理论指出，信任是委托—代理关系产生的前提。可见，诚信是慈善组织的生命力，否则，捐赠者会因缺乏对慈善组织的信任而不会委托慈善组织代为捐赠。为了改善慈善组织的诚信，要从以下两个方面构建慈善组织诚信建设机制：

（一）建立慈善组织信息披露制度

一是加快慈善组织信用信息网络建设，健全慈善组织信用信息披露制度。根据我国的具体国情，在借鉴西方发达国家信用管理的先进经验的基础上，地方政府要充分利用民政、工商、审计、司法等部门的现有信息和系统，建设慈善组织公共信息数据库。另外，地方政府还要制定强制性慈善组织数据信息征集政策，制定慈善市场准入机制、失信约束机制、信用评估准则、评估管理办法，建立明确的慈善组织信用信息征集和披露法律制度。二是加大新闻媒体曝光力度，建立舆论监督制度。社会舆论对慈善组织诚信的监督起着非常重要的作用，新闻媒体披露慈善组织信用信息具有及时性、成本低的优点。舆论会给慈善组织的诚信建设施加强大的社会压力，从而推动慈善组织重视诚信。

（二）建立慈善组织失信惩戒制度

慈善组织失信惩罚制度由慈善组织信用预警制度、慈善组织失信惩戒制度、慈善组织守信激励制度、慈善组织严重失信淘汰制度和慈善组织信用修复制度构成。慈善组织信用预警是地方政府对失信行为不严重的慈善组织进行预先警示，通过预先约见、口头提示等形式在日常检查中予以提示。慈善组织失信惩戒是地方政府的监管部门和权威的征信机构把慈善组织的失信记录及时列入失信慈善组织惩罚名单中，向全社会公示，并对失信慈善组织进行重点监控，强化日常检查，采取事后回访等强制性措施，通过慈善市场和全社会对失信慈善组织进行经济和道德惩罚。慈善组织守信激励是地方政府对守信慈善组织进行重点扶持，鼓励其他慈善组织重视信用、保护信用、提倡信用。慈善组织严重失信淘汰是地方政府对严重失信慈善组织进行取缔。慈善组织信用修复是地方政府对主动整改、纠正违法失信行为的失信慈善组织给予恢复信用的机会。

二、构建公民社会救助意识培育机制

每个人都离不开学习、工作、生活，地方政府可以从这三个方面入手构建公民社会救助意识培育机制。学校是人们接受学校教育的场所。为了培育公民的社会救助意识，地方政府教育行政部门不仅可以要求中小学校在现有的德育课程中添加相关社会救助内容，把社会救助意识培养融入进德育课程体系中，还可以要求大学开设相关社会救助的通识课。除了通过正式教学来培育社会救助意识，地方政府教育行政部门还应鼓励学校通过非正式教学来培育社会救助意识。例如，学校可以开展社会救助教育征文比赛、社会救助知识竞赛，还可以设立社会救助论坛，定期邀请一些长期从事社会救助的人士来校与学生一起分享他们救助困难群体的故事。

企业是大多数人的就业场所，企业的所作所为无疑会对其员工产生影响。如果企业积极承担社会责任，热心于慈善捐赠和志愿服务，那么其员工的社会救助意识就会被潜移默化地培育。为了培育公民的社会救助意识，地方政府可以从以下方面推动企业积极承担企业社会责任。（1）地方政府不仅要大力宣传、倡导企业社会责任理念，还要推动建立企业社会责任标准，构建企业社会责任评价指标对企业进行考核，并根据考核成绩对相关企业实施税收减免。（2）地方政府要通过宣传、教育把公民培养成具有企业社会责任偏好的消费者。企业的生死实际上由消费者决定。如果消费者倾向于购买积极承担企业社会责任的企业生产的产品，那么企业也会在市场竞争的压力下去积极承担企业社会责任。（3）地方政府在政府采购中要优先购买积极承担企业社会责任的企业的产品。

社区是公民重要的生活场所。为了培育公民的社会救助意识，地方政府可以通过街道办事处定期组织慈善募捐、义卖、志愿服务进社区活动，还可以建立志愿储蓄银行以鼓励人们积极提供志愿服务。社区慈善超市也是一种有效培育公民社会救助意识的途径。不过，当下多数社区慈善超市呈现“高调开张、惨淡经营、悄然关门”的局面。为此，地方政府在给予社区慈善超市一定补贴的同时，也要着力培养慈善超市经营管理人才以提高慈善超市的自我造血能力。

三、完善税收优惠政策执行机制

如前所述，税收优惠政策促进公民积极参与社会救助的效果不佳的主要原因有两点。一是政策本身存在缺陷；二是政策执行上的偏差。关于税收优惠政策本身存在的缺陷，作为中央政策的执行者，地方政府无力改变，它所能做的只是完善税收优惠政策执行机制，故只探讨完善税收优惠政策执行机制问题。

（一）促进地方税务部门工作人员正确认知相关税收优惠政策

政策执行者只有对政策的内容、精神实质有正确认知，才会做出符合政策目标的执行行动，创造性地、准确地执行该政策，确保该政策获得预期执行效果。虽然相关税收优惠政策在政策方案设计上存在一些问题，但是地方税务部门的工作人员如果对该政策的内容和精神实质有准确、深刻的认知，那么仍然有可能在政策执行中运用行政自由裁量权以实现政策目标。为此，地方税务部门不仅要组织工作人员深入学习相关税收优惠政策以使其准确认知该政策，还要构建培训机制，定期培训工作人员以改善他们的知识结构。

（二）加大相关税收优惠政策宣传力度

政策的有效执行离不开政策信息的宣布、传播，有些政策之所以没有取得预期效果，就在于政策宣传不力导致政策目标群体不知道、不了解该政策。目前，很多公民不知道有激励个人进行慈善捐赠的税收优惠政策，造成税收优惠政策的激励作用并没有充分发挥。为了让人们知道、了解相关税收优惠政策，地方政府不仅可以在报纸、杂志、广播、电视等传统媒体上发表对该政策的解释、评论性文章，还可以通过政府网站、政务微博等现代媒体向老百姓宣传相关税收优惠政策。另外，定期在公共场合树立政策宣传牌和印发政策宣传手册也有助于人们了解相关税收优惠政策。

第四节 慈善组织信用体系建设的路径[①]

通过调查可知，慈善组织诚信对公民参与社会救助的影响最大，故笔者进一步对慈善组织信用体系建设以及慈善组织信息公开框架构建进行探讨。

公民不仅通过慈善捐赠参与社会救助，还通过志愿服务参与社会救助。高校青年志愿者是我国志愿者的重要组成部分，故笔者以浙江高校为例对志愿者相关问题进研究。

慈善组织被称为独立于政府和市场的“第三部门”，是促进社会和谐，抚慰社会伤痛的“第三只手”，具有弥补政府失灵和市场失灵的双重作用，对于我国构建社会主义和谐社会有着不可替代的重要作用和意义。2016 年 9 月 1 日，《中华人民共和国慈善法》（以下简称《慈善法》）正式实施，标志着慈善事业在中国进入了法治轨道，既表明国家决定通过法律来规范和引导我国慈善事业发展，又表明在新形势下我国慈善组织的信用体系有待完善。慈善组织在信用体系建设上的困境是阻碍慈善事业发展的主要因素。

当前，我国社会主要矛盾已转化为“人民日益增长的美好生活需要和不平衡不充分的发展之间的矛盾”。同时，在“明确全面深化改革总目

① 本节内容发表在 2018 年第 4 期《重庆城市管理职业学院学报》上，论文标题为《新时代背景下我国慈善组织信用体系的创新研究》，作者：阎永哲、唐果、陈泱。

标是完善和发展中国特色社会主义制度、推进国家治理体系和治理能力现代化”思想指导下，在“坚持新发展理念”和“坚持全面依法治国”的基本方略下，研究如何推动慈善组织信用体系建设，无疑有助于解决当前我国社会的主要矛盾，有利于实践和丰富新时代中国特色社会主义思想。

一、相关文献综述

（一）国外文献综述

慈善事业在西方国家起步较早，相关的研究也是如此。早在19世纪，就已有学者对慈善进行研究。国外研究慈善组织的相关内容大多是以非营利性组织的形式进行的。

关于慈善组织及其监督体制的研究，国外学者提出了政府失灵理论（Burton Weisbrod，1988）、契约失灵理论（Henry Hansmann，1980）、志愿失灵理论（Salamon，2008）、自治组织理论（Ellinor Ostrom，2000）等主要理论。这些理论表明，慈善组织是为了弥补政府失灵与市场失灵而产生的，但由于存在志愿失灵现象，慈善组织也需要政府的监督。另外，自治组织理论为慈善组织完善自身内部建设提供了思路。

关于慈善组织信息披露。Keating等（2003）认为，IRS990报税表是慈善组织财务报告年度披露的主要机制。他从财务信息的质量、数据的可利用性和财务报告的模型出发，对慈善组织财务报告的结构进行了评估和检验，将其与公司财务报告的结构进行了对比和分析，指出要通过重新塑造慈善组织报告和监督系统来提高慈善组织公信力。Khumawala等（2010）指出，慈善组织常常通过年报方式主动向捐赠者进行信息披露，以展现慈善组织的工作成果和争取捐赠者的支持。捐赠者的捐赠决策会参照慈善组织年度报告的信息含量和披露透明度做出。此外，关于慈善组织评估、运营等领域，国外也有不少相关著述，限于篇幅在此不再展开。这些研究都是基于当地的政治、经济、法律和社会背景展开的，与我国慈善组织所处的环境有较大区别，对于我国而言参考借鉴价值较为有限。

（二）国内文献综述

关于慈善组织信息公开建设方面的研究。针对慈善组织信息公开制度的研究成果较多。王振基（2011）、李烨（2012）、向张弩（2013）、张妍妍（2014）、窦璐（2015）等五人分别以硕士学位论文的形式对国内外慈善组织的信息公开制度进行了研究，都从法律视角提出了对策建议。他们的研究拓展了慈善组织信息公开制度的内涵。

关于慈善组织外部监督机制建设方面的研究。郑伟（2016）针对互联网慈善项目的监督模式进行了研究，认为以电子技术平台为中介，把有关慈善的所有环节都置于阳光之下，不仅有助于建设与维护慈善组织公信力，还能提高慈善组织工作效率，推动慈善事业的发展。周静雅（2015）分析了慈善监督体制与慈善组织公信力之间的关系，从募捐监督体制、运行监督体制和慈善组织评估体制方面提出了较为详细的改进建议。

关于慈善组织评估方面的研究。程慧栋（2014）对北美 NCIB 慈善组织评估体系进行分析后认为其严密的、多管齐下的监督方式值得借鉴，能整合信息来源、知名度高的评估机构非常重要，指出不能只关注财务信息，要增加对责任、信息以及各种社会评价的关注。她主张引入问卷调查等科学的资料收集方法，构建具有中国特色的 NGO 动态信用评估机制议。

关于慈善组织公信力建设方面的研究。史正保、邓亮（2014）论述了慈善组织自我管理、外部监督存在的法律问题，认为治理、监督好慈善组织是慈善组织公信力提升的根本途径。邹勤（2006）对社会信任结构进行了研究，认为中国社会信任结构的基本构架大致由三类系统（即政治组织系统、经济组织系统、文化组织系统）和三个层面（即高层决策层、中层管理层、下层执行层）上的信任板块构建而成。他指出“信任”是“信用”的前提，社会变迁带来的暂时制度缺陷、社会转型呈现的多元价值、市场经济形成的非诚信空间、流动加剧导致的个人匿名性增强是我国社会信用缺失的主要原因。上述文献或从自身管理角度，或从外部监督和评估角度，对于慈善组织的公信力、社会信任等问题进行了研究，它们对于本书而言或是提供了理论借鉴，或是形成了逻辑起点，无疑具有重要价值。然而，关于信用体系在慈善组织方面的应用，特别是在新的时代背景下信用体系面临哪些新的挑战，架构上应做哪些调整和补充，以及具体实施路径，目前还没有学者进行研究。

二、新时代背景下我国慈善组织信用体系的现状及其问题

当前，我国慈善组织的发展面临着复杂多变的问题和挑战。慈善组织信用体系的内涵和外延目前并无权威统一的观点。笔者认为，信用体系是以慈善组织信息公开体系为基础，监管体系、监督体系和第三方评估体系

为骨干，并在它们共同作用下，以获取社会信任为目标，增强慈善组织公信力为导向的综合体系。根据上述定义，笔者分别就我国慈善组织信息公开体系、监管体系、监督体系和第三方评估体系的现状及问题进行简述。

当前不少研究并未严格地区分监督和监管，甚至在《慈善法》中也有“监督”“监督管理”和“内部监督”等不同措辞。为避免两者混淆，笔者将“监督”定义为慈善组织外部的监督，而“监管”则是慈善组织内部及其主管机构的监管。另外，有一部分研究将“监督”和“评估”两个概念混同或混合在一起。两者在操作方式和目标导向上确有密切联系，但笔者认为两者的内涵仍有所不同，故将“监督”视为对慈善项目运营或慈善活动过程的审视，是一个动态的过程，“评估”则是对慈善组织从事慈善项目或慈善活动阶段性成果的定性或定量反馈，是一个静态的结果。

（一）我国慈善组织信用体系的现状

1. 慈善组织信息公开体系尚未成型，而信息梗阻的负面效应明显

信息公开体系是慈善组织树立公信力的重要基础，但在实践中该体系尚未成型，经常出现信息梗阻现象，导致慈善组织不愿或不能主动、及时、准确、全面地发布相关信息。目前，《慈善法》对于信息公开的促进作用有限，不能适应技术和社会变迁背景下慈善事业发展的需要。

2. 慈善组织监管体系在监管主体、监管客体和监管内容上均有所欠缺

监管体系方面，按照《慈善法》的规定，各级民政部门是主要的管理机关，财会、审计部门同时作为监管主体，对慈善组织的会计核算进行监督，涉及的相关部门有各级审计、财政、税务部门以及中国人民银行等。但由于该法对于各部门之间工作衔接配合未有明确规定，造成监管责任难落实，加之政府部门和慈善组织之间法律地位并不平等，导致对慈善组织的监管工作出现漏洞，引发诸多慈善腐败问题。监管客体方面，慈善组织可能因重复监管，程序烦琐，无法给予其充分的主体地位而在实践中极大地影响其积极性。目前，有一部分以企业形式出现的公益慈善组织，以及部分未经登记的民间公益慈善组织处于监管的盲区。监管内容上，监管主体对准入门槛、财务报告等静态内容重点关注，而对后续运营、效果追踪等动态内容关注不够，不能适应当前慈善事业的发展需要。

3. 监督体系中主体各自为政，监督效果欠佳

监督体系方面，其主导模式可分为普通民众监督、相关利益者监督和专业第三方监督。与英国、美国等西方国家相比，由此三类模式复合而成的我国慈善组织监督体系并不完善，主要表现为普通民众监督意愿不可持续，监督能力参差不齐；相关利益者疏于监督或无力监督；专业第三方监督组织工作范围有限，监督效率较低。在专业第三方监督方面，虽然区域性监督组织初步形成，① 但跨区域性和全国性监督组织尚未形成。在移动互联网、智能终端日渐普及的情况下，慈善活动日益频繁、多元而泛化，但监督手段相对单一，监督工作效率低下。这给慈善事业带来了新的挑战。

4. 评估体系的公信力不强，与《慈善法》的接轨工作亟待完善

评估体系方面，全国性评估机构已经建立，② 评估工作逐渐步入正轨。③ 但当前依然存在一些问题：一是评估的规范性不足。根据不同主体，评估可以分为来自社会公众的“大众点评”模式和来自专业机构的“专业评估”模式。无论何种模式，都需要有严谨的运作流程及标准的行业规范加以引导，但现状并非如此。二是评估缺乏充足、可靠的信息来源，而且评估方利益的独立性不足，导致评估结果可信度不高。三是评估手段因专业性不强、权威性不高而导致评估结果应用范围狭隘，难以被公众接受。四是评估工作的相关制度与《慈善法》之间存在衔接问题。《慈善法》未就评估工作制定条款，而现有的相关法律法规亟待完善。2011年出台的《社会组织评估管理办法》主要针对社会组织评估的职责、评估程序以及税收优惠等做出了规定，但对于准入机制，环境保障等领域则没有涉及。

---

① 2013 年，广东省广州市设立了慈善组织社会监督委员会，开创了国内第三方监督慈善组织的先例。监委会由广州市民政局聘任，委员均系来自社会各界的专业人士。监督对象是广州市慈善组织。主要职能一是对广州地区各类慈善组织的慈善募捐活动、慈善资金使用管理以及信息公开等情况独立进行监督；二是为政府有关部门开展慈善监管、慈善组织开展活动提供咨询意见。

② 2014 年，中国社会组织促进会作为第三方评估机构全国性社会组织评估打破了由民政部民间组织服务中心管理服务处一家单位负责的局面，当年实际获得评估等级的全国性社会组织有116 家，其中获得 3A 等级以上的社会组织有 99 家，占总数的 85%，达到 2007 年以来最高值，其中 3A、4A 等级的社会组织数量达到历史最高值，分别为 42 家和 41 家。

③ 2015 年 5 月，民政部发布了《民政部关于探索建立社会组织第三方评估机制的指导意见》，明确了分类评定的评估原则对于各地提升评估工作的科学性具有重要的指导意义。

（二）我国慈善组织信用体系中较为突出的问题

“郭美美事件”反映出政府主导慈善组织和慈善活动的盲区，间接催生了《慈善法》，使我国慈善事业迈入了法治轨道。“罗尔事件”则反映出只依靠《慈善法》等法律规范调整慈善组织和慈善活动不能适应时代需求。[①] 当前慈善活动的多元化造成慈善组织信用体系已滞后于形势需要。新时代背景下，社会、政治、经济、技术等外部环境的变迁给信用体系的建设带来了更多挑战，形势变得日益复杂。

1. “伪慈善”活动频繁出现，名目繁多

“伪慈善”活动常常假借慈善名义追求金钱、政治或社会名誉，不仅浪费慈善资源，挤占了真正需要帮助群体的机会，还亵渎慈善的社会意义，抑制社会公众的捐赠意愿，阻碍了慈善事业的进一步发展。

2. “微慈善”活动的出现与问题频发，暴露了现行慈善体系的不足之处

“罗尔事件”爆发与舆论广泛关注的根源在于对于个体性、小微型慈善活动的引导和监管缺位。类似于“罗尔事件”之类“微慈善”活动存在的问题折射出现行慈善体系虽有官方主导形成的“心脏及主动脉”，却缺乏公民自治促生的“毛细血管”。前者是发动机，负责大量慈善资源的组织和调度，后者是微循环，满足体系多样化的需求并将资源真正输送到每一个细微角落。如果慈善体系不能得到完善，将会有更多类似事件发生。

3. 慈善组织自身的公信力不足

这一点诸多文献已有公议，在此不再展开。

总之，在新时代背景下，慈善组织信用体系的主要缺陷实际上是由我国传统慈善事业体系在整体上相对滞后于形势造成的。因此，构建一整套融合了技术进步与社会组织形式创新发展，具有能动性、自主性和自适性，能被各方群体广泛接受的慈善事业体系迫在眉睫。

---

① “罗尔事件”本质上属于个人求助式的捐赠行为，目前属于慈善法监管调整的盲区。

三、组织生态学视角下完善我国慈善组织信用体系的路径

（一）“智慧慈善生态体系”的提出及其内涵

“生态学”这一学科由德国动物学家赫克尔（Ernst Haeckel）于1866年首先提出并创立，逐步发展形成体系。后来，人们借用生态学的原则和概念研究人文社会科学，逐渐形成各类交叉学科，如教育生态学、社会生态学、文化生态学等。对于非营利组织，从系统学或是生态学的视角进行相关研究，国内已有不少。如陈晓春等（2004）基于共生理念对非营利组织与政府、企业和个人之间互动关系进行了研究。汪忠等（2014）从生态学的视角对社会创业生态系统进行了界定，对其运行机制进行了阐述。不过，目前国内外将组织生态学的概念和理论引入到慈善组织及其活动的研究尚不多见。

所谓智慧慈善生态体系（以下简称“智慧体系”），系指以慈善组织、政府相关部门、相关利益人、第三方监督和评估者为种群，以《慈善法》为主要的法律制度、数字技术为代表的技术背景和转型社会背景作为基础环境，以自适应、包容性和能动性为生态目标，在较广范围内兼容不同渠道，实现去中心化、普遍联系的慈善事业体系。[①] “智慧”应包括“智慧”理念和“智慧”手段。“智慧”理念强调跳出体系看体系的思维高度。“智慧”手段是指智慧体系在云计算、物联网、大数据和人工智能等新技术的帮助下，建立起类似于人脑的智慧慈善神经元网络系统，以实现智慧体系内人与人、人与物、物与物的信息交流。在此基础上，构造出智慧慈善云反射弧，以开展快速、准确、适当的慈善活动作为响应。“智慧”手段是智慧体系内在必然的需求，主要原因在于：

第一，借力“智慧”手段是智慧体系实现动态平衡的保障。新时代背景下我国慈善事业面临的技术发展和社会转型等诸多挑战，可视为因外部环境改变打破了原有均衡引起的。在新的均衡力量出现之前，系统处在耗散的过程中。只有当环境处于相对静止状态时，智慧体系中各群落的物质、能量和信息交换才会趋于稳定。

---

① 需要强调的是，慈善组织与政府、相关利益者、监督和评估机构以及社会公众之间的联系原本就是普遍而泛在的。但是这些联系通常是单向的、单一的、松散的，而智慧慈善生态体系作为一个有机整体，其联系则是双向的、多元的和有制度保障的。

第二，采用“智慧”手段是智慧体系自身“成本导向”的必然结果。从经济学角度来看，慈善行为本质上是资源在社会成员间自主性再分配。它非但不创造新的社会财富，还需要消耗成本，收益则是人们内心的满足和社会声誉的获得感。作为一项成本容易计量而收益无法计量的行为，慈善行为在大多情形下是成本导向型的行为。同样地，智慧体系本身也是一个消耗物质和能量的系统，它的任何活动都要消耗有限的慈善资源，所以它也是成本导向型。智慧手段的引入恰恰是用来降低成本的，因此它对体系而言是必需的。

第三，“智慧”手段是拓展慈善行为领域，提升慈善活动效率的有效途径。对捐赠人而言，智慧手段可以帮助其整理和发现自身闲置、不再需要的资源，辅助其做出捐赠决策。对慈善组织而言，智慧手段能提高慈善资源供需双方的匹配效率和契合程度，降低信息公开成本。对受益人而言，智慧手段能智能、精准识别其所处困境，辨别其困难程度，并提示需要捐赠的资源种类和数量，降低监督其对资源使用去向及效率的成本。

综上所述，“智慧”主要体现智慧体系的人工属性，而“生态”则意味着智慧体系具有一般生态系统的环境自适应、内部相互制约与平衡等特征。鉴于目前鲜有从组织生态学视角研究慈善组织的文献，下文将重点阐述其“生态”特性。

（二）智慧慈善生态体系的各类种群及其功能

借鉴组织生态学中种群、群落等概念，笔者将智慧体系中的政府、慈善组织、相关利益人、第三方监督人和第三方评估人划分为不同种群。各类种群功能各异，相互之间互补又互相制约，有机联系汇聚成慈善事业群落，在外部环境的作用下，促成了整个生态体系的正常运转。

政府相关部门作为主要监管者，除了对慈善组织及其活动进行监管外，还拥有如下功能：一是统筹和引导慈善事业的发展方向。政府的视角通常更为宽广，政治立场更为均衡，能从更高层面上对慈善事业加以规范和引导。二是控制资源。政府对相关的人、财、物具有较强的控制能力。三是影响体系中的其他种群。除了政策手段、舆论手段，政府还可以运用税收等市场化手段予以干预。智慧体系中的政府还可以发挥如下作用：第一，协同与整合不同部门，使得对慈善组织及其活动的监管方面不再各自为政，而是形成合力统一监管，既不留监管漏洞也不会因过度监管而给慈善组织增加额外成本。第二，能有效地把采集的数据作为科学决策和监管的依据，同时能采取适当的方式予以公开以便于第三方监督人、评估人和社会公众采用。第三，政府将不再是慈善事业的中心，而只是参与整个体系运转的一个环节。这样可以把政府不当干预的不良影响降到较低水平。由于政府不会完全退出，对于慈善组织可能存在的“志愿失灵”，政府仍能发挥自身优势作为补充。

慈善组织是慈善生态体系的居间人，也是体系运转的关键种群，属于体系内物质、能量和信息交换的关键环节。在传统体系中，慈善组织通过完成各类慈善活动来实现相关利益人之间的资源转移，表征了慈善行为的社会意义。不过，由于其内外部原因造成了各类问题频发，从而引发信任危机。在智慧体系中，慈善组织不仅能为捐赠人和受益人更精准地匹配慈善资源，提高了慈善活动的运营效率和范围，还能持续对慈善活动的过程和结果进行成本较低、范围较全的监测。另外，从生态意义方面而言，慈善组织能较好地承担能量传递的任务，也能较好地取得捐赠人和受益人的信任。

相关利益人主要指捐赠人和受益人。它们是智慧体系的核心种群，整个生态体系主要都是围绕它们之间的核心行为即慈善服务运转。捐赠人相当于自然生态体系中的初级生产者，将环境中的能量吸收并固定下来。受益人相当于次级生产者，吸收来自捐赠人的能量。在智慧体系中，由于慈善渠道的一致规范、信息对称，慈善资源能得到较均等的分配。捐赠人和受益人参与体系建设和表达立场的能力较强，体系内的反馈和互动较多，有助于促成体系的进化和升级。

第三方监督人是政府监管部门的重要补充，能在政府没有能力或无暇顾及的领域履行监督职能。在传统体系中，第三方监督人力量薄弱、手段单一和效率低下，严重影响了监督职能的正常发挥，某些情况下甚至完全缺位。智慧体系中第三方监督人得益于“智慧”的治理理念和手段能将各类监督渠道整合，使之不过分集中于监督某些“热点”事件，造成监督资源的浪费，还能通过创新渠道和手段更快地适应各类新型慈善活动的需要。作为生态体系中的一个种群，第三方监督人面临着优胜劣汰的生存抉择，这样可以有效改善传统体系中监督者“无人监督”或专业水平不高的局面。

第三方评估人是对慈善组织及其活动绩效的阶段性评判者，对捐赠人和社会公众慈善行为提供决策参考的第三方，还是政府工作的补充者。在传统体系中规范性、专业度和信息来源都受到制约的第三方评估人在智慧体系中可以借助“智慧”手段，扩展信息来源和改善可信度。生态体系的优胜劣汰机制可以倒逼评估人提升其专业水平和规范程度。具体而言，第三方评估人能够通过较为充分的信息优势对慈善组织的表现进行量化评估，[①] 获得评估能力方面质的提升。

（三）智慧慈善生态体系的结构

智慧体系作为一种人工生态系统，在智慧手段的支撑下发挥其环境自适应、种群之间相互制约与均衡的特性。在各类种群之间普遍存在着类似于自然生态系统中的各种作用，形成了一个慈善事业群落。慈善事业群落处于整个生态体系中央，它与外部环境之间通过各类介质持续地进行着物质、能量与信息交换，维持着整个体系的内外部平衡。智慧慈善生态体系的外部环境可以分为政治环境、经济环境、社会环境和技术环境四类。

在政治环境方面，政府对于慈善组织（特别是民间慈善组织）的积极作用较之从前更加认可，对慈善组织的财政和税收支持力度有所增强。《慈善法》的颁布为慈善组织的规范运营提供了更多的制度保障。政府与慈善组织的关系由从前的“管理”向“服务”再向“互为补充”转变。在经济环境方面，随着经济总量的增长，对慈善组织的资源输入相应增加。在社会环境方面，贫富差距的扩大增添了不稳定因素，公众对于慈善组织透明度的要求较之从前更高，公信力成为考量慈善组织的关键指标。在技术环境方面，以大数据、云计算和人工智能等数字技术代表的新兴技术快速发展为慈善组织及其活动提供了更多技术支持，也给慈善组织带来了更多挑战。整个智慧慈善生态体系的结构如图 6－1 所示。

图 6－1 显示，捐赠人、慈善组织和受益人之间构成类似于单一食物链的结构，慈善组织在中间扮演的角色对于能量传递非常重要。如果因为信任危机，捐赠人不愿捐赠，慈善组织失去能量来源，则这条“食物链”将失去存在的根基，从而可能被其他“食物链”取代。政府相关部门、

---

① 例如，对不同慈善组织所获慈善资源的周转率和转化率的横向对比性评价，这对于捐赠人而言提供了新的参考指标。

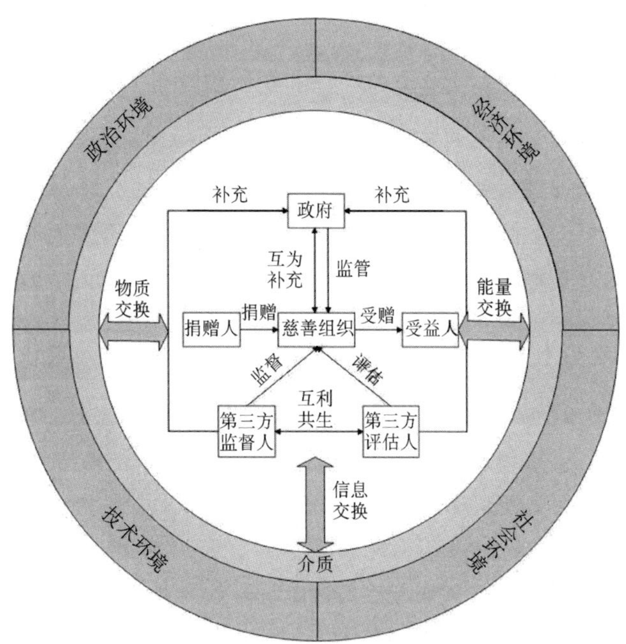

图 6-1　智慧慈善生态体系结构示意图

第三方监督人和第三方评估人等三个种群在巩固慈善组织地位中起着很重要的作用，解决信任危机的关键在于这三类种群功能的正常发挥。

（四）智慧慈善生态体系的效应

作为一种人工生态系统，智慧体系具有很多系统性效应，这些系统效应的发挥使得它与传统体系有明显的区别。

1. 竞争效应

作为一个生态体系，竞争效应是普遍存在的。首先，各种群的内部存在着竞争，竞争带来的优胜劣汰意味着生态体系内含激励机制与处罚机制。慈善组织之间存在利用性竞争，即相互之间对有限的慈善资源进行一定程度的争夺。此类竞争对于慈善组织改进运营效率有促进作用。

其次，由于生态位的重叠，导致种群之间存在对生态位的竞争。例如，慈善组织式与个人捐赠式种群之间。[①] “罗尔事件”反映出在从前的

① 当然，由于《慈善法》的限制，个人捐赠目前只能在特定范围内，在特定对象之间进行，无法公开募捐。但从生态学角度而言，个人捐赠式种群的生态位只是受到外部环境挤压，并不足以导致它的消亡。特定条件下其竞争力仍可增强。

技术环境下由于竞争压力小而存在生态释放，使得慈善组织占有了较多的生态位。随着技术环境的变迁，新的个人捐赠式种群获得一定的生态位，竞争迫使慈善组织的现有生态位开始分化，实际生态位可能出现收缩。对于外部环境而言，种群之间的竞争有利于促进体系与外部环境之间物质、能量和信息的交换，能够促进它们之间对慈善社会效益最大化的竞争。

2. 共生效应

智慧体系存在共生效应，它是对竞争效应的补偿。例如，第三方监督人和第三方评估人之间就是互利共生的关系。一方面，监督作用有利于促进慈善组织的规范性，从而生成良好的评估等级；另一方面，评估的结果能提示监督人，帮助其确定监督的方式。慈善组织之间存在着互利合作，能发挥各自比较优势，共同完成对慈善事业的持续经营。共生效应还意味着慈善事业群落和外部环境之间的包容。这使得智慧体系在技术环境方面重视对人工智能、大数据、云计算等科技手段的融合，在社会环境方面接纳社会各界群体的广泛参与和相互监督，在经济环境方面强调对各类慈善资源的合理使用，在政治环境方面对各类慈善组织特别是民间慈善组织和慈善活动更宽容，同时也将慈善组织信用体系内生于其中。

3. 反馈效应

反馈效应是指当生态体系中某一部分发生变化的时候，相应将引起其他部分的一系列变化。反馈效应使得智慧体系能在动态中不断调节自身以保持平衡。反馈效应还体现于智慧体系的自主性和互动性。自主性意味着各个种群自身积极能动性的充分调动，互动性则为信任的积累和创造奠定了基础。反馈效应意味着以往以慈善组织为中心的慈善模式不再是唯一选择，如果这类模式表现不佳，不良反馈会更快地促使其加以改正。例如，对受益人捐赠的重复或不足都是过往模式的常见弊病。究其原因，在于作为中心的慈善组织协调不力。不过，若过于强化“慈善组织中心”的模式，又可能导致慈善组织形成类似慈善资源寡头甚至垄断的局面，引发慈善组织信任体系承受较大的风险。因此，系统的解决方案是利用反馈效应进行因时、因地、快速、机动的调整，使之既能较好地实现慈善资源的合理分配，又不过于受到某种单一模式的制约。

4. 补偿效应

类似于共生效应对竞争效应的补偿，补偿效应是对反馈效应的补偿。它是指当整体功能失调，超过一定的生态阈值时，智慧体系发生改变，其中某些成分由次要地位上升为主导地位。与此同时，另外一些成分将自动补偿或替代体系原有功能，使得整体功能趋于稳定。智慧体系是一个人工生态体系，补偿效应则是其“人工”属性的首要体现。它首先体现在相关政策、法律之间的耦合性和序贯性。制度是政府可能提供的最好公共产品，它在体系中的作用体现于对生态危机的修复。当反馈效应不足以恢复危机对体系的破坏时，相关政策、法律等人工手段可以介入，对损失的部分进行修补。其次，补偿效应还体现在新技术对智慧体系的注入和融合方面。技术是实现“智慧”的基础保障，借助人工智能、大数据、云计算、物联网等技术的慈善生态体系才能真正将其“智慧”的特性加以体现，使之区别于传统慈善体系。总之，技术和制度融入智慧体系中，使得慈善组织信用体系等得到创新性解决方案，正是智慧体系发挥补偿效应的结果。

第五节

基于大数据的慈善组织信息公开框架构建[①]

随着我国经济社会的快速发展，公共治理的难度在持续增大。慈善组织在参与社会治理和延伸政府职能方面具有独特而重要的优势，特定时期甚至能发挥填补政府职能“真空”的作用。不过，慈善组织在履行其社会职能的过程中引起过不少的争议，特别是一些负面新闻常常引起社会广泛关注，对其公信力造成了巨大伤害，对慈善事业的发展极为不利。

2016 年 9 月 1 日，《慈善法》正式施行，由此慈善组织发展有了法制层面的规范和引导。不过，慈善组织在履行自身社会职能的同时仍然面临不少问题。其中，信息能否在其自身内部、不同慈善组织之间以及对外部进行正常有序、合理合法的传播，不仅关乎慈善组织的公信力，还影响着其组织效能和运营效率。

---

① 本节内容发表在 2017 年第 5 期《中国矿业大学学报（社会科学版）》上，论文标题为《基于大数据的慈善组织信息公开框架构建研究》，作者：阎永哲、唐果。

国务院于2015年9月印发的《促进大数据发展行动纲要》提出，要围绕服务型政府建设，在减灾救灾、社会救助、养老服务等领域全面推广大数据应用。目前对于大数据的研究，主要侧重于其商务和政务领域的应用，对于慈善组织这样的非政府组织，现有研究并不多见。

一、相关文献综述

（一）国外文献综述

1. 慈善组织的基础功能及其与政府关系方面的研究

关于慈善组织的基础功能方面的研究，Burton Weisbrod（1988）提出了“政府失灵理论”，从功能上证明了慈善组织存在的必要性，并对为什么要由非营利部门来提供公共的、集体消费的物品这一命题作出了解释。Henry Hansmann（1980）创立了“合约失灵理论”。这一理论有助于解释为什么某些特定活动只能由慈善组织来承担。Wuthnow（1991）提出了政府、市场、慈善组织三者之间相互依赖的理论，认为政府、市场和志愿部门之间存在着频繁的互动和交换。Salamon（2008）提出了“第三方管理理论”，认为慈善组织研究中的市场失灵、政府失灵和合约失灵理论在对美国社会现实进行解释时都存在着某种程度的局限性。

关于慈善组织与政府关系方面的研究，Dennis（2000）提出了“三模式”理论，指出慈善组织与政府之间的关系存在着补充、合作和冲突三种模式。Benjamin Gidron（2002）等提出了“四模式”理论，即从零和博弈关系的基本假设出发，认为慈善组织与政府之间存在着四种模式：政府主导模式、慈善组织主导模式、双重模式和合作模式。

2. 慈善组织信息公开方面的研究

Fombrun（1990）等构建了慈善组织信息披露表。该表能够确保组织披露的信息及时、可靠、内涵更丰富、更公允、真实。Popa等（1993）认为慈善组织在面临筹款、人员配备、捐助疲劳症等挑战时只有向社会公众传递更多的信息才能令社会公众信服，指出信任和信心是非营利组织的核心能力。Molnar Monika（2000）构建了一个问责制框架，强调非营利组织在提供公共服务时应准确地将任务、目标、计划活动、财务和治理等相关信息公布于众，赢得社会公众的支持。Lourdes Torres等（2003）指出，为了适应非营利组织快速发展，不同国家应采取公认会计准则，对非营利组织绩效进行考核，向社会公众传递更多的信息。

（二）国内文献综述

1. 慈善组织信息公开程度的研究

游春晖、厉国威（2015）以 2009—2012 年慈善组织公开披露的财务信息为样本，实证检验了慈善组织财务信息透明度对捐赠收入的影响。研究结果表明，慈善组织财务信息透明度越高，越有可能获得较高的捐赠收入。而且，组织规模、组织经营效率是影响慈善组织捐赠收入的重要因素。陈丽红、张龙平、杨平（2015）也做过类似的研究，基本结论一致，在此不再赘述。张祖平（2015）认为，“信息的质量和传递方式对慈善组织公信力的塑造有着深刻的影响，大部分捐赠人依靠间接获得的二手信息来判断是否给予慈善组织信任，因此传播信息的媒体在公众与慈善组织的互动中扮演了十分重要的角色”，[①] 但他并未就一手信息对慈善组织公信力的影响进行具体研究，因此也无从比较一手信息和二手信息的质量差别对公信力影响的详细差异。

2. 慈善组织信息公开制度的研究

针对慈善组织信息公开制度的文献较多。王振基（2011）、李烨（2012）、向张弩（2013）、张妍妍（2014）、窦璐（2015）分别对国内外慈善组织的信息公开制度进行了研究，主要从法律专业的视角提出了建议。他们的研究很大程度地拓展了慈善组织信息公开制度的内涵，对于相关制度的完善和慈善组织公信力的促进提出了富有建设性的意见。李静（2012）基于社会信任理论，在分析美国慈善组织具有较高公信力的成因基础上，从社会学的角度对中国慈善组织缺乏公信力的原因进行了研究。刘艺（2013）从社会工作角度出发对慈善项目运作与管理的弊端及其成因进行了分析。尽管他们的研究对象有所区别，但在原因分析中都对相关信息披露的重要性给予了肯定。孙发锋（2012）对慈善组织信息公开和公信力之间的关系进行了探究，认为信息公开是慈善组织公信力建设的突破口，指出信息公开是公众监督的前提条件。这一观点合乎当前情况，不过在大数据背景条件下或将改变。在大数据时代，公众监督将有机会由慈善组织的自身主动信息公开的个体行为，演变为一种多元、泛化的社会行

---

① 张祖平．慈善组织公信力的生成、受损和重建机制研究［J］．上海财经大学学报，2015（4）：21－29.

为。此外，循着从信息公开到外部监督的思路，有一部分国内文献基于慈善监督体制的视角展开了研究。如周静雅（2015）对慈善监督体制与慈善组织公信力的关系进行了研究。可见，慈善组织信息公开与其外部监督之间的关系有研究的现实价值。

上述文献或从财务角度，或从法律和社会角度，对于慈善组织的信息公开问题、慈善监督体制及慈善组织公信力等问题进行了研究。它们对于本研究而言或是提供了理论借鉴，或是形成了逻辑起点，无疑是重要和必需的。然而，当前研究主要集中于信息公开对其公信力建设方面。对于在大数据时代信息公开存在何种创新模式，以及大数据手段如何倒逼慈善组织进行运作模式、效率等方面改革，目前没有相关研究。另外，对于信息公开与外部监督以及评估机制的关系，国内外的研究也较少提及。

二、我国慈善组织信息公开的现状

（一）慈善组织信息梗阻——信息公开不畅的突出特征

在我国，对慈善组织的行政管理一度存在着双头归口的问题，注册登记管理归于民政部门，业务管理上却并不归属于民政部门，由其他政府职能部门承担。由此在实践中造成监管慈善组织的责任无法明确。同时由于法律的缺位，[①] 信息公开不属于政府监管的法定义务，致使慈善组织的信息公开问题成为历史遗留的管理短板。

中国慈善联合会下属的中民慈善捐赠信息中心发布的历年中国慈善透明报告显示，[②] 虽然近年来我国慈善组织的透明指数逐年提高，但对一些重点且敏感的信息，如负责人及管理人员薪酬、经审计的慈善项目财务报表等，绝大部分慈善组织仍未能提供。不过，即便有基于互联网的信息集中式发布平台也并不意味着它就是慈善组织信息公开的最佳渠道。因为各类信息报告的原文并不能及时便捷地获取，且各类慈善组织自身的网站归口不一，公开的内容和程度有很大区别。[③] 一些慈善组织的网站仍然存在

---

① 《慈善法》对于信息公开有明文规定，但它的实施在短期内仍难以见效。

② 2011－2014 年报告的原文因其信息中心方面原因无法获得，报告的概况信息源自其官网的报道，详情见 http：//www. zmcs. org. cn/。

③ 以中国慈善信息平台（http：//npo. charity. gov. cn/）的反馈结果为例，截至 2017 年 9 月，开通了分站点的省市只有 10 地，未开通的省市为 25 地。已开通分站的地区，也存在着只有项目结果信息而缺乏过程信息或者详细财务信息不明确等情况。

披露信息不全面、时效性不强以及披露的信息无法验证的情形，甚至还有因为慈善组织财务报告专业性过强而导致相关信息对普通民众而言实用性不强的现象。另外，从传播效果角度看，不少慈善组织由于信息表达生硬、晦涩而造成相关信息可读性不强。

（二）慈善组织信息梗阻的成因及其影响

现有文献对信息梗阻现象形成的原因进行了研究，笔者将其归纳为主观原因和客观原因两个方面。关于主观原因，一是慈善组织缺乏动力。慈善组织管理的财产源于公益捐赠而形成的社会公共财产，其产权的模糊性导致对财产负有责任的主体不明确，因此慈善组织缺乏公开相关信息的动力。二是慈善组织的成本考量。慈善组织属于非营利性组织，其组织行为虽不以营利为目的，但同样需要补偿成本。对于无法实现成本补偿的行为或者在短期内不利于其实施慈善项目的行为，自然不愿过多地投入。信息的搜集和发布行为增加了其运营成本，又未必能实现其成本补偿或促进慈善项目的实施。因此在实践中，慈善组织不免存在着简化信息发布的程序与缩减发布范围等行为以节约相应成本。关于客观原因，一是慈善组织监督机制尚未有效形成；二是慈善组织评估机制仍未建立。前者决定了慈善组织能否有效地履行其社会职责，后者影响了其组织运营的效率。数量众多的慈善组织作为受托人将为数不等的捐赠人和群体广泛的受益人联系起来，所构成的社会网络相当复杂。因此，慈善组织监督和评估机制即便形成，在短期内也难以获得及时、有效、完整、准确的信息。

慈善组织的公信力，本质上是一种社会信任。信任的获得取决于慈善组织内部的运营能力和运营规范性，但这种内部状态需要通过特定信号被外部观察到和理解。外部观察的渠道可以分为监管、监督和评估等。由于当前慈善组织的管辖权在政府部门，慈善组织并未实现完全独立，因此称其为内源性监管。监督和评估主要来自捐赠者、受益人和其他社会主体，因此称为外源性监督和评估。无论是内源性监管还是外源性监督和评估，都可视为传递慈善组织内部运营状况给外部的信息渠道，而信息梗阻恰恰直接影响了这两个渠道的信号传递过程，因此最终也将间接影响慈善组织的社会信任。① 整个影响的过程如图 6－2 所示。

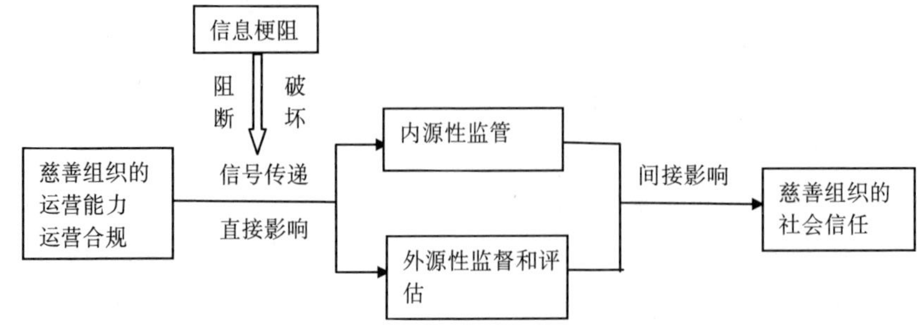

图 6－2 信息梗阻对慈善组织信息的影响过程示意图

当前，《慈善法》刚刚颁布和实施不久，探询破解信息梗阻的新手段和模式不仅是对《慈善法》中信息公开要求的回应，也是推进对慈善组织监管、监督及评估工作及其公信力建设的重要途径。

三、基于大数据手段的慈善组织信息公开框架构建

《慈善法》的颁布和实施，为慈善组织的信息公开提供了法律依据。《慈善法》对慈善组织信息的公开主体、时间和内容都有了较为明确的规定，不过《慈善法》未对公开的方式进行具体界定，也无法对公开的效益与成本作出分析。因此，在实践中这将不利于达成信息公开的目标，对慈善组织公信力的建立和巩固也是不利的。另外，《慈善法》对信息公开工作的推动属于依法实施社会管理的范畴，而促进慈善组织信息公开应属于社会治理的范畴。从“社会管理”到“社会治理”，后者较前者而言需要有更多非政府组织和公民的广泛参与，并遵循个体自愿与法律强制相结合的原则。社会治理的思路显然与慈善组织信息公开及公信力建设的要求更吻合。

另外，《慈善法》第六十九条规定：“县级以上人民政府民政部门应当在统一的信息平台，及时向社会公开慈善信息，并免费提供慈善信息发布服务”“慈善组织和慈善信托的受托人应当在前款规定的平台发布慈善信息，并对信息的真实性负责”。上述规定从法律层面对解决慈善组织信息梗阻问题予以了明确，符合依法实施社会管理的原则。但从信息公开的

① 关于信任的产生，学界的相关研究很多，在此限于主题和篇幅不再展开，但信息的质量和传播方式无疑是其中一项关键因素。

具体流程来看，当前《慈善法》侧重于信息的最终发布，对于信息的来源、搜集和处理等前端环节没有加以明确。慈善组织有其自身的生命周期，慈善项目及活动也是一个连续动态的过程。其相关信息的产生必然是一个连续过程。由于慈善活动涉及的资源来源广泛，当事人来自社会各个阶层。因此，要求政府部门作为单一主体使用静态的、信息来源较少的发布平台去破解慈善组织信息梗阻的难题，在实践中将很容易陷入无解的怪圈。而循着社会治理的思路，从最广泛意义上构建集体参与的信息公开平台不仅仅能在更大程度上提升慈善组织的公信力，还能激发更多参与方的积极性和创造性。故笔者提出一个基于大数据手段的慈善组织信息公开的社会治理框架（以下简称“框架”），以期能对信息梗阻提供系统化、体制化的治理方案。

（一）框架的作用和意义

1. 在降低信息搜集和处理成本的同时能提高慈善组织的服务效率和范围

根据《慈善法》的规定，各地民政部门作为搭建信息发布统一平台的主体，应承担法定义务，但这不意味着这些部门在处理相关事务上一定具备专业资质和能力，也不意味着一定能达到预期结果。框架中大数据平台（以下简称“平台”）的运用可以在大幅降低搜集和处理信息成本的同时提高其作业效率。此外，在舆情预测、趋势预判、纠正视听等方面，平台也能发挥传统手段难以替代的作用。传统信息发布平台可能存在的信息发布迟滞现象很大程度上源于信息处理的低效率，借助大数据平台则能有效改善之。

大数据手段能扩大慈善组织的信息服务范围。例如，能在不泄露个人身份的前提下协助完成捐赠人和受益人之间的定向信息交流，提高了慈善项目的透明度，又保护了当事人的个人隐私。大数据手段还能运用其预测功能完成传统信息平台难以提供的服务，如灾情趋势预测，舆情预判等。这能帮助慈善组织更有预见性的进行资源配置。传统信息平台主要基于互联网来确保信息的准确性和可靠性，大数据平台则基于移动互联网、物联网和云计算来确保信息的准确性和可靠性。传统互联网的单向性和匿名性导致虚假信息更容易生成和传播，传统信息平台缺乏有效手段去纠正这些虚假信息。大数据平台则可凭借其实名制、互动性和精确性等特点对虚假信息进行辨别、澄清。

2. 运用大数据手段搭建的平台对内源性监管和外源性监督、评估有促进作用

慈善组织信息公开存在不足和有误的情形。在外源性监督和评估方面，存在过滥、失当和不足等三种失范情形。对此，平台可以发挥纠正外源性监督、评估失范的功能，具体见表6－9。

表6－9　　平台针对外部监督和评估失范的相应纠偏功能

	过滥	失当	不足
外部监督和评估失范的类型	重复监督，信息冗余	依据虚假信息展开，公众情绪易被误导	外部监督和评估出现娱乐性和随意性
平台的相应纠偏功能	通过平台树立官方准确全面的信息来源，消除冗余信息	平台能用于对网络舆情的预警；也能用于纠正错误信息	平台主动公开内部信息，主动对接外部监督和评估，争取更多社会信任

平台不仅可以提高外源性监督、评估的效率和准确性，还可以促进其发挥更好的效果。因为平台和移动互联网时代的分众传播特点更加吻合，可以基于用户个性特点量身定制信息内容，积极引导不同观点聚合，促进用户主动思考，发挥比单纯说教更好的传播效果。例如，平台可以对微博的重大事件进行自动监测和响应，同时可以开辟专门通道对敏感信息进行舆论引导，发布正面、准确的官方信息。另外，平台数据来源的广泛性使得内源性监管和外源性监督、评估之间既相互制约，又相互促进。相互制约是指内源性监管不足或有误时，外源性监督、评估可以补充或验证，反之外源性监督、评估过滥、失当或不足时，内源性监管可以予以纠正。例如，借助外源性监督职能可以帮助慈善组织更好地跟踪慈善资源的去向和用途;[①] 两者还能起到良性互促、共同推进的作用。如受益人对受赠资源使用情况的了解有利于提高慈善资源的合理使用。

3. 顺应社会发展趋势和社会治理思路，调动尽可能多的社会力量共同参与，帮助政府相关部门简政放权，完成从治理到善治的转变

① 在平台理想状态下，类似于“郭美美事件”中由于外部监督引发对内部信息公开的疑问是不会导致严重的信任危机和社会后果，因为平台相互制约的作用能使矛盾在早期解决，无法持续发酵。

善治的要素包括合法性、透明性、责任性、法治、回应、有效等六个方面。借助平台建立的内部信息公开机制与外部监督、评估机制不仅能提高信息发布的专业性和亲和力，还能提高外源性监督、评估的专业性和准确性。这有助于调动更多社会主体参与其中，参与者之间通过协商对话达成共识。框架不是完全依靠法律手段，而是自愿与强制相结合的方式运作。这与《慈善法》的内涵精神是契合的。由于大数据手段能针对个体受众的特点进行精确定位与分类，选择合适的工具与内容予以传播。因此大数据平台比传统信息平台具有更好的传播效果，能够提升慈善事业的影响力和吸引更多的社会力量加入。

（二）框架的构成和架构图

整个框架由治理目标、指导思想和关键功能等三部分构成。治理目标是促进慈善组织信息公开，提升慈善组织公信力。指导思想是以不断修订完善的《慈善法》作为基础条件，依法实施信息公开并接受监管、社会监督和评估。关键功能是实现相关信息充分有效的传播。慈善组织通过统一的大数据平台实现由内向外、从下至上的信息采集、整理和发布，利用大数据之间的相互印证、实时监控、行为预测构建信息公开渠道，最终达到廉价高效、准确全面地促进慈善组织信息公开的目的。在关键功能基础上，框架还可以实现三部分延伸功能。一是平台对接内源性监管功能，借助平台能实现监管成本的下降和监管范围的扩大。二是平台对接外部社会力量实现对慈善组织的机构、人员、项目进行监督和评估。监督和评估需要慈善组织外部社会群体的广泛参与，基于大数据构建的信息平台有助于更广泛的社会力量参与。三是基于大数据手段的平台服务内容也有所拓展。除了对慈善项目信息动态的主动发布、实时跟踪，慈善资源智能匹配以外，还可以实现相关事件的发展趋势预测。

整个框架的架构图如图 6 - 3 所示。

（三）框架的运作机理

如图 6 - 3 所示，治理目标是整个框架的基础，是后续治理行动的方向。只有达到这一目标，慈善组织存在的社会价值和意义才能实现。指导思想服务于治理目标，是构建本框架的原则规范和确保框架得以运转的前提条件。有了这个原则规范，信息公开平台与大数据等技术手段的结合才

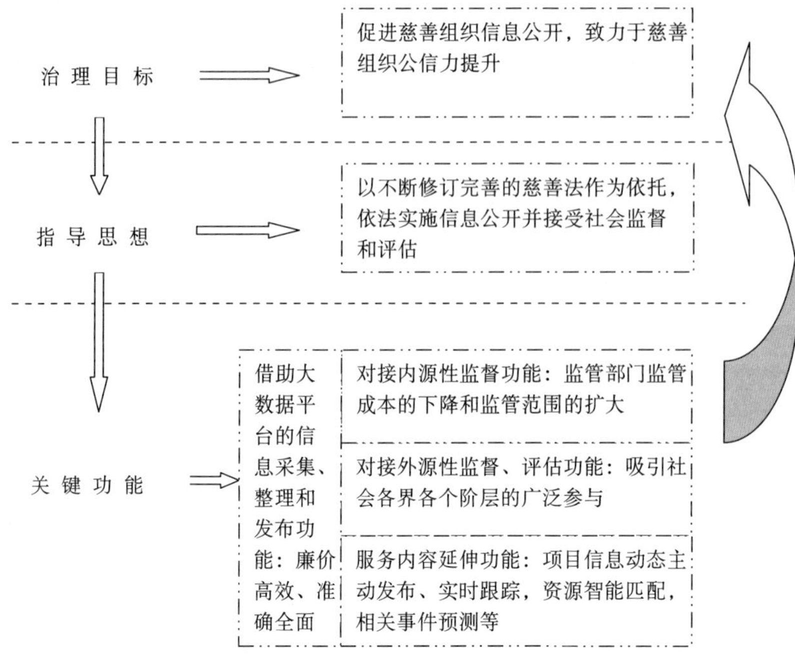

图 6－3 慈善组织信息公开框架示意图

有了制度保障。关键功能服从于指导思想，最终体现治理目标服务于社会的外在表征。通过廉价高效、准确全面的信息公开，它一方面帮助监管部门更好地实现监管，另一方面帮助社会各界、各阶层广泛参与监督、评估。另外，内源性监管与外源性监督、评估之间能够相互印证，互相促进，即内源性监管有利于促进外源性监督与评估，也能用于判断外源性监督、评估机制的效率与有效性，反之亦然。从成本角度来看，整个框架不仅通过大数据等科技手段有效降低了慈善组织搜集、处理和发布信息的成本，还借力平台整合来的各类资源进一步降低了慈善组织的其他运营成本。综观整个治理框架，既有促进信息公开、推动其运作的《慈善法》作为动力，又有大数据平台降低信息公开和监督、评估带来的阻力。因此框架的三个部分之间能相互配合形成一个整体，并循环促进，使得整个框架具有自我调适和可持续运作的特性。

四、基于大数据手段的慈善组织信息公开框架的具体实施路径

在实施路径上，可以从“制定《慈善法》的配套政策—拓宽数据来源渠道—促成内源性监管和外源性监督、评估与平台的对接”的路径来

进行。依据这一路径，建议从以下几个方面采取具体措施：

（一）制定《慈善法》的配套政策

关于对慈善组织的外源性监督和评估，《慈善法》肯定了“任何单位和个人”有向监管部门检举的权利，但未提供相应的渠道。《慈善法》要求建立评估制度，鼓励第三方机构对慈善组织进行评估并将结果公布，不过在具体操作上，法条并不详尽。鉴于监督和评估对慈善组织公信力的重要性，政府应该制定与《慈善法》相配套的政策或实施细则。另外，政府在制定配套政策或实施细则时要给慈善组织设置相应的奖励和惩罚规则，对主动协助、积极配合构建公开信息渠道的慈善组织予以表彰，对不按规定公开信息，发布不实报告等行为的慈善组织予以惩罚。

人才尤其是大数据和监督、评估方面人才的培育、激励对于框架的形成和功能的发挥起着非常重要的作用，不过《慈善法》没有涉及相关人才的培育、激励。慈善组织是非营利组织，对于人才的使用和激励无法完全复制企业实施盈余分配的做法。不过慈善组织要在保证对外（尤其是对企业）适度公平的基础上，制定合理的工资薪酬体系，否则难以留用和激励人才。《慈善法》没有对慈善组织人才的使用和激励进行具体规定，而《基金会管理条例》的相关规定又在事实上造成了慈善组织从业人员的薪资受限。鉴于法律的修订可能滞后于现实需要，而人才的培育、激励工作需要尽早实施，所以相关政府部门要及时制定相关配套政策，以确保慈善组织健康发展。

（二）逐步打破数据壁垒，整合多元数据渠道

构建平台需要多源异构的海量数据支持，然而数据壁垒的存在影响了数据的有效获取。推进慈善组织与平台的对接和整合不仅是《慈善法》对信息统一公开的要求，也是发挥相关大数据潜在价值的必然要求。目前，这一工作的最大障碍是慈善组织的信息梗阻现象。破解信息梗阻可以促进平台的形成，构建平台也可以帮助破解信息梗阻。推动平台与网络论坛、贴吧、QQ、微信、微博等网络信息渠道的对接不仅有助于平台拓宽数据来源渠道，还能促进外源性监督和评估。

（三）大数据信息平台建设前期以行政手段为主，中后期要逐步加大对市场化手段和社会资源的运用，最终促使框架形成

构建和整合平台的初期，需要有牵头设计和组织实施者，也需要较大的前期投入，否则很容易陷入“集体行动的困境”。民政部门应该承担相应基础设施的投入。鉴于整合多元数据渠道的要求，民政部门要致力于促成不同地域慈善组织基础设施的联结与共享。政府其他相关部门应给予必要适当的扶持措施。构建这样的大数据平台是一个社会系统工程，投入的人力物力成本短期难以估量。慈善组织及相关机构、捐赠人、志愿者在承担相应的平台建设工作时，理应享受一定程度的财政支持及税收优惠安排。由于大数据手段的运用和框架的形成更多依赖于市场机制与社会资源来完成，因此，在框架形成的中后期应引入更多的市场化手段和公民的投入，政府的角色逐步由“组织者”转变为“促进和鼓励者”。

第六节 高校青年志愿者参与和谐社区建设的调查[①]

一、高校青年志愿服务和谐社区的内涵

高校青年志愿者是指热心社会服务和公益事业，具有一定专业技能，利用业余时间，无偿地参加社会志愿服务工作的高校青年，以在校大学生为主体。高校青年志愿服务范围包括扶贫开发、社区建设、环境保护、大型赛会、应急救助、海外服务等。高校青年志愿服务具有服务主体的青年性、服务行为的自愿性、服务目的的高尚性以及服务形式的组织性等方面的特点。高校青年志愿者参与和谐社区建设的内容主要集中在探访老人、关怀残障人士、社区儿童学习辅导、提供心理健康服务、为有困难的居民

① 本节内容发表在2017年第20期《中国市场》上，论文标题为《浙江高校青年志愿者参与和谐社区建设的模式总结与机制创新研究》，作者：徐建军、杨晓伟、唐果。

提供帮助、开展社区环境保护活动、组织社区文化活动、参与社区的相关调研活动、到社区挂职、参与社区工作的组织与开展等方面。

二、高校青年志愿者参与和谐社区建设的现实需求

（一）和谐社会建设需要高校青年志愿者积极参与

和谐社会是“民主法治、公平正义、诚信友爱、充满活力、安定有序、人与自然和谐相处的社会”，而“奉献、友爱、互助、进步”的志愿精神是促进社会和谐的精神力量。社会主义和谐社会建设为青年志愿服务提供了施展才华的舞台，在和谐社会建设进程中，青年志愿者作为社会主义建设一支不可或缺的力量，他们弘扬正气，善意传递，感化他人，为社会精神文明和物质文明建设创造良好的社会环境。

（二）高校青年志愿者参与和谐社区建设对个人发展意义重大

高校青年志愿者参与和谐社区建设对个人社会化的提升、个人专业技能的提升以及个人实践能力的提升均具有重要促进作用。其中，个人社会化的提升表现在增强大学生社会责任感、使命感及大学生职业认同感；个人专业技能的提升表现在专业化形象的提升、专业化评价的提升以及专业化道德的提升等三个方面；个人实践能力的提升表现在专业知识运用能力的提升以及职业适应能力的提升等两个方面。

三、浙江省高校青年志愿者参与和谐社区建设的基本情况和模式分析

（一）浙江省高校青年志愿者参与和谐社区建设的基本情况分析

笔者向浙江省 11 个地级市的在校大学生发放了 340 份《浙江省高校青年志愿者参与和谐社区建设调查问卷》，实际回收 340 份，有效问卷 313 份；回收率 100%，有效率 92.06%，调查结果如下所示。

1. 大学生参与社区志愿服务的时间

调查显示，浙江省高校大学生有 92.97% 的人参与过社区志愿者服务活动，但也存在着 7.03% 的大学生没有参与社区志愿者活动，这主要以刚刚进入大学的大一新生为主。进一步调查表明，浙江省高校的大学生提供志愿服务的时间集中于课余时间和双休日为主，占被调查人数的 69.42% 和 19.24%。这部分大学生认为学生还是应以学业为重；还有 4.12% 的大学生对于志愿服务的积极性很高，认为任何时间都可以参与志

愿活动；当然还有少数同学愿意在节假日参加社区志愿活动。

2. 大学生参与社区志愿服务的频率

调查显示，29.59%的被调查者选择了1个月一次，34.32%的被调查者选择了1-2个月一次，由此可见大学生参与社区志愿活动的频率较高。有一部分学生选择3个月及以上一次，其中18.56%的被调查者选择3-6个月一次，17.53%的被调查者选择6个月以上时间参加一次。访谈发现，这一部分大学生大多在大一、大二时期参加过志愿服务，到了大三、大四时期对参加社区志愿服务的兴致就不高了。

3. 参与社区志愿服务的动机

调查显示，“想通过社会实践提高个人能力”的参与动机排在第一位，占30.94%；“为志愿活动作贡献，承担社会责任”的参与动机排在第二位，占23.99%；“获得成就感和满足感，体验为别人服务的快乐”的服务动机排在第三位，占17.70%。此外，也有部分同学是带着“希望以后自己的简历更加充实”“为了完成学院的德育要求”的参与动机参加社区志愿服务，二者的选择次数分别占到14.45%和12.92%。

4. 参与社区志愿服务的收获

调查表明，当问到参与志愿服务活动的收获时，多数大学生表示增加了社会阅历、工作经验，占总选择次数的23.57%；一些大学生表示在志愿活动中结交了朋友、扩大了朋友圈，占总选择次数的17.68%，部分大学生表示通过付出劳动实现了个人价值或提高了个人能力，分别占总选择次数的14.64%和17.21%。但是通过访谈也得知，部分高校青年志愿者并没有收获，这在一定程度极大地打击高校青年志愿者的积极性。

（二）浙江省高校青年志愿者参与和谐社区建设的模式分析

参照祝京霭（2010）的分类方法，我们将大学生服务和谐社区的参与模型归纳为社区调查参与模式、社区服务参与模式、社区教育参与模式以及社区岗位参与模式。其中，社区调查参与模式主要是高校青年志愿者对社区发展问题进行调查，并将调查结果反馈给社区以促进社区发展；社区服务参与模式主要是高校青年志愿者在实际行动中直接利用自身资源和能力为社区提供服务；社区教育参与模式主要是高校青年志愿者在社区开展义教、贫困助学等相关活动，帮助学生培养兴趣爱好，提高学生成绩等；社区岗位参与模式主要是高校青年志愿者通过岗位参与辅助社区组织开展活动。统计数据表明，浙江省各高校采取的社区志愿服务模式中，社区调查参与模式占16.79%，社区服务参与模式占被调查人数的38.09%，社区教育参与模式占被调查人数29.42%，社区的岗位参与模式占15.7%。通过比较发现，高校志愿者社区服务是以社区服务参与模式为主，服务的主要对象是街道社区居民，尤其是特殊家庭、困难家庭、敬老院的老人等群体。

四、浙江省高校青年志愿者参与和谐社区建设存在的问题

（一）浙江省高校青年志愿者参与和谐社区建设的激励机制不健全

适当的物质和精神激励能激发志愿者的服务热情，吸引更多志愿者参与和谐社区建设。当大学生当被问到“何种激励方式最能让志愿者满意”时，41.21%的被调查者希望获得优先评优机会，36.74%的被调查者希望学校颁发证书，22.05%的被调查者希望获得德育学分。因此，高校需要进一步完善相应激励机制，以使更多的大学生乐于参与社区志愿服务活动。

（二）浙江省高校青年志愿者参与和谐社区建设的保障机制不健全

浙江高校青年志愿者参与社区志愿服务需要相应的活动资金。高校青年志愿者组织开展社区志愿服务活动大多是由所在高校提供一定的资金支持，但由于高校共青团和各院系的活动经费有限，社区志愿服务活动往往很难获得足够的资金支持，导致一些志愿者参加社区志愿服务活动时需要自己支付一些路费、餐费等，这大大降低了参与者积极性。

（三）浙江省高校青年志愿者参与和谐社区建设的管理评估机制不健全

评价考核是管理工作的一个重要环节，检验服务工作好坏的一个重要标准。只有对工作进行总结，才能保障工作质量。一般来说，对于志愿服务的考评主要以志愿者的工作态度、志愿者的服务水平、参加志愿活动的次数、时间、出勤等方面作为考核依据。但调查发现，部分高校没有对志愿服务构建相应的考核评价体系，只关注高校青年志愿者是否参与了社区建设项目，而忽视对志愿服务过程的监督及考评。因此，有必要建立和健全社区志愿服务的管理和评估机制。

五、促进浙江高校青年志愿者参与和谐社区建设的对策

（一）健全浙江高校青年志愿者参与和谐社区建设的培训机制

做好高校青年志愿者培训工作是构建高校青年志愿者发展长效机制的有力保障。高校青年志愿者培训主要包括岗前培训、普适性培训、专业技能培训等环节。其中，岗前培训主要针对新招募的高校青年志愿者，为了让他们能够快速有效地适应社区志愿服务工作而进行的培训；普适性培训主要是介绍社区志愿服务工作的意义、礼仪文明用语规范、作为高校青年志愿者工作的职责、义务以及应急情况下的处理方法；专业技能培训由有关管理机构的优秀老师或者聘请经验丰富的专家对高校青年志愿者进行技能方面的现场教授及讲解。

（二）健全浙江高校青年志愿者参与和谐社区建设的激励机制和保障机制

高校青年志愿者凭着无私奉献、利他主义的精神参与社区志愿服务活动，并不意味着他们就不需要一定的激励和经费保障。马斯洛层次需求理论认为，人的动机是以满足需要为目的，需要是产生行为的原动力，只有未被满足的需要才能激发人的积极性和主观能动性。适当的激励和经费保障是对高校青年志愿者志愿服务的认可、鼓励。行之有效的激励机制和保障机制能够激发高校青年志愿者参与社区志愿服务的热情。对于高校青年志愿者激励要采用精神激励和物质激励相结合的方式。

（三）健全浙江高校青年志愿者参与和谐社区建设的评估、反馈机制

评估是对志愿服务的考察和评定，将评定结果反馈给志愿者的过程。评估的目的是为了激励高校青年志愿者并及时纠正志愿服务中出现的问题。反馈是指高校青年志愿者针对参与社区志愿服务过程中出现的问题向高校青年志愿服务管理部门提出建议和改良方法。反馈能够促使高校青年志愿者积极参与到高校青年志愿服务管理中来，调动高校青年志愿者的主动性，提升高校青年志愿者服务和谐社区的效率和质量。

第七章

地方政府促进民间慈善组织发展的机制

在众多类型的非营利组织中，民间慈善组织是最重要的救助困难群体的社会力量。救助困难群体是民间慈善组织的使命，不过民间慈善组织发展状况影响着其救助困难群体的能力，进而影响着民间慈善组织参与社会救助的积极性。地方政府扶助民间慈善组织发展能够促进民间慈善组织参与社会救助，故本书对地方政府促进民间慈善组织发展问题进行探讨。

第一节 民间慈善组织发展的主要影响因素

一、建立递阶层次结构

本书从民间慈善组织外部环境因素和民间慈善组织内部因素两个方面来构建民间慈善组织发展的影响因素体系。外部环境因素体系根据 PEST 模型构建。PEST 是一种企业所处宏观环境分析模型。在 PEST 模型中，P 是政治环境（Politics），政治会对企业监管、消费能力以及其他与企业有关的活动产生十分重大的影响力。一个国家或地区的政治制度、体制、方针政策、法律法规等方面常常制约、影响着企业的经营行为，尤其影响企业较长期的投资行为。E 是经济环境（Economy），是指国民经济发展的总概况，国际和国内经济形式及经济发展趋势，企业所面临的产业环境和竞争环境等。S 是社会环境（Society），主要包括社会道德风尚，文化传统，人口变动趋势，文化教育，价值观念，社会结构等。T 是技术环境（Technology），是指社会技术总水平及变化趋势、技术变迁、技术突破对企业的影响，以及技术对政治、经济、社会环境之间的相互作用的表现等。

民间慈善组织内部因素体系借鉴哈佛大学商学院教授迈克尔·波特（Michael Porter，1985）的价值链模型构建。波特认为，为社会创造价值是企业生存发展的基础，企业的价值创造是通过一系列活动构成的。这些活动可分为基本活动和辅助活动两类，基本活动包括进货物流、生产运作、出货物流、市场营销、售后服务等；而辅助活动则包括采购、技术开发、人力资源管理和企业基础设施等。进货物流是与接收、存储和分配相关联的各种活动，例如原材料搬运、仓储、库存控制、车辆调度以及向供应商退货。出货物流是与集中、存储和把产品发送给买方有关的各种活动。生产运作是与把投入转化为最终产品形式相关的各种活动，例如机械加工、包装、组装、设备维护、检测、印刷和各种设施管理。市场营销是与提供一种买方购买产品的方式和引导他们进行购买有关的各种活动，例如促销、销售队伍管理、渠道选择和定价。售后服务是与提供服务以增加或保持产品价值有关的各种活动，例如安装、维修、培训、零部件供应和产品调整。采购是指购买用于企业价值链中各种投入的活动，而不是外购投入本身。技术开发是由一定范围的各种活动组成，这些活动可被视为改善产品和工艺的各种努力。人力资源管理包括各种涉及所有类型人员的招聘、培训、考核和薪酬管理等各种活动。企业基础设施由包括总体管理、计划、财务、法律等等在内的大量活动组成，通过整个价值链而不是单个活动起辅助作用。这些互不相同但又相互关联的生产经营活动，构成了一个创造价值的动态过程，即价值链。企业所在行业不同，上述各类活动对企业价值创造的影响不一样。具体见图 7－1。

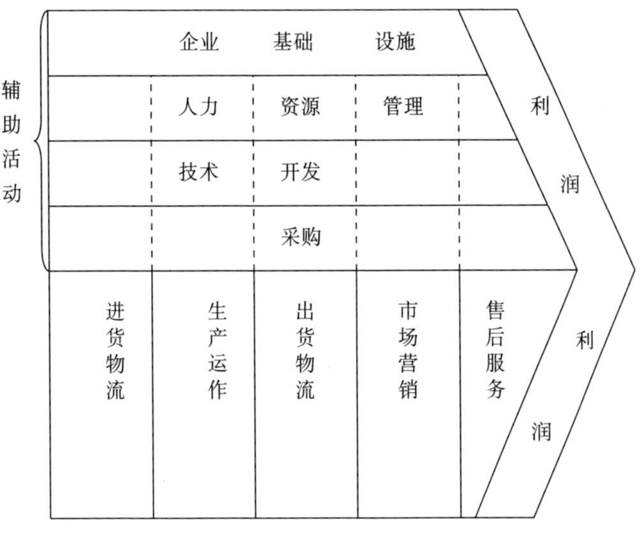

图7-1　价值链示意图

虽然企业是营利性组织，慈善组织是非营利组织，但是为社会创造价值都是两者生存发展的基础，故可以借鉴价值链模型构建民间慈善组织内部因素体系。慈善组织是以慈善为目的对他人进行帮助的非营利组织，所以通常其在运营中没有进货物流、出货物流、售后服务、技术开发、采购等活动。根据PEST模型和价值链模型，以及民间慈善组织的运营特点，把民间慈善组织发展的影响因素指标体系分为三层，目标层是“民间慈善组织发展的影响因素”，准则层包括“外部环境因素”“组织内部因素”，方案层包括“政治环境”“社会环境”等8项指标。具体见表7-1。

表7-1　　民间慈善组织发展的影响因素指标体系

目标层	准则层	方案层
民间慈善组织发展的影响因素（A）	外部环境因素（B_1）	政治环境（C_1）
		社会环境（C_2）
		经济环境（C_3）
		技术环境（C_4）
	组织内部因素（B_2）	人力资源管理（C_5）
		市场营销（C_6）
		生产运作（C_7）
		组织基础设施（C_8）

二、构建两两比较判断矩阵

判断矩阵如表 7－2 所示，标度的定义如表 7－3 所示。

表 7－2　B_i和 B_j对民间慈善组织发展的相对影响程度矩阵

A_1	B_1	B_2	Λ	B_n
B_1	b_{11}	b_{12}	Λ	b_{1n}
B_2	b_{21}	b_{22}	Λ	b_{2n}
M	M	M		M
B_n	b_{n1}	b_{n2}	Λ	b_{nn}

表 7－3　判断矩阵标度定义

标度 b_{ij}	含义
1	i 因素与 j 因素对民间慈善组织发展具有同等影响程度
3	i 因素对民间慈善组织发展的影响程度比 j 因素对民间慈善组织发展的影响程度稍微大
5	i 因素对民间慈善组织发展的影响程度比 j 因素对民间慈善组织发展的影响程度明显大
7	i 因素对民间慈善组织发展的影响程度比 j 因素对民间慈善组织发展的影响程度非常大
9	i 因素对民间慈善组织发展的影响程度比 j 因素对民间慈善组织发展的影响程度极端大
2，4，6，8	为以上两相邻判断之间的中间状态对应的标度值
倒数	若 j 因素与 i 因素比较，得到的判断值为 $b_{ji}=1/b_{ij}$

根据表 7－1，A－B 判断矩阵，设 $A=(b_{ij})_{2\times2}$，称为目标层判断矩阵；B－C 判断矩阵，设 $Bs=(C_{ij}^{s})_{8\times8}$，称为准则层判断矩阵（$s=1,2$）。任何判断矩阵都应满足 $b_{ij}=1$（$i=j$，i、$j=1,2,\cdots,n$）。判断矩阵中的指标数值可以根据调研数据、统计资料以及专家意见综合权衡后得出。本研究所采用的标度是根据调研数据权衡后得出。

笔者制作了《民间慈善组织发展影响因素调查问卷》，向浙江省 300 家民间慈善组织发放该问卷进行调查，回收 262 份调查问卷，回收问卷占全部所发放调查问卷的 87.3%。在回收问卷中又剔除了填写质量较差的调查问卷，最后实际有效调查问卷为 245 份，有效问卷占全部所发调查问卷的 81.6%。所得出的标度能够反映浙江省民间慈善组织对评价标准的共识。

三、层次单排序和一致性检验

相对于总目标“民间慈善组织发展的影响因素（A）”而言，“外部环境因素（B_1）”“组织内部因素（B_2）”就其影响民间慈善组织发展的程度进行比较。检验其一致性，通过一致性检验。如表 7 - 4 所示。

表 7 - 4　B_1、B_2 对民间慈善组织发展的影响程度

A	B_1	B_2	W_i	
B_1	1	1	0.500	λ_{max} = 2.000 CI = 0.000 RI = 0.000 CR = 0.000
B_2	1	1	0.500	

相对于“外部环境因素（B_1）”而言，“政治环境（C_1）”“社会环境（C_2）”“经济环境（C_3）”“技术环境（C_4）”等指标就其影响民间慈善组织发展的程度进行两两比较。检验其一致性，通过一致性检验。如表 7 - 5 所示。

表 7 - 5　C_1、C_2、C_3、C_4 对民间慈善组织发展的影响程度

B_1	C_1	C_2	C_3	C_4	W_i	
C_1	1	5	7	9	0.654	λ_{max} = 4.170 CI = 0.057 RI = 0.900 CR = 0.063
C_2	1/5	1	3	5	0.204	
C_3	1/7	1/3	1	3	0.096	
C_4	1/9	1/5	1/3	1	0.046	

相对于“组织内部因素（B_2）”而言，“人力资源管理（C_5）”“市场营销（C_6）”“生产运作（C_7）”“组织基础设施（C_8）”等指标就其影响民间慈善组织发展的程度进行两两比较。检验其一致性，通过一致性检验。如表 7 - 6 所示。

表 7-6　　C_5、C_6、C_7、C_8对民间慈善组织发展的影响程度

B_1	C_5	C_6	C_7	C_8	W_i	
C_5	1	3	5	7	0.564	$\lambda_{max}=4.117$
C_6	1/3	1	3	5	0.263	CI = 0.039
C_7	1/5	1/3	1	3	0.118	RI = 0.900
C_8	1/7	1/5	1/3	1	0.055	CR = 0.043

四、层次总排序和一致性检验

根据以上计算的 B_1、B_2以 A 为准则对民间慈善组织发展的影响程度，以及 C_1、C_2、…、C_8分别以 B_1、B_2为准则对民间慈善组织发展的影响程度，依据层次分析法的计算原理，可以计算出 C 层相对于 A 层的总排序，并检验其一致性，通过一致性检验。如表 7-7 所示。

表 7-7　　C 层总排序

	B_1	B_2	C 层总排序
	0.500	0.500	（影响程度）
C_1	0.654		0.327
C_2	0.204		0.102
C_3	0.096		0.048
C_4	0.046		0.022
C_5		0.564	0.282
C_6		0.263	0.132
C_7		0.118	0.059
C_8		0.055	0.028
CI CR	0.057 0.063	0.039 0.043	$CI_{总}=0.048$ $RI_{总}=0.900$ $CR_{总}=0.053$

第二节
诸因素影响民间慈善组织发展的机理

运用层次分析法，本书确定了诸因素对民间慈善组织发展的影响程度。“政治环境”对民间慈善组织发展的影响程度最大；“人力资源管理”对民间慈善组织发展的影响程度位列第二；“市场营销”对民间慈善组织发展的影响程度位列第三；“社会环境”对民间慈善组织发展的影响程度位列第四；“生产运作”对民间慈善组织发展的影响程度位列第五；“经济环境”对民间慈善组织发展的影响程度位列第六；“组织基础设施”对民间慈善组织发展的影响程度位列第七；“技术环境”对民间慈善组织发展的影响程度位列第八。“政治环境”“人力资源管理”“市场营销”“社会环境”对民间慈善组织发展的影响程度均超过 0.1，且该四个因素的影响程度之和高达 0.843。可见，“政治环境”“人力资源管理”“市场营销”“社会环境”是影响民间慈善组织发展的主要因素，是地方政府有效促进民间慈善组织发展的着力点。具体见表 7 – 8。

表 7 – 8　　诸因素对民间慈善组织发展的影响程度及排序

影响因素	影响程度	影响程度排序
政治环境	0. 327	1
人力资源管理	0. 282	2
市场营销	0. 132	3
社会环境	0. 102	4
生产运作	0. 059	5
经济环境	0. 048	6
组织基础设施	0. 028	7
技术环境	0. 022	8

在影响民间慈善组织发展的主要因素中，“政治环境”对民间慈善组织发展的影响程度最大。新中国成立后民间慈善组织的兴衰历史很好地说

明了这点。

1949－1978 年是我国民间慈善缺失阶段。1949 年新中国成立后，社会中各项事业百废待兴，为了巩固人民民主政权和集中精力进行社会主义建设，我国学习并套用苏联高度集中的社会管理体制，政府将原有的民间慈善组织或直接取缔或收编国有，进行必要的整顿和改造。自此国家包办救济救灾等相关慈善事务，标志着国家力量全面取代公益慈善组织，民间慈善组织在这段时间销声匿迹。

1978－2005 年是我国民间慈善萌芽阶段。1978 年《光明日报》发表了题为《实践是检验真理的唯一标准》的文章，掀起了全国范围内的真理标准问题大讨论，人们开始更加理性、更加包容的去看待问题。十一届三中全会召开后，作出了改革开放的决策，政治氛围得到缓和、经济开始腾飞、人民思想更加开放，政府对民间社会团体和社会组织的态度有所转变，慈善事业的发展迎来转机。有关机构在 1988 年颁布了《基金会管理办法》，加强对基金会的管理；1989 年颁布了《社会团体登记管理条例》，加强对民间慈善组织的管理；1999 年颁布了《公益事业捐赠法》，这些都为慈善组织的良好发展提供了制度依据和规范。不过，政府不愿意放开对慈善事业的控制，对慈善组织采用双重管理体制，导致这一阶段建立起来的慈善组织大多是官办慈善组织，组织中的领导及工作人员大多具有政府工作背景，且日常运作行政化痕迹明显。但由于在处理社会事务的过程中的力不从心，使得政府不得不将一些自主权还给民间慈善组织，民间慈善处于萌芽阶段。

2005 年至今是我国民间慈善发展壮大阶段。2005 年 3 月，温家宝在第十届全国人大第三次代表会议上所作的《政府工作报告》中指出，政府要支持慈善事业的发展，这是慈善事业第一次被写进政府工作报告，表明了政府对发展慈善事业的重视。2008 年年初发生了雪灾以及 5 月 12 日四川汶川发生了 7.8 级大地震，在全国众志成城抗震救灾中，人们的慈善意识和公民意识被有力唤醒，民间慈善组织参与到救援中来，发挥了重要作用，也让政府重新审视对慈善的态度。2008 年以后，政府开始鼓励民间慈善组织独立自主发展，支持慈善主体的多元化发展。与 2008 年全民慈善的一年相反，2011 年以“郭美美事件”为导火索，官办慈善组织一直以来苦心经营的慈善招牌轰然倒塌。虽然红十字会对此事进行了解释，但公信力下降，官办慈善组织饱受质疑，发展跌入冰点。与此同时，以

“免费午餐”的出现为代表的事件使得民间慈善组织迎来了事业发展的契机，慈善事业发展的格局发生了重大变化。2016 年 3 月，《慈善法》的颁布开启了我国依法治“善”的时代，为慈善事业发展提供了宽松的政治环境和有力的政策支持，迎来了民间慈善组织发展的春天。

人力资源管理通常具有五个功能：一是获取。根据组织目标确定的所需员工条件，通过规划、招聘、考试、测评、选拔、获取组织所需人员。二是整合。通过组织文化、信息沟通、人际关系和谐、矛盾冲突的化解等有效整合，使组织内部的个体、群众的目标、行为、态度趋向组织的要求和理念，使之形成高度的合作与协调，发挥集体优势，提高组织的生产力和效益。三是保持。通过薪酬、考核，晋升等一系列管理活动，保持员工的积极性、主动性、创造性，维护劳动者的合法权益，保证员工在工作场所的安全、健康、舒适的工作环境，以增进员工满意感，使之安心满意的工作。四是评价。对员工工作成果、劳动态度、技能水平以及其他方面作出全面考核、鉴定和评价，为相应的奖惩、升降、去留等决策提供依据。五是发展。通过员工培训、工作丰富化、职业生涯规划与开发，促进员工知识、技巧和其他方面素质提高，使其劳动能力得到增强和发挥，最大限度地实现其个人价值和对组织的贡献率，达到员工个人和组织共同发展的目的。

通过对人力资源管理功能分析可知，民间慈善组织人力资源管理对民间慈善组织发展有着较大影响，人力资源管理的权重排名第二也证明了人力资源管理对民间慈善组织发展的重要性。通过调查发现，当下浙江省民间慈善组织的人力资源管理存在以下主要问题：一是优秀慈善人才招募困难大。民间慈善组织的工作面对政府、媒体、企业、公众、困难群众等多个群体，需要专业技术强，综合素质高的人才。由于优秀慈善人才数量较少，民间慈善组织无法提供优厚的待遇，加上一些慈善人才因社会工作认同度低而转行，导致民间慈善组织难以招募到优秀慈善人才。二是员工能力与岗位需求不符。民间慈善组织的正式工作人员数量通常不多，由于工作任务繁重，一些民间慈善组织不得不采取招募实习生和志愿者的方式来减轻正式员工的工作压力。这种情况造成了民间慈善组织的员工本身能力与岗位需求的素质不符，大大影响了民间慈善组织的服务质量。另外，多数民间慈善组织没有对正式员工能力开发建立一个完善的制度和计划，培训工作随意化。三是绩效考核意识缺乏或不科学。一些民间慈善组织没有对员工进行绩效考核，员工的晋级、加薪没有量化的依据，主要依靠上级的主观评价而非业绩。部分民间慈善组织虽然建立了绩效考核制度，但是绩效考核制度不科学，执行力度不够，久而久之就变成了纸上的规章。与营利性企业相比较，民间慈善组织员工所做的很多工作的效果不是显而易见的，如果没有良好的绩效考核，长此以往，员工就会失去努力工作的动力和激情。另外，不完善、不科学的员工绩效考核使得民间慈善组织员工仅靠个人的责任感去对待组织安排的工作。责任感高的员工在工作时就认真负责一些，责任高不高的员工工作时就缺乏工作热情，工作效率低下，最终影响民间慈善组织发展。由于浙江省民间慈善组织人力资源管理普遍存在上述问题，所以“人力资源管理”对民间慈善组织发展的影响程度排名第二。

营销学大师菲利普·科特勒认为，借鉴市场营销的原理、技巧和方法来推行正确的社会理念和解决社会问题就是社会营销。随着中国经济的发展和有关政策的出台，民间慈善组织面临着前所未有的挑战：政府方面的资源减少，国外慈善组织投资方向由中国转移至亚洲其他国家及非洲，企业自主成立基金会成为可能等，都迫使民间慈善组织不得不放弃以往的“关系募捐”“政策募捐”。面对资金募集困境和由此导致的生存危机，如何通过市场营销手段争取、留住个人捐赠者、志愿者及合作伙伴企业是当前民间慈善组织能否能够继续生存和发展壮大的关键。社会营销对民间慈善组织的重要性，主要体现在以下方面：（1）民间慈善组织需要运用社会营销有效推广慈善组织或机构的使命及愿景，凸显其独特性及形象，以证明组织的存在价值，长期获得公众的认同及支持。这是民间慈善组织其他一切活动之本，是其赖以生存发展的本源。（2）民间慈善组织需要运用社会营销有效地向目标对象推广服务或产品，促使目标对象改变行为，响应、购买或接受产品或服务。（3）民间慈善组织需要运用社会营销募集足够的资源。民间慈善组织的生存和发展离不开资源，而目前最制约慈善组织发展的还是资源的缺乏，这里的资源即包括物质资源，比如资金、实物、办公场所等，也包括非物质资源，比如知名度以及和企业、政府、媒体等良好的互动关系等。由于市场营销对民间慈善组织发展比较重要，所以“市场营销”对民间慈善组织发展的影响程度位列第三。

社会环境包括社会道德风尚、文化传统、价值观念、文化教育等，它们影响着民间慈善组织的发展。我国公民社会的发展水平落后于西方发达国家，西方发达国家慈善氛围浓厚，公民从小受到熏陶，觉得慈善是每个社会公民应尽的责任和义务，积极参与到慈善事业中去，而中国慈善氛围不浓厚，公民慈善意识薄弱，参与慈善事业的积极性不高。究其原因有以下几点：首先，中国长期的小农经济造就了国人封闭的财富观，中国人讲究子承父业和财产的代代相传。即使有慈善行为也大多发生在亲戚朋友之间，而对陌生人缺少应有的关爱。这种熟人慈善不符合现代慈善的发展理念。其次，政府在目前的慈善事业发展中占据主导地位，很多人认为扶贫济困是政府和有钱人的事，跟自己没关系，大部分人还没有把慈善事业与个人联系起来，慈善意识淡薄。同时社会上一些人有仇富心理，“人不露富，树大招风”早就成为一种训诫，因此很多富豪不愿因露富给自己带来不必要的麻烦。由于以上种种现象，所以“社会环境”对民间慈善组织发展的影响程度位列第四。

第三节 地方政府促进民间慈善组织发展的措施

地方政府支持民间慈善组织发展能够促进民间慈善组织参与社会救助。如前所述，“政治环境”“人力资源管理”“市场营销”“社会环境”是影响民间慈善组织发展的主要因素，且“政治环境”对民间慈善组织发展的影响程度最大。这意味着政府的所作所为对民间慈善组织发展有着举足轻重的影响。为了有效促进浙江省民间慈善组织发展，地方政府要采取以下措施：

一、构建民间慈善组织发展政策方案规划水平提升机制

作为一种“对全社会价值作权威性的分配”的方式，任何社会的经济繁荣、政治发展和社会进步，均离不开一定的合理的公共政策的指导和调控。公共政策是政府进行公共事务管理的主要手段和方式，政府对民间慈善组织的管理也不例外。对民间慈善组织而言，政府制定的政策是最重要的政治环境，建国以来我国民间慈善组织的兴衰与当时政府出台的相关

政策密切相关。地方政府通常通过制定相关政策来影响民间慈善组织的发展。方案规划是政策制定过程中的一个最重要环节，政策问题一旦被提上议事日程，接着就进入了方案规划阶段。为了提高促进浙江民间慈善组织发展的相关政策方案规划水平，地方政府在进行相关政策方案规划时要遵循以下原则：

一是信息完备原则。信息是方案规划的基础和依据，方案规划实际上就是一个与政策有关的信息的输入－处理－输出的过程。信息的搜集、加工和处理，贯穿于方案规划的整个过程。无论是问题界定、目标确定，还是方案设计、方案择优或者是方案实施过程中的补充、修正或调整，都必须建立在全面、准确的信息资料基础上。政策的科学性是与信息的全面性、真实性成正比的，充分、及时而准确地占有信息是方案规划活动成功的根本保证。

二是系统协调原则。任何事物都处于普遍联系之中，政策本身可以看成一个系统，而且它也不是孤立存在的，是与其他政策相联系，处于一个政策体系之中。地方政府在进行促进民间慈善组织发展政策方案规划时，要从系统论的观点出发，进行综合的分析，要注意各项政策之间的相互联系、相互影响、相互制约关系。

三是科学预测原则。预测是方案规划的前提，是方案规划过程中一个必不可少的环节。预测是由过去和现在推知未来，由已知推知未知。对事物未来的发展趋势及其结果的正确与否做出判断，在很大程度上决定着政策的成败。地方政府在方案规划中只有运用科学预测，对于未来条件变化、方案执行结果及其影响等方面进行预测分析，才有可能制定出能够促进民间慈善组织发展的政策。

四是现实可行原则。政策是要付诸实施的，要实施就得具备实施的现实条件。地方政府要充分占有各方面的实际资料，根据现有人力、物力、财力、时间等主客观条件以及发展过程的种种变化，对促进民间慈善组织发展政策方案进行政治、经济、技术、文化、伦理等方面的可行性分析，从而使方案建立在牢固的现实条件基础上，使方案的实施具有可操作性并有成功的最大可能性。

五是民主参与原则。民主的内涵与实质是权力的分享。方案规划中的民主原则首先就体现在促进民间慈善组织发展政策是否能够真正反映民间慈善组织的要求和愿望。坚持民主原则，还要求保证民间慈善组织参与相关政策制定的各个活动环节。

六是稳定可调原则。政策作为一种社会生活的指导原则，要有一定的连续性和稳定性，要考虑与原有政策的衔接和过渡，避免朝令夕改，大起大落，影响民间慈善组织发展。另外，地方政府在进行促进民间慈善组织发展政策方案规划时要从长远出发，给政策留有余地，具有适当的可以调节的弹性，并根据对未来情况做出的预测，准备好应变措施。尤其是要注意政策执行过程中的信息反馈，一旦发现政策与客观情况不相适应，就应及时调整。

二、完善高校培育慈善人才的引导、鼓励机制

如前所述，浙江省民间慈善组织人力资源管理存在优秀慈善人才招募困难大、员工能力与岗位需求不符等问题。高校是培养专业人才的主要机构，地方政府要引导、鼓励当地高校积极开设相关慈善课程。目前，高校本科人才培养模式分为三种：

一是“2+2跨专业培养模式”，代表高校为北京师范大学珠海分校。该模式采取“2+2”模式实现跨专业人才培养，前面两年在原专业修读学科基础课与专业主干课，从第三年开始择优录入宋庆龄公益慈善教育中心修读“公益慈善事业管理专业方向”课程，如“金融+公益慈善事业管理”“应用心理学+公益慈善事业管理”“传播学+公益慈善事业管理”。毕业后不独立授予学位和毕业证书，提供写实性结业证书，或毕业证书专业名称上标明“公益慈善事业管理专业方向”。

二是“四年制专业方向培养模式”，代表高校为北京师范大学珠海分校、南京工业大学浦江学院。该种模式采取的是在公共事业管理专业设置“公益慈善管理方向”，面向全国招录四年制本科生，按照公益慈善管理专业方向的要求设置课程体系，独立组织教学管理，在课程设置与教学管理都具有较大的独立性。

三是“辅修双学位模式”，代表高校为深圳大学。该种模式采取依托行政管理专业以辅修、双学位、双专业的方式开设公益创新专才班，于2015年6月首办，招录30人。该模式按照跨专业修读课程，引进创客教育等创业教育课程，设置“管理学基础课程+公益慈善特色课程”。学生完成相应标准学分的修读，可在毕业时授予管理学双学位或行政管理双专业证书，并获颁公益创新专才班结业证书。为了让更多的大学生接触、了

解慈善事业，以及为社会输送更多的具有一定慈善知识和素养的实习生、志愿者甚至优秀慈善人才，地方政府可以引导、鼓励浙江省高校采取“2 +2 跨专业培养模式”或者“辅修双学位模式”。

三、对民间慈善组织实施“凭单制”

社会上有一些中介服务机构，专门为营利组织和非营利组织提供包括人力资源管理、市场营销在内的管理咨询服务。由于目前浙江省民间慈善组织人力资源管理水平不高，市场营销能力低下，且因民间慈善组织财力不足难以招募到相关管理优秀人才，所以地方政府部门可以通过实施“凭单制”来提高民间慈善组织的人力资源管理水平和市场营销能力，即浙江省民政部门向无力承担人力资源管理咨询费用、市场营销咨询服务费用的民间慈善组织免费发放相关“服务券”，这些民间慈善组织凭券向社会上的人力资源管理服务中介机构、市场营销服务中介机构购买相关服务。然后，浙江省民政部门根据人力资源管理中介机构或市场营销中介服务机构拥有的“服务券”数量向其支付一定数额服务费。与直接给相关服务中介机构财政补贴相比，“凭单制”能够确保民间慈善组织得到高质量的相关管理咨询服务。

四、构建政府向民间慈善组织购买服务机制

地方政府向慈善组织购买服务不仅可以解决慈善组织资金紧张问题，还可以通过购买服务引导慈善组织改善服务质量，从而最终促进慈善组织发展。不过，地方政府在购买服务时可能存在一些风险：一是容易产生权力“寻租”，滋生腐败；二是可能造成监管失效；三是可能形成新的垄断。为了规避上述风险，促进地方政府公共服务外包健康发展，地方政府要采取以下措施：一是引入正当法律程序遏制腐败；二是优化外包合同的监督与评估机制；三是强化政府监管职责，建立担保责任。

五、构建慈善文化教育机制

在大灾大难面前中国人民往往具有凝聚力，爱心和善心爆棚，然而在日常生活中却缺少对陌生人的关心。地方政府应该培训公民的慈善意识，鼓励以中小学校为代表的教育机构将慈善文化纳入教学内容中去，开设公益慈善类学习课程。中小学校可以借鉴西方发达国家的经验，将参与慈善

活动作为综合素质评价的重要指标，或者将参与志愿服务的时长作为升学的优先条件。引导学生从小树立慈善意识，积极参加志愿活动，培养参与慈善活动的习惯，充分认识到慈善是每个公民的权利和责任。与此同时，地方政府要矫正民众旧的慈善观念，让民众认识到慈善是建立在自愿的基础上，它是一种责任，而不是一种强加的负担或者必须完成的任务；对于那些需要帮助的人来说，贡献出时间精力提供服务带来的心理慰藉与捐钱捐物带来的物质保障同等重要；要让民众树立正确的捐赠态度，捐赠时不需要管别人捐多少，不要攀比，根据自身情况量力而行；要让民众意识到慈善不只是帮助别人，自己也会受益，帮助他人能够带来成就感和幸福感，对生活满意度更高，长期做公益有利于身体健康。

第四节 地方政府提升社会工作的社会认同度的对策

如前所述，一些慈善人才因社会工作的社会认同度低下而改行，不愿从事慈善事业。故笔者进一步对地方政府提升社会工作的社会认同度问题进行研究。

目前，包括慈善组织在内的非营利组织人力资源管理普遍存在一些问题。这些问题无疑会影响非营利性组织发展，进而影响其参与社会救助的能力和意愿，故笔者进一步对非营利组织人力资源管理进行研究。

一、社会工作社会认同度的模糊综合评价

（一）模糊综合评价法简介

社会工作是以利他主义价值观为指导，以科学的知识为基础，运用科学方法助人的服务活动。社会工作社会认同度包含两个方面含义：从社会工作者角度来看，社会工作社会认同度是指社会工作者对自身职业的满意和认可程度；从社会角度来看，社会工作社会认同度是指公众对于社会工作职业价值的认知程度。明确目前社会工作社会认同度是有效改善社会工作社会认同度的基础。根据社会工作社会认同度含义可知，在社会工作社

会认同度评价中不少指标因不宜精确地描述，具有极大的模糊性而给评价带来了困难。模糊综合评价法能够有效解决这个问题。模糊综合评价法是应用模糊集合论方法对决策活动所涉及的人、物、事、方案等进行多因素、多目标的评价和判断。模糊综合评价法作为模糊数学的一种具体应用方法，最早是由我国学者汪培庄提出的。模糊综合评价法大致分为两步：一是按每个因素单独评价；二是按所有因素综合评价。

（二）实证研究

1. 评价因素集、权重集和评价集的建立

根据社会工作社会认同度含义，社会工作社会认同度可以分为社会工作者自我职业认同度、公众（除了社会工作者、案主之外的广大群众）对社会工作认同度以及案主对社会工作者认同度等三个方面。社会工作者自我职业认同度可以从职业前景信心度、职业价值、职业待遇等三个方面来评价。公众对社会工作认同度可以从社会工作认知度、社会工作效能认同度等两个方面来评价。案主对社会工作者认同度高低主要取决于社会工作者提供的相关服务质量。关于服务质量，服务质量管理学者帕拉休拉曼（A. Parasuraman）、泽丝曼尔（Zeithaml）和白瑞（Berry）认为可以从有形性、可靠性、响应性、安全性和移情性等五个方面来评价。有形性是指服务被感知的部分，如提供服务用的各种设施等。由于服务的本质是一种行为过程，而不是某种实物形态，因而具有不可感知的特征。因此，客户正是借助这些有形的、可见的部分来把握服务的实质。有形部分提供了有关服务质量本身的线索，同时也直接影响到客户对服务质量的感知。可靠性是指服务供应者准确无误地完成所承诺的服务。客户认可的可靠性是最重要的质量指标，它与核心服务密切相关。响应性主要指反应能力，即随时准备为顾客提供快捷、有效的服务。安全性是指服务人员良好的服务态度和胜任工作的能力，增强客户对企业服务质量的信心和安全感。服务人员良好的服务态度会使客户感到心情愉快，自然会影响客户的主观感受，从而影响客户对服务质量的评价。移情性是指服务供应者能设身处地为客户着想，努力满足客户的要求。这便要求服务人员具有职业精神，想客户之所想，急客户之所需，了解客户的实际需要，千方百计予以满足，给予客户充分的关心和体贴，使服务过程充满人情味，这便是移情性的体现。根据社会工作的特点，案主对社会工作者认同度可以从可靠性、安全性、移情性等三个方面来评价。根据以上分析，可以得出社会工作社会认同度指标体系，各指标权重运用德尔菲法通过询问高校的社会工作专家、民政局的相关工作人员以及资深社会工作师得出。具体见表 7－9。评价集由“非常高”“高”“中等”“低”“非常低”组成，评价集能够较好反映被调查者对相关指标的认同度。

表 7－9　　社会工作社会认同度评价指标体系

社会工作社会认同度	社会工作者自我职业认同度（权重 40%）	职业前景信心度（权重 30%）
		职业价值（权重 30%）
		职业待遇（权重 40%）
	公众对社会工作认同度（权重 30%）	社会工作认知度（权重 50%）
		社会工作效能认同度（权重 50%）
	案主对社会工作者认同度（权重 30%）	社会工作者可靠性（权重 40%）
		社会工作者安全性（权重 30%）
		社会工作者移情性（权重 30%）

笔者根据表 7－9 制作出《社会工作者自我职业认同度调查问卷》《公众对社会工作认同度调查问卷》《案主对社会工作者认同度调查问卷》。浙江省有杭州、宁波、温州、嘉兴、湖州、绍兴、舟山、金华、衢州、台州、丽水等 11 个地级市，在每个地级市笔者向 100 名社会工作者发放《社会工作者自我职业认同度调查问卷》，11 个地级市共计发放 1100 份；向 100 名公众发放《公众对社会工作认同度调查问卷》，11 个地级市共计发放 1100 份；向 100 名案主发放《案主对社会工作者认同度调查问卷》，11 个地级市共计发放 1100 份。

2. 模糊评价

按照模糊综合评价法的步骤，建立评价因素集、权重集和评价集后，确定各评价矩阵 Ri。整理回收的调查问卷，由统计的数据百分数可得出三个单因素评价矩阵：

$$社会工作者自我职业认同度\ R_1 = \begin{vmatrix} 0.18 & 0.35 & 0.29 & 0.12 & 0.06 \\ 0.28 & 0.32 & 0.26 & 0.14 & 0 \\ 0 & 0.11 & 0.34 & 0.36 & 0.19 \end{vmatrix}$$

$$公众对社会工作认同度\ R_2 = \begin{vmatrix} 0.04 & 0.12 & 0.20 & 0.38 & 0.26 \\ 0.11 & 0.23 & 0.36 & 0.2 & 0.1 \end{vmatrix}$$

$$案主对社会工作者认同度\ R_3 = \begin{vmatrix} 0.12 & 0.27 & 0.34 & 0.21 & 0.06 \\ 0.15 & 0.22 & 0.36 & 0.25 & 0.02 \\ 0.2 & 0.35 & 0.23 & 0.17 & 0.05 \end{vmatrix}$$

把以上三个单因素评价矩阵及其相应权重值代入模糊评价模型 B = A ∗ R，取 ∗ 为 M（·，+）即普通矩阵乘法，得出：

社会工作者自我职业认同度 B_1 =（0.138，0.245，0.301，0.222，0.094）

公众对社会工作认同度 B_2 =（0.075，0.175，0.28，0.29，0.18）

案主对社会工作者认同度 B_3 =（0.153，0.279，0.313，0.21，0.045）

由此得：

$$\overline{R} = \begin{vmatrix} B_1 \\ B_2 \\ B_3 \end{vmatrix} = \begin{vmatrix} 0.138 & 0.245 & 0.301 & 0.222 & 0.094 \\ 0.075 & 0.175 & 0.28 & 0.29 & 0.18 \\ 0.153 & 0.279 & 0.313 & 0.21 & 0.045 \end{vmatrix}$$

根据模糊评价模型 B = A ∗ R，取 ∗ 为 M（·，+），得出：

$$\overline{B} = (0.4,\ 0.3,\ 0.3) * \begin{vmatrix} 0.138 & 0.245 & 0.301 & 0.222 & 0.094 \\ 0.075 & 0.175 & 0.28 & 0.29 & 0.18 \\ 0.153 & 0.279 & 0.313 & 0.21 & 0.045 \end{vmatrix}$$

$$= (0.1236,\ 0.2342,\ 0.2983,\ 0.2388,\ 0.1051)$$

通过模糊综合评价法可知，在社会工作社会认同度调查中，有12.36%的被调查者对社会工作社会认同度非常高，23.42%的被调查者对社会工作社会认同度高，29.83%的被调查者对社会工作社会认同度是中等，有23.88%的被调查者对社会工作社会认同度低，10.51%的被调查者对社会工作社会认同度非常低。根据模糊综合评价最大隶属度原则，被调查者对社会工作社会认同度总体上是“中等”。

3. 实证结果分析

第一，社会工作者自我职业认同度分析。在社会工作者自我职业认同度调查中，有13.8%的社会工作者对社会工作职业认同度非常高，有24.5%的社会工作者对社会工作职业认同度高，有30.1%的社会工作者对社会工作职业认同度是中等，有22.2%的社会工作者对社会工作职业认同度低，有9.4%的社会工作者对社会工作职业认同度非常低。根据模糊综合评价最大隶属度原则，社会工作者对社会工作职业认同度总体上是“中等”。

笔者在调查中发现，大多数社会工作者相信社会工作具有美好的职业前景，社会工作者的“春天”迟早会到来。他们坚信随着经济社会的不断发展，社会工作在这个社会中将扮演越来越重要的角色，构建社会主义和谐社会需要社会工作的存在和社会工作事业的不断发展，未来社会工作将会成为人人羡慕的行业。正如一个社会工作者所说：“社会工作的前景非常广阔。从理论上讲，社会工作专业就业范围很宽，机关、企事业单位、公益组织、社区、学校、医院甚至军队，只要有人的地方就需要社会工作。经济越发达，社会越进步，就越需要专业社会工作，因此社会工作者的就业前景还是光明的。另外，社会工作专业学习对个人的心理健全、人格完善、客观科学看待和处理复杂社会问题的能力提高具有积极的意义，只要人真正强大了，还有什么职业做不好呢?”所以，有18%的社会工作者的职业前景信心度非常高，有35%的社会工作者的职业前景信心度高，有29%的社会工作者的职业前景信心度是中等，有12%的社会工作者的职业前景信心度低，只有6%的社会工作者对社会工作职业认同度非常低。

通过对被调查者的访谈，笔者了解到多数社会工作者在工作中有很强的成就感与自我满足感，认为通过自己的工作实现了助人自助的目的。虽然他们的工作压力较大，但是在这个过程中他们不仅帮助了案主，还体现自己的社会价值，促使更多的人去关注弱势群体。调查数据显示，有28%的社会工作者认为社会工作职业价值非常高，有32%的社会工作者认为社会工作职业价值高，有26%的社会工作者认为社会工作职业价值是中等，有14%的社会工作者认为社会工作职业价值低，没有社会工作者认为社会工作职业价值非常低。

薪酬待遇是社会工作者普遍关注的问题。2018年1月10日上海青翼社会工作人才服务中心发布的《青翼第五期全国社工发展调研之工资调研报告》显示，从行业来看，社会工作领域的平均工资为每月3975元，在29个行业中排在第24位。而排名最高的IT管理/项目协调行业的月平均工资则为14127元，两者的差距无疑是巨大的。七成以上是本科的社会工作者拿着3975元的月平均工资，仅有北京、上海、广东、福建等9个省份的社会工作者月平均工资高于这个数。排在前三位的是北京的7256元，上海的7200元，广东的6250元。第四位的福建为5850元。浙江、重庆、天津、江苏、海南等五地社会工作者的月平均工资在4000多元。笔者通过调查发现，浙江省内，杭州、宁波地区的社会工作者的待遇相对较高，其他地区的社会工作者的待遇则不高。所以，没有社会工作者认为职业待遇非常高，只有 11% 的社会工作者认为职业待遇高，有 34% 的社会工作者认为职业待遇是中等，有 36% 的社会工作者认为职业待遇低，有 19% 的社会工作者认为职业待遇非常低。

第二，公众对社会工作认同度分析。在公众对社会工作认同度调查中，有 7.5% 的公众对社会工作认同度非常高，有 17.5% 的公众对社会工作认同度高，有 28% 的公众对社会工作认同度是中等，有 29% 的公众对社会工作认同度低，有 18% 的公众对社会工作认同度非常低。根据模糊综合评价最大隶属度原则，公众对社会工作认同度总体上是“低”。

目前，公众对于社会工作的认识依然不足，社会工作的社会认知度低。大部分人不了解社会工作具体是干什么的，一些人认为社会工作可以从事社会上的所有工作，一些人把社会工作当作志愿服务工作。正如一位社会工作者所说：“社会工作这个职业认知度是比较低的，毕业的时候我也尝试着找过一些其他的工作，用人单位面试时问我的第一个问题永远都是社会工作是一个做什么的专业。”调查数据显示，有 4% 的公众对社会工作认知度非常高，有 12% 的公众对社会工作认知度高，有 20% 的公众对社会工作认知度是中等，有 38% 的公众对社会工作认知度低，有 26% 的公众对社会工作认知度非常低。

社会工作出售的“商品”是“服务”，服务的对象是人。而我国公众受几千年传统思想的影响，有困难一般都会选择在初级群体当中获得帮助。对于社会工作者的帮助，多数公众还不能从思想上接受，很少尝试向社会工作服务机构求助，社会服务机构的项目和宣传也没有办法覆盖到所有公众，因此，一些公众无法切身体会社会工作职业的服务有效性，认为社会工作没有用，导致公众对社会工作效能认同度是中等。调查数据显示，有 11% 的公众对社会工作效能认同度非常高，有 23% 的公众对社会工作效能认同度高，有 36% 的公众对社会工作效能认同度是中等，有 20% 的公众对社会工作效能认同度低，有 10% 的公众对社会工作效能认同度非常低。

第三，案主对社会工作者认同度分析。在案主对社会工作者认同度调查中，有 15.3% 的案主对社会工作者认同度非常高，有 27.9% 的案主对社会工作者认同度高，有 31.3% 的案主对社会工作者认同度是中等，有 21% 的案主对社会工作者认同度低，有 4.5% 的案主对社会工作者认同度非常低。根据模糊综合评价最大隶属度原则，案主对社会工作者认同度总体上是“中等”。

总体而言，我国社会工作职业队伍素质不高。根据劳动与社会保障部门的统计，全国30余万社会工作者中三分之一的学历在大专以下。多数承担社会工作职业服务的人员都是从其他职业和岗位转过来的，属于“半路出家”。真正学习社会工作专业科班出身又从事社会工作职业的人年龄相对偏轻，缺乏足够的社会工作实践经验。浙江省也存在类似问题，从而导致社会工作服务的可靠性总体上是中等。调查数据显示，有12%的案主认为社会工作服务的可靠性非常高，有27%的案主认为社会工作服务的可靠性高，有34%的案主认为社会工作服务的可靠性是中等，有21%的案主认为社会工作服务的可靠性低，有6%的案主认为社会工作服务的可靠性非常低。

服务营销学中的服务价值链理论认为，要想让组织外部顾客满意，首先要让组织内部顾客满意。显然，案主对于社会工作服务满意度的高低取决于提供相关服务的社会工作者工作满意度高低。目前，社会工作者的待遇普遍低下，影响了其对案主的服务态度和工作热情。目前，一些社会工作机构的薪酬体系处于类似“大锅饭”阶段，薪酬层级的个体间差距小，工作做多做少、做好做坏都不太影响工资收入水平，导致社会工作者只追求完成服务指标数量而忽视包括服务态度在内的服务质量以及提高工作技能的意愿。另外，多数社会工作机构内部的绩效考核机制存在着很多不科学、不合理、不规范的地方，造成在职社工晋升机会的不平等和绩效工资的不公平，影响了社会工作者在服务案主过程中的服务态度。通过问卷调查发现，有15%的案主认为社会工作服务的安全性非常高，有22%的案主认为社会工作服务的安全性高，有36%的案主认为社会工作服务的安全性是中等，有25%的案主认为社会工作服务的安全性低，有2%的案主认为社会工作服务的安全性非常低。

社会工作者的工作原则要求其对服务对象的接纳。接纳不等于认同，它是指社会工作者对服务对象在价值观与个人背景特征等的一种包容，是建立专业助人关系的重要前提。在专业服务过程中，社会工作者要从内心接纳服务对象，将他们看作是工作过程中的重要伙伴，对服务对象的价值偏好、习惯、信仰等都应保持宽容与尊重的态度，决不因为服务对象的生理、心理、种族、性别、年龄、职业、社会地位、信仰等因素对他们有任何歧视，更不能因为上述原因而拒绝为服务对象提供社会服务。通过问卷调查发现，多数社会工作者在工作中能够较好地秉持对服务对象接纳的工作原则。有20%的案主认为社会工作服务的移情性非常高，有35%的案主认为社会工作服务的移情性高，有23%的案主认为社会工作服务的移情性是中等，有17%的案主认为社会工作服务的移情性低，有5%的案主认为社会工作服务的移情性非常低。

二、地方政府提升社会工作社会认同度的主要对策

（一）提高社会工作者的职业待遇

在八个评价指标中，职业待遇的权重与其他评价指标权重相比最大，为16%。而且，调查数据显示社会工作者职业待遇低下。可见，提高社会工作者职业待遇是地方政府提升社会工作认同度的着力点之一。我国社会工作者的薪酬主要依靠政府购买社工服务的公共财政支出。政府通过公益招投标这一具体形式购买社工服务，社工通过社工机构这一载体，获取相应薪酬和福利支持。目前，浙江省民政厅按照国务院和财政部、民政部有关政府购买服务政策要求，已将社会工作列入政府购买服务目录。浙江省各地也建立了以政府购买社会工作服务项目和社工岗位为主要形式的财政支持机制。一些城市例如嘉兴等地将社会工作经费是否列入财政预算，作为市委市政府考核县（市、区）年度工作的一项重要指标。浙江省各级福彩公益金对政府购买社会工作服务的支持力度也逐年加大，重点支持引导性、示范性、创新性社会工作服务项目，发挥种子和杠杆作用。地方政府要在现有财政支持政策基础上加大政府购买社会工作服务项目和社工岗位的力度，并把社会工作经费是否列入财政预算作为考核浙江省各级地方政府年度工作的一项重要指标，避免一些政府部门出于自身利益考虑而不愿把服务外包出去。而且，地方政府要倡导公民个人、企业积极向社会工作机构捐赠，鼓励企业把员工帮助计划（EAP）等企业内部服务工作外包给社会上相关社会工作机构，并把企业捐赠额度以及企业内部服务工作外包作为地方政府考核企业承担社会责任的指标之一，对一些企业社会责任考核优秀的企业在税收、企业用地等方面给予一定支持。

另外，地方政府要鼓励社会工作服务朝“无偿、低偿、有偿相结合”的方向发展，适当收取部分费用，这不仅有利于提高服务质量，也会保证服务对象的主客观投入。

（二）提高公众对社会工作认知度

社会工作认知度的权重在八个评价指标中位列第二，为15%。调查数据显示，公众对社会工作认知度低。显然，提高公众对社会工作认知度也是地方政府提升社会工作认同度的着力点之一。近年来，浙江省各级民政部门利用各种机会，大力普及社会工作知识，积极宣传社会工作理念，扩大社会工作影响。以每年“国际社工日”为契机，通过广场宣传、主题沙龙、拍摄微电影、社工服务等多种形式，开展了声势浩大的社会工作主题宣传活动，使公众更多地关注身边的社工，了解和支持社会工作。

媒体是民众了解社会工作的第一大渠道，地方政府提高公众对社会工作认知度首先要积极发挥好各类新闻媒体的作用，借助媒体的力量进行广泛传播，增加社会公众的认同感，营造全社会关心支持社会工作发展的良好氛围。各级地方政府要设置部门专门负责宣传社会工作，制订具体方案，要求各地区相关单位严格落实，并将其纳入市（县）相关工作考核中。地方政府可以采用座谈会、培训班、知识竞赛等形式加强对社会工作知识的普及与专业服务的宣传，宣传社会工作的价值理念、基本方法和实务技巧，宣传近年来涌现出来的社会工作典型事迹和先进人物。要定期组织开展优秀社会工作服务项目评选，增强社会各界对社会工作服务的认同与支持。要定期举办社会工作宣传周、项目推介会、展示会、公益创投等活动，为社会工作服务的经验交流、项目推广创造条件。这不仅能够提高公众对社会工作的认知度，还可以改善公众对社会工作效能的认同度。地方政府要在大中小学课本中加入社会工作相关内容，让公众从小就了解，接触社会工作。

（三）努力提高社会工作者的相关技能

社会工作者社会工作效能认同度的提高取决于社会工作者的相关技能水平。通常，社会工作者应具备六大能力：一是问题评估能力。社会工作者通过和案主的多次接触，对案主问题的根本原因有所判断，对是否有相关资源帮助案主解决问题有所判断，对是否超出机构服务范围有所判断的能力。二是资源整合能力。社会工作中的资源整合，是指社会工作者或机构在专业理念指导下，根据案主需求，对案主身边、社区周边的资源，通过有效的争取和合并，以为案主增能所用。三是专业角色扮演能力。社会工作中的角色扮演，是指社会工作者在助人过程中或执行计划中去充当某个角色或某些角色，以使让案主得到更好的服务和效果。由于案主的问题不同，所需要的帮助不同，因此社会工作者在其介入过程中，面对不同的工作阶段以及不同问题，扮演的角色也会不同。四是同理与沟通能力。同理是一种设身处地的态度，能够站在他人的立场来理解其行为与感受。在某些程度上，同理的程度越高，社会工作者与案主之间的心理距离越近，彼此的信任关系就越强，工作就越富有成效。五是处理突发事件能力。社会工作中的突发性事件主要是在助人过程中遇到的意外问题和纠纷。作为社会工作者，需要理性冷静地处理，并引导案主按照预期计划实行。六是自我调节学习的能力。自我调节学习是指社会工作者为提升自身素质和技能，通过主动运用与调控认知、动机与行为的过程。社会工作者的自我学习强调社会工作者能积极激励自己用合适的策略进行学习。

为了提高社会工作者的上述六大能力，地方政府可以借鉴杭州师范大学与地方政府共建社会工作专业人才培训基地的做法，积极与相关高校建立社会工作培训基地，引导高校在培养社会工作人才中着重培养以上六大能力，加强社会工作督导培养，积极引进省外资深社会工作督导，选送浙江省优秀督导人才参加各类研修实训。另外，地方政府部门可以采取“凭单制”向社会培训机构购买相关培训服务。即民政部门向无力承担培训费用的民间社会工作机构免费发放相关“服务券”，这些民间社会工作机构凭券向社会培训机构购买相关培训服务。民政部门根据社会培训机构拥有的“服务券”数量向其支付一定数额培训服务费。

第五节 非营利组织人力资源管理存在的问题及对策①

一、非营利组织人力资源管理存在的问题

非营利组织公益性的特点给其内部人力资源管理带来了巨大的挑战。

① 本节内容发表在2016年第29期《现代商业》上，论文标题为《我国NGO人力资源管理困境对策研究——基于“钻石模型”的视角》，作者：陈恺宇、唐果。

笔者从人力资源管理六大模块角度逐一审视我国非营利组织人力资源管理存在的问题并分析其成因。

（一）非营利组织的人力资源存量方面的问题

由于我国尚没有建立非营利组织从业人员的统计制度，因此只能通过相关文献资料记载进行粗略统计。《2014 年社会服务发展统计公报》数据显示，截至 2014 年，我国的非营利组织约为 52 万个，而专职工作人员不足 50 万人。以我国人口 14 亿为基数计算，这意味着每个非营利组织的专职人员所服务的人员数量至少为 280 人，造成服务质量难以保证。非营利组织内部人员一般由专职人员、兼职人员和志愿者等三类人组成。民政部民间组织服务中心曾经作过统计，目前我国非营利组织中专职人员不足 3 成，且在职人员平均年龄普遍超过 38 岁，年龄偏大。综合来看，目前我国非营利组织人力资源存量普遍存在的突出问题是：从业人员数量少、年龄大，专职人员与后备人才数量远远不能满足经济社会发展的需要，这在很大程度将会制约非营利组织的社会效能发挥。

造成这些问题的原因在于：一是非营利组织专职从业者薪资偏低。以浙江省杭州市社工群体为例，应届毕业生如果从事专职社工工作，年薪不足 3 万元。即便是非营利组织负责人，其年收入也不到 6.2 万元。收入普遍偏低成为我国非营利组织人才储备不足的直接诱因。二是非营利组织内部缺乏相应的留人机制和引才机制。针对目前存在“血汗做公益”的尴尬，许多非营利组织负责人表现出无奈。三是非营利组织专职人员身份尴尬。他们有时承担着一定的政府职责，但没有享受到公务员或者相关事业单位人员的待遇，使得他们觉得不公平，从而造成非营利组织留人难局面的出现。

（二）非营利组织引才机制方面的问题

目前我国非营利组织内部人力结构已经出现人才断层的危机，如何吸引更多年轻人和有较为丰富管理经验的中年骨干已经成为亟须解决的问题。放眼国内，目前非营利组织主要依靠大规模的选聘人才计划来充实队伍。以南都基金会实施的“银杏伙伴成长计划”为例，该计划的目标是为罕见病关爱、打工者服务、公益组织建设、农村发展、环保等领域进行专职负责人的招募。招聘信息发出后收到了 80 多份自荐书。这种做法的一个突出优势是短时间内可以满足非营利组织对于各类人才的需求，但是这种运动式的引才缺乏一种长效运作机制，其可持续性有待商榷。可见，单一的引才机制和组织留人困难造成了“中壮年留不住，年轻人引不来”的尴尬局面。对于一个非营利组织而言，没有专职人员的发展而只靠志愿者的一腔热忱是很难保证和管控其所提供的服务质量，会制约其长远发展。

（三）非营利组织专职人员培训与开发方面的问题

组织内培训与开发是指企业通过各种方式使员工具备完成现在或者将来工作所需要的知识、技能，并改变他们的工作态度，以改善员工在现有或将来职位上的工作业绩，最终实现企业整体绩效提升的一种计划性和连续性的活动。目前我国非营利组织内部培训制度力度远远不能满足需求。以中国残联为例，中国残疾人联合会于 2014 年下发了《中国残联机关培训费管理办法》，其中第三章第九条规定残联机关参与组织培训的工作人员应控制在参训人员数量的 5% 以内，最多不超过 10 人。对全国需要帮扶的 8500 万残疾人而言，这个数字可谓杯水车薪。可见，我国非营利组织专职人员受训机会和比例过低，其自身从业技能难以得到有效提升，更谈不上开发。除此之外，培训力度不足还会引发一系列人力资源管理问题，如人员管理松散、凝聚力不强；内部绩效难以得到改善等。

（四）非营利组织专职人员绩效考核方面的问题

作为员工行动的指挥棒，绩效考核在组织内部管理中发挥着十分重要的作用。由于非营利组织专职人员特殊的工作特性，加之待遇低，许多非营利组织对于专职人员的绩效考核呈现出“不敢考核”的尴尬局面。非营利组织负责人担心一旦设立明晰苛严的考核指标，专职人员更加难以留存。因此，非营利组织对专职人员的考核指标往往模糊化，绩效目标导向性不明确，使得绩效考核流于形式。以南京市凤凰街道圆梦残疾人托养中心为例，其专职人员的绩效考核只停留在工作说明书的岗位职责，没有更深入地进行指标细化与量化，导致该中心专职人员的绩效考核等级评定完全靠负责人的主观臆断，缺乏科学性和严谨性。这种绩效结果不但难以令人信服，而且无助于专职人员的绩效改善。

（五）非营利组织专职人员薪酬管理方面的问题

我国非营利组织专职从业人员薪酬普遍偏低已是不争的事实。非营利组织薪酬对外没有任何竞争性可言，加之绩效考核的不严谨不科学，对内也逐渐丧失公平性。根据《2014 中国公益行业人才发展现状调查》显示，三成的公益组织没有交社保，能交齐五险一金的组织只有 31.6%。2014 年公益行业从业人员平均薪酬为 3998 元，普遍低于城镇职工平均薪酬。不但如此，非营利组织专职人员享受社会保险福利普遍较差，即使有部分非营利组织给专职员工购买社会保险，其缴纳社保费用的档次也是最低一档，保障力度远远不够。从薪酬带宽上看，薪酬差异不明显导致薪酬激励内驱力不足。

（六）非营利组织专职人员劳动关系管理方面的问题

我国在 2008 年 1 月 1 日正式实施的《中华人民共和国劳动合同法》在很大程度上规范了企事业单位的用工制度，同时也保护了劳动者的合法权益。然而，我国非营利组织与其专职人员的劳动合同签订率不足三成。这种情况对于非营利组织来说存在很大的用工风险，对于其专职人员而言得不到用工保护。非营利组织劳动合同签订率低的主要原因有两个方面：一方面，我国一些非营利组织特别是民间非营利组织没有把自己看作“用人单位”，认为自己只是一个松散的团体聚合而不是严格意义上的机构单位。因此，许多民间非营利组织没有履行工商行政管理局或是民政局的申请报批手续，更谈不上与其从业人员签订劳动合同。另一方面，由于非营利组织本身特有的公益属性，其高层人员认为不管是志愿者还是专职人员都应该提供一种无偿服务，劳动合同签订与否无关紧要。

二、解决非营利组织人力资源管理问题的对策

人力资源各项工作环环相扣，某一环节落实不到位会给其他工作造成影响，解决非营利组织人力资源管理存在的各种问题不能抱有“头痛医头，脚痛医脚”的割裂思想。因此，必须构建一个系统性方案解决之。

（一）方案构建思路

人力资源管理六大核心内容在功能上协同运作、相互影响、相辅相

成，在形态上与国际竞争理论中的波特钻石模型相似，故借鉴“钻石模型”理论将人力资源六大模块的内容进行整合，构建我国非营利组织人力资源管理的“钻石模型”，以期系统性解决我国非营利组织人力资源管理的问题。

（二）构建方式

我国人力资源管理专家萧鸣政教授（2009）认为，战略性人力资源管理就是以组织战略为导向，根据组织战略制定相应的人力资源管理政策、制度与管理措施，以推动组织战略实现的过程。非营利组织作为一个组织，在运行过程中都应围绕其战略目标而展开。因此，构建我国非营利组织人力资源管理“钻石模型”必须以战略目标为核心，结合当前我国非营利组织人力资源管理的问题进行系统整合。具体见图 7 – 2。

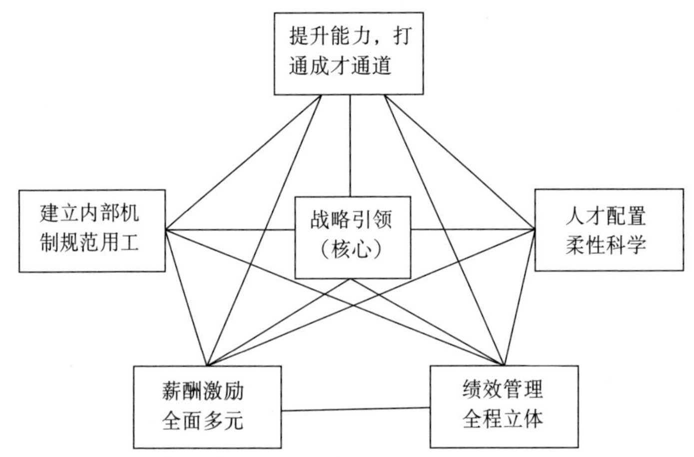

图 7 – 2　非营利组织人力资源管理的“钻石模型”

非营利组织人力资源管理“钻石模型”的主要特征是：第一，以组织战略目标为核心；第二，以提升人的能力为首要目标；第三，人才配置柔性科学；第四，绩效管理全程立体；第五，薪酬激励全面多元；第六，用工规范。其相互作用机制体现在：一方面，战略引领是人力资源管理工作的核心，同时也是人力资源管理首先要考虑的重要因素，战略目标是否清晰直接影响其他五项人力资源管理工作的顺利进行；另一方面，该模型下的其他人力资源管理工作相互影响、相互渗透、相互制约、互为前提。如果有一项工作出现短板，那么，其他四项人力资源管理工作必然受到牵制。

（三）具体对策与建议

1. 强化组织战略的目标引领作用，突出战略规划的核心功能

战略性人力资源管理理论认为，应该把组织经营的长期性目标作为人力资源管理的战略目标，由过去仅仅满足和实现组织年度生产经营计划的要求提升到组织发展的战略层面，使组织人力资源管理系统成为组织总体发展战略的重要支持系统。面对目前非营利组织存在的诸多人力资源管理问题，各非营利组织必须首先明确组织的发展目标，进而细化岗位目标，通过目标的引领，为构建组织内部完善的人力资源管理机制和留存组织内部的专职人员奠定先决条件。

2. 先引资再引才，建立柔性科学的选聘机制

人才作为任何一个组织发展最为核心的内驱动力，其重要性不言而喻。尽管非营利组织的发展目标不是追求利润最大化，但要想在市场化发展的今天实现长远发展，其必须依托完备的人才储备。鉴于目前困扰非营利组织发展最大的瓶颈是引才难，非营利组织应当通过策划一系列具有社会影响力的活动实现多渠道引资的目标，把非营利组织与当地市场经济更好地结合起来，探寻自身出路。非营利组织有了社会或者政府资金的注入后，还应进一步完善内部的选聘机制，依据岗位不同的性质与特征，结合岗位胜任素质模型，通过高新的吸引策略，选聘人才。

3. 以提升能力为核心，建立人才成长通道

目前我国非营利组织对于专职人员的培训显现出受训人员数量有限，课程深度不够等状况。很多非营利组织特别是民间非营利组织对于专职人员的培训没有形成体系，更谈不上系统化运作。即便有的非营利组织开展过专职人员相关培训，但其培训的目的性和针对性不强，存在“为培训而培训”的现象。因此，非营利组织的人才培训与开发应当以提升专职人员岗位能力为导向，通过全方位提升专职人员的服务技能、沟通技能、策划技能等重要技能，为其实现自我价值奠定基础。这也符合非营利组织战略发展的需要。

除此之外，非营利组织要进一步完善内部专职人员的职业发展规划，建立起“双通道”（即专业系列和管理系列成长的晋升晋级通道）式的人才成长机制，实现非营利组织和专职人员的共赢。

4. 实施全方位的绩效管理

非营利组织要推行自下而上的目标管理方式，依托组织战略目标，强化岗位责任制和岗位目标，完善工作说明书，通过以结果导向型的绩效考核机制对专职人员进行考核，通过对岗位任职人员上报目标的确认，进一步细化考核的关键绩效指标，明确考核方法，使得考核结果让任职人员信服。

同时，非营利组织要注重考核结果的反馈与应用，对于低绩效人员及时组织相关培训，提升技能或调整态度。非营利组织负责人必须强化组织内人员绩效考核的意识，通过科学考核进一步夯实内部人力资源管理各项工作。非营利组织在考核中不仅要尽量做到考核内容全面系统、考核过程公平合理，还要尽量做到考核结果具有差异性和区分度，注重考核结果的应用与反馈。

5. 以项目组结构为核心，推行全面多元化的薪酬激励机制

当前，非营利组织的经费有限。非营利组织应当从内部组织架构上打破陈规，采用项目组的方式来运营，即非营利组织把一个总体策划项目划分为几个子项目，由专人负责子项目，费用专项单独支出。这在一定程度上能调动起基层非营利组织专职人员的工作积极性。非营利组织在一定标准范围内采取“少补多得”的原则，通过项目费用包干制可以从薪酬激励角度调动基层专职人员的积极性。另外，在非货币薪酬激励方面，非营利组织负责人应注重多样化的福利政策，积极探寻非营利组织间的合作机会。例如，可以和当地法律援助方面的非营利组织进行结对，帮助其内部实施员工援助计划。

6. 增强规范用工意识，提高劳动合同签订率

一些规模较大的非营利组织可考虑引入工会制度，通过工会的监督，来增强内部规范用工意识。对于一些规模较小的非营利组织可以考虑设立劳资关系管理专员或兼职人员，及时掌握最新劳动信息与相关政策，定期检视非营利组织内部劳动合同签订情况，做好劳动纠纷的预防工作，更好地规避用工风险。实践证明，内部劳资关系和谐对组织战略目标实现具有推动和促进作用。

第八章

地方政府制定、执行社会救助政策研究

公共政策是政府管理公共事务的主要手段，能否制定出切合实际的政策及有效执行这些政策是衡量政府能力强弱的一个主要标准。不过，政策运行并不总是成功的。相反，政策运行过程中任何一个环节出现差错都有可能导致政策失效。为了有效促进社会力量参与社会救助，地方政府要尽量避免相关社会救助政策运行出现失误。政策运行过程主要包括政策制定、政策执行、政策评估、政策终结、政策监督五个方面。所以，笔者从政策制定、政策执行、政策评估等方面探讨相关社会救助政策问题。

第一节 福利经济学视角下社会救助方案规划

现行的社会救助政策，对于保障城乡居民的基本生存权利，维护社会稳定，促进经济发展发挥了重要的作用，增强了贫困地区和灾区的自我保障、自我发展能力。但是不可否认，现行的社会救助政策还存在某些不足。方案规划是政策制定过程中一个最重要的环节，我们只有在制定社会救助政策时对其进行科学的方案规划，才能取得较好的政策效果。从福利经济学的角度看，在对社会救助政策进行方案规划时应注意以下几个问题。

一、社会救助政策方案规划须着眼于按需分配和公平，努力使社会福利最大化

社会救助的经济实质是将一部分国民收入直接分配或再分配给贫困者。民间慈善行为是志愿的国民收入再分配，政府救助是强制性的国民收入再分配。但不管是民间慈善行为，还是政府强制转移支付，社会救助都是严格区别于市场交换为基础的初始分配，后者体现于工资所得，资本利息所得和股利分配等。福利分配和市场分配是现代市场社会的两大分配机制，各有其社会功能和原则。以市场交换为基础的分配体现了按贡献分配原则，也体现了效率原则，即谁效率高贡献大，谁就应该多分配一部分国民收入，它保证了现代社会可以高效率的运行，创造出更多物质财富。福利分配体现的是按需分配原则和公平原则，即不论是否有贡献，作为人的尊严和价值就应该得到最基本的生活需求满足，体现一种事实上的人权上的平等。李特尔（L. M. D. Little，1948）认为社会福利增进的标准有两个：一是卡尔多—希克斯—西托夫斯基标准（即资源配置效率标准）；二是收入分配状况的主观偏好决定的社会福利函数的形状。李特尔（L. M. D. Little，1948）认为，只有资源配置效率最优，且收入分配合意的点才算是社会福利最大。

目前，我国还没有建立统一的贫困测定评价指标和评定方法。贫困者的经济情况调查不够完善，有些地方甚至根本没有调查程序，从而给社会救助对象与救助标准的界定工作带来了困难，致使社会救助中夹杂着许多人为和非理性的因素。一些应该享受救助待遇的人不能及时、足额地得到社会救助，而另外一些不够享受或不应该享受救助待遇的人反而享受了救助待遇或获得了优厚的待遇。而且，由于传统二元经济社会结构的影响，我国在构筑社会保障体系过程中长期呈现出典型的二元结构特征，城乡分割，保障范围和内容形成两个极端：城市保障过多，包袱难以轻卸：农村保障太少，欠账太多，一时无从下手，从而造成城市经济体制改革步履维艰，农村社会保障建设滞后。尽管国家及各级政府在城市建立最低生活保障线制度的同时，在农村推行了“扶贫”工程。但是“扶贫”工程的临

时性和非制度化决定了它在取得一定成效之后，无法从根本上解决农村贫困问题，甚至还出现返贫现象。以上这些问题都引起了收入再分配的不合意，从而使社会福利不能达到最大化。因此，地方政府在对社会救助政策进行方案规划时，应充分考虑贫困者尤其是农村贫困者福利的改善，按照按需分配原则和公平原则，努力使社会福利最大化。

二、社会救助方案要尽量减少效率损失

1993 年 6 月制定的上海市城市居民最低生活保障线是城市贫困救助制度改革的开端，这是一项对收入低于最低生活保障线的贫困人口实行差额补助的社会救助制度。到目前为止，全国城镇基本建立起了城市居民最低生活保障制度。有的省如广东、江苏已制定了城乡联动的最低生活保障制度，即在农村也建立了最低生活保障制度。它的实施有利于解决困难群众的生活问题，化解社会矛盾，维护社会稳定，促进经济体制转型的顺利进行。但是，它的实施也引起了社会效率的损失。最低生活保障制度是先划定贫困线，然后调查申领人的家庭人均收入，当人均收入低于贫困线时，就按其差额进行补助，即所谓补差式救助。这种方案表面上看来是公平合理，但是反过来考虑，这意味着对于贫困线以下的家庭，收入每增长一元钱就要少得到一元钱的补助，相当于征收了 100% 的个人所得税，这就是社会救助中的隐含税率问题，而且是 100% 的税率。100% 的隐含税率足以促使贫困线下的家庭或个人放弃劳动，仅靠领取救助金生活，除非他能找见一份工资收入超过贫困线以上的工作。如果他不是单身，是一个有妻儿父母的家庭，那么除非他找到的工作其工资收入使其家庭人均收入超过贫困线，他才会去工作，否则，不如在家休闲领取救助。

一项减轻社会救助对劳动供应影响的办法是以工代赈。我国以工代赈的计划可以追溯到历史上很早的时期，现在仍然在地区开发扶贫中推行这一计划。另外，针对这种社会救助方案带来的效率损失，地方政府可以借鉴美国的做法。比如，美国曾在 1967 年通过一项法律，允许 AFDC（单亲家庭低收入补助）方案的穷人在申领社会救助时将其家庭收入的前 30 元扣除以及 30 元以后的收入的 1/3 扣除，内含税率为 2/3。然后，去比较和贫困线的差额进行补助。又比如，美国 1972 年施行的 SSI（补充保障收入计划）对老年盲人、残疾人提供基本补助。在 1985 年，单身的人每月可从联邦政府领取 336 美元，一对夫妇可领取 504 美元。SSI 领取者

的资产不能超过以下限额：单身为1700美元，夫妇为2550美元。SSI领取者月收入低于65美元，补助额不减少；月收入高于65美元的部分内含税率50%，即65美元以上部分多一元钱，福利补助减少50美分。但是即使如此，美国一些经济学家认为，社会救助的隐含税率相对于别的纳税人仍然较高，所以他们提出了一个更加公平的方案——负所得税制度。所谓负所得税制度就是将社会基本救助额（如月300美元）不加区分地给予所有没有收入的人，同时所得税率实行不加区分的统一比例税如25%。这样，当个人市场取得的月收入为100美元时，他应交所得税为25美元，他的基本补助额为300美元，两者相抵他实际得到为275美元的净补助额，加上其市场工资100美元，共计375美元。直到他的月收入为1200美元时，此时他应纳所得税为1200×25% =300（美元），他的基本补助额为300美元，两者相抵，他既不纳税，也没有补助，个人收入总额仍是1200美元。当月收入超过1200美元，他就要交净所得税。负所得税制度，不管对穷人还是富人都是一致的补助额，一致的边际税率，所以被经济学者赞誉为最佳的收入分配制度。这一制度不是对工作积极性没有影响，而是对穷人和富人都一视同仁，不会使你放弃工作，影响程度较轻。而且这一制度还有如下好处：第一，这一方案不分类别，一视同仁，减少对穷人的资格审查程序，对穷人较为尊重和人道；第二，由于政府不必一一审查救助对象的条件（如残疾、单亲、老人等），可以大大节约行政管理费和履行费用；第三，这一方案有助于在全国范围统一实施，逐步缩小地区差别。

三、大力鼓励民间慈善捐赠，实现帕累托增进型的社会福利改善

中国在历史上有着悠久的邻里互助之风，“远亲不如近邻”即是其写照。但是，中国传统的社会互助多数发生在家乡社区和外地的老乡会馆以及同族里的宗族系统之中。历史上真正不分地缘、血缘的公益救助不多(但也有表现为佛教寺庙以及中国本土信仰寺庙中的善举)。新中国成立后，大一统的计划经济体制更是以政府福利和村集体福利取代了传统的社会互助行为，部分老乡会馆和宗族义社更是作为封建遗毒被扫荡，致使民间社会慈善捐赠行为几乎消弭。我国是自然灾害多发的国家，每年自然灾害的损失约占国民收入的1/5，易灾多灾地区大多是老、少、边、穷地区，群众生活比较困难，受灾后自我救助能力比较低。

针对以上情况，社会救助政策应大力提倡和鼓励民间慈善捐赠。因为慈善捐赠是人们自觉自愿的捐赠，这样富人的捐赠不但不会减少其个人福利，还会增加其个人福利，一般来说，只要捐赠者觉得对别人捐赠的边际效用大于自己消费的边际效用，他就会向别人捐赠，一直到对别人捐赠的边际效用等于自己消费的边际效用，他的个人效用总量最大化，他就会停止捐赠，达到个人捐赠的最优状态。同时接受捐赠的人也会增加个人福利。因此，民间慈善捐赠会实现帕累托增进型的社会福利改善。

第二节 国家助学贷款政策执行梗阻的表现、原因及消解对策①

为了救助困难群体，我国政府陆续制定了很多社会救助政策，国家助学贷款政策就是其中之一。教育救助是我国社会救助的重要组成部分，故笔者以国家助学贷款政策为例研究社会救助政策执行问题。

平等地接受教育是法律赋予每个公民的基本权利。为促进高等教育公平，使学生不因贫困而失去受教育的机会，我国于 1999 年制定了国家助学贷款政策。截至 2009 年年底，虽然累计有 528.6 万名大学生通过国家助学贷款完成了学业，但是助学贷款的覆盖率远没有达到预期目标，国家助学贷款政策执行梗阻现象比较严重。所谓“梗阻”，是指在公共政策执行过程中，政策执行主体由于自身的态度、素质和能力等原因，消极、被动、低效地执行政策，甚至影响和阻挠公共政策的有效执行。2010 年 7 月，中共中央、国务院颁布了《国家中长期教育改革和发展规划纲要》，认为教育公平是社会公平的重要基础，教育公平的关键是机会公平，提出要把促进公平作为国家基本教育政策。随着高校的扩招和农村生源比例的增加，高校贫困生的比例呈逐年上升的趋势，高校贫困生比例目前已达到 25%，我国在校生中大约有 1/4 的城市学生、1/3 的县城乡镇学生和 2/3

① 本节内容发表在 2011 年第 24 期《教育理论与实践》上，论文标题为《国家助学贷款政策执行梗阻探析》，作者：朱慧新、唐果。

的农村学生难以支付学费。因此，如何有效消解国家助学贷款政策执行梗阻，解决高等教育机会公平问题已迫在眉睫。

一、国家助学贷款政策变化轨迹

公共政策总是处于与特定时空背景相联系的环境之中。自 1999 年进行高等教育改革以来，由于经济发展的不平衡和高等教育成本的提高，高校学费呈现出“水涨船高”的局面，导致贫困生逐年增加，从而促使我国政府于 1999 年制定并实施了国家助学贷款政策。国家助学贷款是指由国家财政贴息、商业银行面向普通高校贫困学生的无担保信用贷款，是国家运用金融手段支持教育、资助经济困难大学生完成学业的重要形式和经济优惠政策。19 世纪英国政治家索尔兹伯里（Salisbury，1890）认为：“根本没有一成不变的政策，和所以有机体一样，政策始终处于发展之中。”十余年来，我国的金融整体结构和高等教育都发生了深刻的变化，与此相适应，国家助学贷款政策也进行了多次调整。现行的国家助学贷款政策主要是在 1999 年出台的《关于国家助学贷款的规定（试行）》、2000 年出台的《关于助学贷款管理的若干意见》2002 年下发的《关于切实推进国家助学贷款有关问题的通知》等文件的基础上，通过《关于进一步完善国家助学贷款工作若干意见》《关于建立健全普通本科高校高等职业学校和中等职业学校家庭经济困难学生资助政策体系的意见》《关于在部分地区开展生源地信用助学贷款试点的通知》及其配套办法等最新政策不断调整而形成的。纵观国家助学贷款政策的发展，经办银行从中国工商银行一家到四大国有商业银行再到通过招标方式确定；贷款发放地点从高校所在地助学贷款向生源地助学贷款转变；贴息政策从财政贴息 50% 到学生在校期间财政完全贴息、毕业后全部自付；风险补偿机制从缺乏风险补偿到财政和高校各承担 50%，共同建立助学贷款风险补偿专用基金；还贷年限逐渐放宽，还贷减免政策逐渐建立和多样化。上述政策变化轨迹表明，国家助学贷款政策变化模式是以“吸取经验教训”的学习类型为基础的常规变化模式。

二、国家助学贷款政策执行梗阻的主要表现及原因

政策执行是政策过程的枢纽，是把政策目标转化为政策现实的唯一途径，政策执行的顺畅与否事关政策的成败。在政策执行过程中执行梗阻的

现象司空见惯，国家助学贷款政策执行也不例外。国家助学贷款政策实施十余年来取得了一定的政策效果，它在一定程度上解决了高校贫困学生的经济问题，缓解了高校资助经费不足的矛盾，受到学生、家长和社会有关方面的普遍欢迎。但是由于种种原因，国家助学贷款政策执行中出现了一些梗阻现象：银行惜贷、甚至停贷现象常有发生；部分高校消极执行该政策；一些商业银行、高校配合脱节，贴息确认不及时，程序烦琐且频出差错；不同地区的基层银行对政策理解参差不齐。究其原因，主要有以下几点：

（一）政策不科学

国家助学贷款政策是许多国家都实施的教育救助措施，其目的是促进教育平等，通过发挥政府的公共管理和协调作用，为每个公民提供平等参与社会竞争的机会。因此，国家助学贷款原本就是政府的责任，是民主社会的一种公益产品。公共政策学者格罗弗·斯塔林（Grover Starling，1988）指出，政策方案规划要把握集中性、清晰性、变迁性、挑战性、协调性和一致性六个原则。我国国家助学贷款政策的基本原则是“不让一个大学生因贫困失学”，而国家助学贷款在方案设计中却完全依靠商业银行去实施，商业银行是按市场经济规律来运行的，其奉行的基本原则是安全性、流动性和盈利性，这显然违背了政策方案规划中的协调性和一致性原则，导致国家助学贷款政策存在着内生性的矛盾，一是国家助学贷款依靠的是个人信用担保，这对于商业银行来说风险太大；二是国家助学贷款笔数多、额度小，导致管理成本大、利润空间小。对商业银行而言，开办助学贷款业务与其经济利益之间存在明显偏差，商业银行自然缺乏开办此项贷款业务的积极性。

（二）政策主体利益追求导致行为偏差

美国著名学者戴维·伊斯顿（David Easton，1971）指出，“公共政策是政治系统权威性决定的输出，是对全社会的价值作有权威的分配”。[①]国家助学贷款政策不仅涉及教育、财政、金融等多个部门，集体、个人、

① David Easton. The Political System: An Inquiry into the State of Political Science, New York: Knopf, 1971.

家庭等多个利益主体的利益，而且还涉及长远利益和当前利益、局部利益和整体利益，包括各部门之间的利益协调问题和社会基本共识问题。福利经济学认为，一项社会变革使得一部分人的社会福利增加的同时，并不减少其他社会成员的福利，那么这种状态就是帕累托改进。属于帕累托改进式的公共政策较受欢迎，易于推行，而给一部分成员带来利益，同时给另一部分成员带来不利的公共政策就会受阻，不易推行。国家助学贷款实质上是具有“救助”性质的福利性资助，在实施中表现出非帕累托改进式公共政策的特点。国家助学贷款政策发放对象主要是家庭经济困难的学生，国家通过商业银行给予贷款学生利率优惠，学生毕业后必须按期偿还银行贷款本息。工行江西省分行近期对该行发放的国家助学贷款还贷情况进行统计，数据显示目前的还贷违约率竟然高达40.29%；国家开发银行广东省分行官员说，近两年广东有近一半高校的未还贷率超过了10.9%；广西工行高新支行近期对该行发放的国家助学贷款还贷情况进行统计，发现还贷违约率已接近50%。过高的还贷违约率导致一些商业银行惜贷、停贷。2004年教育部等四部门发布的《关于进一步完善国家助学贷款工作的若干意见》规定，高校要对国家助学贷款的归还情况承担管理责任和经济风险，国家助学贷款风险补偿专项资金由财政和普通高校各承担50%，高校获得助学贷款数量与该校毕业生还款情况挂钩。这使得有些负债运行的高校为了避免财务状况雪上加霜而消极执行政策，一些高校尽可能地把款贷给那些稍有偿还能力的学生而非最需要贷款的学生，从而影响了国家助学贷款政策效果。

（三）政策主体缺乏沟通

有效的沟通是政策执行成功的重要条件之一。从纵向沟通来看，执行者对政策的支持程度取决于上级机构对政策的解释和执行者对政策的了解；从横向沟通来看，由于一项政策的实施常常涉及众多机构和执行人员的分工合作，他们在分工合作过程中难免会产生分歧、误会甚至矛盾冲突，这就需要通过有效的沟通，相互交换意见、看法，以增进相互了解与合作，提高政策执行效率；从执行者与目标团体之间的关系来看，目标团体对政策接受与否以及接受的程度在很大程度上取决于他们之间的沟通。执行者不仅要通过沟通渠道把政策指令传递给目标团体，而且更重要的是执行者应该通过沟通渠道向目标团体说明政策所具有的意义和制定政策的理论依据与时代背景，以及推行政策所要达到的目的，让他们理解和掌握政策，从而积极主动地接受和执行政策。在国家助学贷款政策不断变化和改进的过程中，银行、高校之间缺乏有效的沟通交流机制，在许多细节上不能够及时统一起来。部分基层银行对政策的理解存在一定的偏差，导致高校在办理学生申请和贴息确认工作时陷入困境，一些学生在学校审批同意贷款的情况下却被基层银行拒贷，而没有经过学校审批的学生却可以获得银行助学贷款。

另外，一些家长和学生对国家助学贷款政策存在错误理解。在计划经济体制下，大学生上学所需费用由国家负担，毕业后由国家统一分配工作岗位。随着经济体制改革和教育体制改革的深入，我国逐步实行高等教育收费制度。由于存在“路径依赖”，有相当一部分家长和学生还无法改变计划经济条件下形成的“入了大学的门就是入了公家的门”的观念，没有认识到贷款上学是进行人力投资的提前消费，既是贷款，就需要偿还。再加上社会信用环境不佳，造成一些贫困学生抱有吃“免费午餐”的侥幸心理，故意不还贷款。另一方面，教育作为一种消费，申请助学贷款在商品经济发达国家是十分普遍的现象。助学贷款作为一种社会福利，只要符合条件大家都会积极争取。而我国有些生活很困难的学生对贷款存有“恐惧”心理，觉得贷款不光彩或担心将来还不起而不敢贷款，从而在一定程度上影响了国家助学贷款政策目标的实现。

（四）个人信用制度缺失

政策总是在一定的经济和文化体制或制度下制定和实施的。道格拉斯·诺斯（Douglass C. North，1960）在其获诺贝尔奖演讲中说：“一旦交易变为昂贵时，制度便至关重要了。并且，交易又的确是昂贵的。”“制度是一个社会的游戏规则，更规范地说，它们是为决定人们的相互关系而人为设定的一些制约。”国家助学贷款政策效果不尽如人意，与相关制度缺失密切相关。一是个人信用制度还没有建立。我国个人信用制度的缺失表现在两方面：第一，缺乏能反映个人信用的相关资料；第二，缺乏对现有个人信用资料进行科学评估和查询的系统。新制度经济学认为人们具有机会主义倾向，即人们借助于不正当手段谋取自身利益的行为倾向。国家助学贷款作为一种无担保的信用贷款，显然缺乏制度保障。

（五）权威资源缺乏

政策执行活动的基本特点是需要很多人的共同活动，而共同活动的“首要条件也是要有一个能处理一切所管辖问题的起支配作用的意志”。这个意志就是权威。建立政策的权威，就是要使政策成为国家的意志，迫使每一个执行者服从它，否则，政策就无法执行，或在执行过程中走样。与世界发达国家相比，在保证国家助学贷款政策实施方面我国还没有制定相关法律。现行的国家助学贷款政策都处于行政规定的层次上，还没有上升到法律层面，导致国家助学贷款政策效果不佳。

三、消解国家助学贷款政策执行梗阻的主要对策

未来的政府不再是统治的政府，而是治理的政府，这是20世纪90年代以来西方公共行政改革的一个方向。“治理”意味着政府和第三部门之间、公共部门和私人部门在处理公共事务时的关系将发生改变，表现在它们之间的地位趋于平行，通过合作将共同分担公共责任。2010年9月16日，在第五届亚太经合组织人力资源开发部长级会议上，时任中国国家主席胡锦涛在讲话中强调实现包容性增长，切实解决经济发展中出现的社会问题，指出实现包容性增长，根本目的是让经济全球化和经济发展成果惠及所有国家和地区、惠及所有人群，在可持续发展中实现经济社会协调发展。我们要坚持社会公平正义，着力促进人人平等获得发展机会，不断消除人民参与经济发展、分享经济发展成果方面的障碍。政府、高校与商业银行共同采取措施消解国家助学贷款政策执行梗阻无疑有助于促进包容性增长的实现。

（一）政府应采取的措施

1. 建立国家助学贷款信用担保体系

国家助学贷款政策的顺利实施有利于高等教育事业，高等教育不仅会提高带来个人收益的，也为社会带来巨大的外部性收益。因此，政府应该承担产生外部性收益的成本，为助学贷款提供担保和补贴。政府可以组建政策性信用担保机构，建立国家助学贷款信用担保体系来解决国家助学贷款中存在的“学生信用不足和必要担保缺乏”的问题。利用政府提供的资金，国家助学贷款信用担保机构能够为申请贷款的贫困生提供担保，以

减轻商业银行面临的风险，促使商业银行愿意为学生发放助学贷款。假如贫困生没有如期还款，则由国家助学贷款信用担保机构替贫困生给商业银行偿还助学贷款，然后由国家助学贷款信用担保机构实行“代位追偿”，向贫困生追讨所欠之款。如果国家助学贷款信用担保机构最终无法追讨回欠款，那么则由政府对其损失给予一定补偿。由于商业银行是追求自身效用最大化的“经济人”，为了激励商业银行努力追缴贫困生的欠款，国家助学贷款信用担保机构可以根据助学贷款的规模和期限与商业银行就担保比例达成协议。考虑到我国目前信用体系不完善，国家助学贷款信用担保机构的担保比例以不低于90%为宜。

2. 建立健全的个人信用制度体系

这是根治贫困生故意拖欠国家助学贷款的根本措施。一是建立贷款贫困生的个人信用档案，用个人身份证号码作为个人信用档案的编码。个人信用档案记录贷款贫困生的家庭状况、个人经济情况、贷款情况、品学记录、社会保险、信用历史、简历和就业状况等，并随着我国政府电子政务的完善逐步纳入电子化系统管理，以便于对其资信进行跟踪和资源共享。二是借鉴西方发达国家个人信用征询系统的经验，以个人身份证号码为依据，开办个人信用账户，并把身份证、银行卡合一，成为伴随贷款贫困生终生的信用标志。这样，银行可以通过全国信息网络系统及时掌握借款人的行踪，有效控制贷款风险，贷款贫困生也会因为违约成本太高而不敢贸然违约。

3. 制定助学贷款法，为国家助学贷款政策的执行提供强有力的法律保障

法律手段是政策执行法治化、制度化、规范化的根本保障。国家助学贷款政策涉及金融机构、高校等多个部门，必须要有相应的法律法规加以保障才能确保该项政策的顺利实施。政府可以制定助学贷款法，以法律的形式规范国家助学贷款，明确政府、金融机构、学校、贷款学生等有关各方的权利、义务及违约责任。

4. 大力进行政策宣传，加强政策认知

国家助学贷款政策执行是以政策执行者对所推行政策的认知和认同为前提条件的，只有执行者对公共政策的意义、目标、内容以及政策执行的原则、方法和步骤有了明确认识和充分了解以后，才会积极主动地执行政策。因此，相关政府部门要通过多种形式的政策宣传，使执行者

认真领会和深刻理解国家助学贷款政策的精神实质、内在规定和外部环境，强化政策认知与认同，为高效的国家助学贷款政策执行奠定统一的思想基础。另外，加强国家助学贷款政策宣传也有助于提高目标群体的政策认知。贫困生只有知晓了政策，才能理解政策；只有理解了政策，才能自觉地接受和服从政策。因此，相关政府部门要加大对国家助学贷款意义及有关政策、办法、手续等的宣传力度，让每一位大学生和家长都明白国家助学贷款的意义、目的和具体办理程序，对国家助学贷款有一个正确的认识。

（二）高校应采取的措施

公共组织与私人组织最大的区别在于，公共组织设立的目的是为了公众的利益，而不是为了个人的私利，公共性是公共组织应该具有的一种重要品格。H. 乔治·弗雷德里克森（H. George Frederickson，1980）认为，公共性有两层含义，一是指超越个人或组织私利而追求社会的公益；二是指个人与个人之间、个人与组织之间，组织与组织之间彼此关心，形成一种生命共同体或公共意识。高校作为一种公共组织，在国家助学贷款工作中扮演着“中介”服务的角色。为了充分彰显其公共性，高校首先要做好助学贷款的组织、审批、归档等基础性工作。其次，高校要加强对大学生进行信用观念教育和金融知识教育，把信用教育纳入大学生思想道德教育和毕业生教育体系，使贷款学生感受到国家为帮助贫困大学生所做的努力，认识到信用对社会、集体及个人的重要意义，使他们牢固树立信用意识，珍惜自己的借贷信用和名誉，认真履行还贷义务。再次，高校要加强与经办银行沟通，积极主动地配合银行贷款工作。高校可以通过建立学生信用档案，出台切实可行的措施来督促借款学生及时归还贷款本息，努力降低国家助学贷款风险。最后，高校要对贫困生进行系统的心理教育、素质教育和就业指导，提升贷款贫困生的就业竞争力，使其毕业后能够尽快融入社会，找到合适工作获得稳定的收入，以有效地降低国家助学贷款的违约率。

（三）商业银行应转变经营理念

商业银行的社会责任是指商业银行在创造利润、对股东利益负责的同时，还要承担对员工、对客户、对其他金融机构、对社区以及对所在政府的社会责任。这些责任包括遵守商业和行业法规、商业道德、保护劳动者的合法权益、支持慈善事业、保护弱势群体等。自 2006 年中国金融业全面开放以来，随着外资银行的进入和消费者的成熟与理性，银行业竞争日益激烈，如何有效提高银行竞争力已成为各商业银行亟待解决的问题。研究表明，商业银行积极承担社会责任有助于提升其竞争力。国家助学贷款属于社会救助的范畴，商业银行执行国家助学贷款政策就是承担企业社会责任。因此，商业银行要转变经营理念，通过积极承担企业社会责任来提升其竞争力。

第三节 社会救助政策绩效的评价①

本节以浙江省宁波市为例，对社会救助政策绩效评价问题进行研究。

一、宁波市社会救助概况

（一）最低生活保障从城区发展为城乡一体

20 世纪 90 年代中后期，宁波市为了适应社会经济发展，结合当地实际情况探索建立了城市居民最低生活保障制度，使城市贫困居民生活救济工作从传统社会救济逐渐向创新型的城市居民最低生活保障制度转变。《宁波市城市居民最低生活保障暂行办法》规定：“凡具有本市城区常住居民户口、家庭月人均收入低于最低生活保障线的均属于救助对象；具有正常劳动能力的人员，不接受劳动就业服务机构介绍就业的；企、事业单位下岗人员不服从工作分配的，不予救助。”这是最初时期城市居民最低生活保障范围。2004 年 7 月，宁波市颁布了《宁波市最低生活保障办法》，明确规定：“持有本市行政区域内常住户籍的城镇居民，凡共同生活的家庭成员通过力所能及的劳动，人均月收入低于其户籍所在地县

① 本节内容发表在 2013 年第 12 期《经营与管理》上，论文标题为《宁波市社会救助政策绩效的评价及提升措施》，作者：黄信斯、唐果、贺翔。

(市)、区最低生活保障标准的，均有从当地人民政府获得基本生活保障的权利。”这标志着“横向到边、纵向到底、城乡一体、标准有别”的城乡居民最低生活保障制度全面建立。

(二) 医疗救助从有门槛救助发展为零门槛救助

居民“看病难、看病贵”一直是一个突出的社会问题。宁波市于2001年12月发布的《宁波市城区扶贫帮困工作实施办法》和《宁波市城区扶贫帮困工作实施细则》标志着宁波市城区困难群众医疗救助工作从最初的临时性、不确定性步入到制度化、规范化、法制化的轨道。于2006年5月宁波市制定了《宁波市医疗救助办法》，医疗救助范围重点突出了城镇“三无”、农村五保对象和低保家庭成员，同时把家庭成员中患有特殊病种疾病低收入家庭成员和县级以上人民政府确认的见义勇为者9类救助对象列入救助范围，将重症尿毒症、恶性肿瘤等9种疾病列入特殊病种疾病，可以得到政府的医疗帮扶，从而确立了以政府主导、民政牵头、部门协作、社会各界广泛参与的城乡一体、标准一致、零门槛的医疗救助制度。

(三) 救灾救助从临时救济发展为“吃喝住衣医”保障

由于地处沿海，宁波一直受台风等自然灾害严重影响。最初，宁波的灾害救助主要采取临时救济为主，直到2003年发布《宁波市重特大自然灾害应急预案》，才确立了重特大自然灾害救灾工作原则和思路。2007年，宁波市发布的《宁波市突发公共事件应急救助预案》建立了自然灾害应急救助响应机制，对灾民实施有吃、有喝、有衣穿、有住、有病能及时得到医治的救助保障。

二、宁波社会救助政策绩效的模糊综合评价

在现代社会中，政策因素已渗入社会生活的各个领域，几乎没有一个现代国家不是通过政策来进行各项政府管理活动的。政策评价是政策过程的关键环节，在政策评价中不少指标因不宜精确地描述，具有极大的模糊性而给评估带来了困难。管理学大师彼得·德鲁克（Peter F. Drucker，1985）曾经说过，不能量化，就无法管理。模糊综合评价法是应用模糊集合论方法对决策活动所涉及的人、物、事、方案等进行多因素、多目标的评价和判断。模糊综合评价法作为模糊数学的一种具体应用方法，最早

是由我国学者汪培庄提出的。模糊综合评价法大致分为两步：一是按每个因素单独评价；二是再按所有因素综合评价。

（一）评价因素集、权重集和评价集的建立

笔者向宁波困难群众发放了《宁波社会救助政策绩效调查问卷》300份，回收有效问卷262份，有效问卷占所发问卷的87.3%。问卷中宁波社会救助指标体系由生活救助、专项救助、特殊救助和其他组成。国际上通行的生活救助有两种思路，其中最常见的思路是设立一条贫困线作为救助标准，凡是收入低于贫困线的都可以从政府那里得到救助，很多国家把这种模式称为“收入维持”或“收入保护”，目前我国实施的最低生活保障制度采取的就是这种救助模式。专项救助由医疗救助、住房救助、教育救助和法律援助四个指标构成；特殊救助由残疾人救助、贫困老人救助、失业群体救助和流浪乞讨人员救助四个指标构成；其他由社会互助和灾害救助两个指标构成。每个指标由被调查者按照百分制打分。评价集由“非常满意”“比较满意”“满意”“不太满意”“很不满意”组成，评价集能够较好反映宁波社会救助政策对困难群众的满足程度。其中100－90分为“非常满意”，89－80分为“比较满意”，79－70分为“满意”，69－60分为“不太满意”，60分以下为“很不满意”。各指标权重通过德尔菲法得出。具体见表8－1。

表8－1　　宁波社会救助指标体系

<table>
<tr><td rowspan="12">宁波社会救助指标体系</td><td>生活救助/最低生活保障
（权重35%）</td><td></td></tr>
<tr><td rowspan="4">专项救助
（权重30%）</td><td>医疗救助（权重30%）</td></tr>
<tr><td>住房救助（权重30%）</td></tr>
<tr><td>教育救助（权重20%）</td></tr>
<tr><td>法律援助（权重20%）</td></tr>
<tr><td rowspan="4">特殊救助
（权重25%）</td><td>残疾人救助（权重25%）</td></tr>
<tr><td>贫困老人救助（权重25%）</td></tr>
<tr><td>失业群体救助（权重25%）</td></tr>
<tr><td>流浪乞讨人员救助（权重25%）</td></tr>
<tr><td rowspan="2">其他
（权重10%）</td><td>社会互助（权重50%）</td></tr>
<tr><td>灾害救助（权重50%）</td></tr>
</table>

（二）模糊评价

按照模糊综合评价法的步骤，建立评价因素集、权重集和评价集后，确定各评价矩阵 R_i。整理回收的调查问卷，由统计的数据百分数可得出三个单因素评价矩阵：

$$专项救助\ R_2 = \begin{vmatrix} 0.21 & 0.42 & 0.27 & 0.1 & 0 \\ 0.17 & 0.23 & 0.31 & 0.22 & 0.07 \\ 0.46 & 0.3 & 0.24 & 0 & 0 \\ 0.14 & 0.3 & 0.31 & 0.2 & 0.05 \end{vmatrix}$$

$$特殊救助\ R_3 = \begin{vmatrix} 0.41 & 0.33 & 0.14 & 0.1 & 0.02 \\ 0.39 & 0.31 & 0.3 & 0 & 0 \\ 0.32 & 0.4 & 0.18 & 0.1 & 0 \\ 0.04 & 0.28 & 0.38 & 0.2 & 0.1 \end{vmatrix}$$

$$其他\ R_4 = \begin{vmatrix} 0.2 & 0.31 & 0.32 & 0.09 & 0.08 \\ 0.29 & 0.35 & 0.31 & 0.05 & 0 \end{vmatrix}$$

把以上三个单因素评价矩阵及其相应权重值代入模糊评价模型 $B = A * R$，取 * 为 M（·，+）即普通矩阵乘法，得出：

专项救助 B_2 =（0.234，0.315，0.284，0.136，0.031）

特殊救助 B_3 =（0.29，0.33，0.25，0.1，0.03）

其他 B_4 =（0.245，0.33，0.315，0.07，0.04）

由此得：

$$\overline{R} = \begin{vmatrix} B_1 \\ B_2 \\ B_3 \\ B_4 \end{vmatrix} = \begin{vmatrix} 0.31 & 0.48 & 0.2 & 0.01 & 0 \\ 0.234 & 0.315 & 0.284 & 0.136 & 0.031 \\ 0.29 & 0.33 & 0.25 & 0.1 & 0.03 \\ 0.245 & 0.33 & 0.315 & 0.07 & 0.04 \end{vmatrix}$$

根据模糊评价模型 $B = A * R$，取 * 为 M（·，+），得出：

$$\overline{B} = (0.35,\ 0.30,\ 0.25,\ 0.1) \begin{vmatrix} 0.31 & 0.48 & 0.2 & 0.01 & 0 \\ 0.234 & 0.315 & 0.284 & 0.136 & 0.031 \\ 0.29 & 0.33 & 0.25 & 0.1 & 0.03 \\ 0.245 & 0.33 & 0.315 & 0.07 & 0.04 \end{vmatrix}$$

$$= (0.2757,\ 0.378,\ 0.2492,\ 0.0763,\ 0.0208)$$

通过模糊综合评价法，我们可知在宁波社会救助政策回应度调查中，有 27.57% 的被调查者对社会救助非常满意，37.8% 的被调查者对社会救助比较满意，24.92% 的被调查者对社会救助满意，有 7.63% 的被调查者对社会救助不太满意，2.08% 的被调查者对社会救助很不满意。根据模糊综合评价最大隶属度原则，困难群众对宁波社会救助的总体评价是“比较满意”，这表明宁波社会救助政策绩效良好。

三、宁波社会救助政策存在的主要问题

虽然宁波困难群众对社会救助比较满意，但是笔者在调查访谈中发现，宁波社会救助政策还存在一些问题。

（一）一些救助对象缺乏就业积极性

1993 年 6 月上海市城市居民最低生活保障线出台，这是城市贫困救助制度改革的开端，也是一项对收入低于最低生活保障线的贫困人口实行差额补助的社会救助制度。1999 年 9 月国务院发布的《城市居民最低生活保障条例》第八条规定：“对尚有一定收入的城市居民，批准其按照家庭人均收入低于当地城市居民最低生活保障标准的差额享受。”它的实施必然引起社会效率的损失。最低生活保障制度是先划定贫困线，然后调查申领人的家庭人均收入，当人均收入低于贫困线时，就按其差额进行补助，即所谓补差式救助。这种方案表面上看来是公平合理，但是我们反过来考虑，这意味着对于贫困线以下的家庭收入每增长一元钱，就要少得到一元钱的补助，相当于征收了 100% 的个人所得税，这就是社会救助中的隐含税率问题，而且是 100% 的税率。100% 的隐含税率足以促使贫困线下的家庭或个人放弃劳动，仅靠领取救助金生活，除非家庭成员找到的工作的工资收入使其家庭人均收入超过贫困线，他才会去工作，否则，不如在家休闲领取救助。

城乡困难群众的救助工作是一项复杂的系统工程，涉及政府部门、社会团体和群众组织等方方面面，宁波虽然已经成立了市、县（市）区困难群众救助工作领导小组，统筹全市的社会救助工作，但实际上重复救助现象时有发生。目前，宁波最低工资标准是 2100 元/月。被救助的困难群众由于能力有限，就业后的月薪比宁波最低工资标准高不了多少。2018 年，宁波城镇居民最低生活保障标准调整为月人均 804 元，调整后，不同户型的具体救助标准为：无法定赡养人、扶养人、抚养人的单人户家庭，

月补差额增发40元；共同生活成员为2人的家庭，人均月补差额增发20元；共同生活成员为3人或3人以上的家庭，按人均月收入804元标准给予差额救助。而且，宁波市总工会、宁波慈善总会、共青团宁波市委、宁波妇联等各类组织也常常采取各种方式救助困难群众，重复救助使得一些低保家庭的人均实际收入远远超过804元，造成“就业后实际收入反而下降”现象的出现，导致其宁愿享受低保而不愿意就业。

（二）法律援助亟待加强

宁波法律援助中主要存在法律援助立法滞后、法律援助的经费来源渠道单一、法律援助范围较为狭窄等问题。与国内法律援助比较发达的城市相比，宁波市法律援助制度建设较为滞后，尚未出台有关弱势群体法律援助的地方性法规或政府规章。目前宁波市法律援助工作沿用的法律、法规是国务院于2003年通过的《法律援助条例》及浙江省人民政府于2000年制定的《浙江省法律援助条例》。近年来，宁波市各级政府对法律援助的财政拨款逐年增加，并纳入了财政年度预算，但是仍然不能满足快速增长的法律援助需求，尤其是经济欠发达县市的基层其法律援助经费仍然严重短缺。各级政府对法律援助的财政预算基本以常住人口基数核拨，使大部分外来人口的法律援助经费很难得到保障。大部分县市都使用常住人口的法律援助经费办理大量的外来人口的法律援助案件，资金捉襟见肘，部分外来人口尽管属于贫困者也很难做到应援尽援。宁波市法律援助服务仅局限于援助案件诉讼领域，而对于非诉讼案件的法律援助开展还未形成有效的机制。在诉讼案件的法律援助中，对于案件审结以后的执行程序的援助没有纳入援助的范围，使受援对象的实体权益难以得到有效保障。对援助对象的条件和受援人权利的规定相比较于国内其他发达城市还较为严格。

（三）社会救助人才比较缺乏

目前，社会救助的实施主要依托社区进行，社区中社会工作者职业素质的高低对社会救助效果有举足轻重的影响。当前大多数社会工作者没有受过正规的社会工作知识、技巧的训练，缺乏社会工作者应该具备的专业理念、知识和技能，服务的专业化程度不高。据统计，宁波市学历教育与岗位专业对口的社会工作者仅占2.44%，而真正具有社会工作专业职称的人员比重更低。另外，社会工作者职业声誉、地位低下，工作待遇不高，工作环境相对恶劣。例如一些原社会救助对象因家庭收入增加而被取消低保待遇后，会把矛头直接指向社会救助工作者，出现纠缠、谩骂、人格侮辱等现象，有的还到社区、街道社会保障和救助服务机构大吵大闹，甚至无理上访。因此许多人把社会工作岗位当作过渡性、跳板型职业，而没有将其作为一项终身的职业去为之奋斗，从而影响了自身职业技能的开发。

四、宁波提高社会救助政策绩效的措施

（一）提高救助对象就业积极性的对策

1. 大力进行居民生活最低保障制度创新

我国现行的居民生活最低保障制度（补差式）隐含着100%的税率，这是影响救助对象工作积极性的主要因素之一。因此，进行制度创新，降低其隐含的税率有助于减轻社会救助制度对救助对象工作积极性的影响。美国在降低隐含的税率方面做过许多探索。具体如本章第一节介绍的那样：美国在1967年通过一项法律，允许AFDC（美国依赖儿童家庭的救助）方案的穷人在申领社会救助时，将其家庭收入的前30美元扣除以及30美元以后的收入的1/3扣除，内含税率为2/3。然后，去比较和贫困线的差额，进行补助。但在里根政府时期取消了此项方案，恢复到100%的隐含税。又比如，美国1972年施行的SSI（补充保障收入计划），对老年盲人，残疾人提供基本月补助。1985年时，单身每月可从联邦政府领取336美元，夫妇可领取504美元。SSI领取者的资产不能超过下列限额：单身为1700美元。夫妇为2550美元。SSI的领取者月收入低于65美元，补助额不减少；月收入高于65美元的部分内含税率50%，即65美元以上部分多一美元，福利补助减少50美分。但是即使如此，美国一些经济学家认为，社会救助的隐含税率相对于别的纳税人仍然较高，所以他们提出了一个更加公平的方案——负所得税制度。所谓负所得税制度就是将社会基本救助额（如月300美元）不加区分的给予所有没有收入的人，同时所得税率实行不加区分的统一比例税如（25%）。这样，当个人通过劳动获得的月收入为100美元时，他应交所得税为25美元，他的基本补助额为300美元，两者相抵他实际得到为275美元的净补助额，加上其市场工资100美元，共计375美元。直到他的月收入为1200美元时，此时他应纳所得税为1200×25%＝300（美元），他的基本补助额为300美元，两者相抵，他既不纳税，也没有补助，个人收入总额仍是1200美元。当

月收入超过1200美元，他就要交净所得税。负所得税制度对贫困程度不同的人都是一致的补助额，一致的边际税率，所以被经济学者赞誉为最佳的收入分配制度。这一制度对贫困程度不同的人都一视同仁，不会使其放弃工作。但这一制度不是对工作积极性没有影响，而是对穷人和富人都一视同仁，不会使你放弃工作，影响程度较轻。另外，这一制度还有如下好处：第一，这一方案不分类别，一视同仁，减少了对穷人的资格审查程序，对其较为尊重和人道；第二，由于政府不必一一审查救助对象的其他条件，可以大大降低行政管理成本。他山之石可以攻玉，我们应根据宁波的实际情况大力进行居民生活最低保障制度创新。

2. 采取积极救助原则和不忽视救助对象的义务原则

现代社会救助不仅要求给予物质性的救济。更要提供精神援助，特别是要积极开发救助对象的劳动潜能，促进其就业和人格健康发展。低保制度的“消极性”带来了人格萎缩等新的问题，越来越多的研究发现，真正的低保对象在被动领取“低保金”一段时间之后，其中相当部分的劳动者逐渐放弃了重新参与社会劳动的愿望和能力。社会救济的根本目的不在于物质性的资助，而在于提高受救助者改变自身命运的“可行能力”。所以，要变消极的救助为积极的救助，把救助的工作重点转移到开发受救者的劳动潜能和人格健康发展上来。而且，国务院颁发的《城市最低生活保障条例》第10条规定：“在就业年龄内有劳动能力但尚未就业的城市居民，在享受城市居民最低生活保障待遇期间，应当参加其所在的居民委员会组织的公益性社区服务劳动。”虽然其中提到了受助者应参加社区公益服务，但并不是“必须”，也没有规定明确的责任和制度执行办法，但对受助者是否应履行一定义务做出了肯定答复。因此，我们要增加对受救助者实行心理干预、组织其参加社区服务、实施专业社工指导和职业技师辅导等政策，鼓励、引导和敦促受救助者自强自立。

另外，宁波市、县（市）区困难群众救助工作领导小组要加大统筹全市社会救助工作的力度，尽量避免重复救助。

（二）加强法律援助的对策

1. 努力拓宽法律援助经费的筹资渠道

根据宁波市社会经济发展现状，法律援助经费来源要遵循“政府主导、社会参与”的原则，积极建立可靠的法律援助经费保障机制。宁波市不仅要增加政府法律援助的专项拨款，还要建立起法律援助分担费用制度。当下，越来越多的宁波市企业积极承担企业社会责任。卡罗尔认为，企业社会责任包括经济、法律、伦理和慈善四个方面的责任。政府还可以设立法律援助基金，倡导当地愿意承担企业社会责任的企业以提供法律援助基金的方式来进行慈善活动。

2. 着力拓展法律援助的范围

法律援助的条件有两个：一是经济困难标准，一般条件要求受援人必须是经济困难或经济能力有限的人；二是案情条件，要求受援人必须有明确的诉因。法律援助相关制度中应进一步明确经济困难的判断标准及证明制度；同时增加规定受援人的案情条件。法律援助的范围至少应包括：刑事案件、民事案件、行政诉讼案件、各类申诉案件、非诉讼法律事务、代写法律文书、法律咨询及其他法律服务事务。

3. 加快社会救助人才建设的对策

社会救助体系建设的根本是加强社区的社会工作者建设，提高其实际工作能力。宁波市要完善政策以鼓励大学生到基层从事社会救助工作，充实街道、社区的社会救助人才队伍；对所学专业为非社会类专业的大学生，要鼓励他们通过边工作边学习，掌握社会救助工作的专业知识，逐渐从外行转变为内行。同时，宁波要逐步改善基层社会工作者的待遇，做到待遇留人。另外，通过自愿报名、单位推荐、从社会救助帮困对象、在校大学生、外来务工人员、离退休老同志等社会群体中选择志愿者，充实社会救助工作志愿者队伍，以弥补宁波市社会救助工作队伍人才上的不足。同时，也可从这支队伍中经过实际工作的锻炼，培养、选拔出一批德才兼备、专业基础扎实、沟通协调能力强的优秀年轻人才充实到宁波市社会救助工作队伍中来。

第四节
我国廉租住房政策失效的表现、原因及改善途径

廉租房是我国曾经推行的一项旨在解决城市特困人口住房问题的保障

措施。虽然它在一定程度上解决了城市特困人口的住房问题，但是它也存在政策失效现象。为此，2014 年后起，我国的公共租赁住房和廉租住房开始并轨运行，并轨后统称为公共租赁住房。虽然廉租住房政策已终结，但是探讨廉租住房政策失效问题有助于我国更好地制定、执行相关社会救助政策。

一、我国廉租住房政策发展轨迹

我国廉租住房政策的发展过程实际上是其不断调整的过程。我国廉租住房政策调整既有政策环境和政策问题本身发展变化的客观原因，也有政策决策者对政策问题、政策环境以及政策方案等认识深化的主观原因。

1998 年 7 月，国务院发布《关于进一步深化城镇住房制度改革加快住房建设的通知》，指出深化城镇住房制度改革工作的目标是停止住房实物分配，逐步实行住房分配货币化以及建立和完善以经济适用住房为主的多层次城镇住房供应体系，即高收入家庭购买、租赁市场价商品房，中低收入家庭购买微利价的经济适用房，最低收入家庭租赁政府或单位提供的廉价房。1999 年，建设部根据《关于进一步深化城镇住房制度改革加快住房建设的通知》制定了《城镇廉租住房管理办法》，对廉租房制度作了具体的规定。2003 年，国务院发布《关于促进房地产市场持续健康发展的通知》，调整了整个住房体系的框架思路，明确提出应建立起市场化供应为主的住房供应体系，即中高收入的大部分居民购置、租赁商品房，中低收入群体享受具有住房社会保障性质的经济适用房和廉租住房。2004 年，建设部、财政部等部门进一步发布了《城镇最低收入家庭廉租住房管理办法》，同年，建设部对 1999 年制定的《城镇廉租住房管理办法》进行修订，进一步明确了保障标准、保障方式和保障对象，旨在建立和规范城镇廉租住房制度，逐步完善我国城镇住房供应体系。2007 年 8 月，国务院颁布了《国务院关于解决城市低收入家庭住房困难的若干意见》，首次将廉租住房明确为住房保障的首选，经济适用房退居第二位，这一政策的转向在党的十七大报告中得到了确认，从而确定了廉租住房在住房保障体系中的重要地位。

二、我国现有廉租住房政策失效的表现

虽然我国现有廉租住房政策在一定程度上解决了那些无力通过市场行

为购买或租赁住房的最低收入家庭的住房问题，促进了社会稳定与和谐。但是从整体上看，现有廉租住房政策是失效的。我国现有廉租住房政策失效的主要表现是：

（一）城镇住房保障供应体系不完善，经济适用房和廉租住房之间存在“夹心层”，导致决策失效

经济适用住房是指政府提供政策优惠，限定建设标准、供应对象和销售价格，具有保障性质的政策性商品住房。廉租住房是指政府向城镇最低收入居民家庭提供的基本住房保障，属于完全的政府保障性质。根据国务院有关部委《城镇最低收入家庭廉租住房管理办法》，廉租住房的供应对象是住房困难的最低收入家庭，即收入与住房“双困”家庭，具体说就是在民政部门领取“低保”群体中的住房困难户。这造成了在实际生活中，还存在一个既买不起经济适用住房，又不能成廉租住房对象的群体，也就是“夹心层”。

（二）目标团体界定欠科学

廉租住房的分配对象是具有城市户口的双困难户家庭，这造成了廉租住房政策的覆盖面过于狭窄，受益人群特别少，从而导致其运作难以良性化，没有实现政策主体的预期目标。

（三）廉租住房政策监控缺位

部分城市没有建立廉租住房保障对象档案，申请、审批、退出等机制不完善，造成一些随着经济条件的改善已经不符合承租廉租住房的家庭仍然享受廉租住房政策的优惠。

（四）廉租房政策表面化现象严重

廉租住房资金渠道不稳定，保障方式不完善，覆盖范围比较小，部分城市政府还没有把解决最低收入家庭住房问题纳入政府重要议程，不注重廉租住房的建设。我国目前可提供的廉租住房，主要有四个途径，即政府出资收购、社会捐赠、腾空的公有住房及政府出资建设。但我国目前城市中的公房多数通过房改售给了个人，能腾退的和正被最低收入家庭承租的为数不多，而受我国经济水平的影响，社会捐赠廉租住房也难有作为。

三、我国现有廉租住房政策失效的原因

尽管人们总是试图制定并实施最有效率、最能解决问题的政策，但现实的情况是，政策失效的现象却屡见不鲜，我国现有廉租住房政策也不例外。分析政策失效的原因，从反面吸取教训，从而有助于减少政策失效，提高政策水平。我国现有廉租住房政策失效的原因主要有以下几个方面：

（一）政策问题的特性

政策的有效与否，首先是和所要解决的政策问题的类型和性质密切相关的。另外，政策问题所涉及的目标团体人数的多少，也影响着政策的执行效果。廉租住房政策不仅是一项创造性较强的改革政策，而且是一项全面性而非局部性的政策，政策目标宏大，它在执行中要调整的利益关系幅度大，所涉及的机构和人员众多。以上原因加上决策者的有限理性和决策者掌握信息的有限性导致了经济适用房和廉租住房之间“夹心层”的存在和廉租住房有效供给不足。

（二）政策本身的因素

1. 政策的具体明确性

在公共管理领域，许多政策不能达到预期效果，执行中困难重重，在很大程度上与政策本身的缺陷有关。政策的具体明确是政策执行有效的关键所在。一项政策要能够顺利执行，从操作上和技术上来说，它必须具体明确。由于我国没有建立个人信用制度和个人收入申报机制，居民的隐形收入无法统计，因而划分居民收入线的基础变得很薄弱。而且，在收入线划分后，还存在一个无法监督的问题。

2. 政策资源的充足性

无论政策制定得多么具体明确，如果负责执行政策的机构和人员缺乏必要的、充足的用于政策执行的资源，那么，执行的结果也不能达到预期的政策目标。一般来说，政策资源主要有经费资源、人力资源、信息资源和权威资源。财政问题一直是我国政策执行中遇到的一项常见问题。自从2004年《城镇最低收入家庭廉租住房管理办法》出台以来，对于廉租住房资金问题，一直是坚持以各级财政预算为主，多渠道筹措的原则。如在住房公积金增值收益中提取一部分，鼓励单位和个人进行捐赠，地方在住

房建设中提取一定比例的资金或从直管公房租金收入中提取一部分资金等。但目前我国除个别城市外，多数是从住房公积金增值收益中提取部分资金，或者由政府主管部门自筹解决部分资金。公积金增值收益在提取风险准备金、支付管理费用后，剩余资金有限，不足以支持廉租住房政策的执行。信息资源是政策执行活动的必要条件。政策方案要保证政策执行者有畅通的信息渠道和足够的信息来源，否则，执行者就无法制定出切实可行的行动计划，也无法对政策执行过程实施必要的控制。目前我国没有建立个人信用制度和个人收入申报机制，居民的隐形收入无法统计，信息不对称现象的存在导致廉租住房保障对象的审批和退出机制不健全。权威是政策执行的根本保证，是政策有效执行的又一项特殊而重要的资源。没有权威，就不可能形成人们共同的、相互协作的活动，在各行其是的情况下是无法实现政策目标的。当前，我国廉租住房政策执行过程中存在着“上有政策，下有对策”的现象，就是政策权威性不够的一种表现。

（三）政策以外的因素

除了政策问题的特性、政策本身以外，还有政策执行人员的素质和工作态度等因素。公共选择理论认为，地方政府也是追求自身利益最大化的“经济人”，政府官员不是简单的政策解释者和执行者，而是在个人利益的驱动下去解释政策和执行计划。通常，廉租房与市场房价呈负相关关系，“廉租房的供给每增加5%，就会迫使房价下降3%－4%”。而房价的下降会让地价下降，从而会导致政府的收入减少；另一方面会拖累经济的增长、引起GDP下降，这会使地方官员的考核处于相当不利的局面，以至于部分官员在贯彻实施廉租住房政策时缺乏积极性。为解决廉租住房建设的资金问题，2006年下发的国办发〔2006〕37号文件明确规定：要落实廉租住房资金筹措渠道，城市人民政府要将土地出让净收益的一定比例用于廉租住房建设，但由于地方政府的“自利”动机，截至2007年还有70个城市尚未执行廉租住房政策。

四、改善我国廉租住房政策效果的途径

（一）提高政府廉租住房政策决策者的素质

决策是政策过程的第一阶段，也是可能发生政策失效的第一环节。决策者的知识水平、道德素质、决策理念和决策能力直接影响决策的质量，

关系着政策运行的成功与否。为了尽量减少因决策失误而造成的巨额损失，必须建立科学的选人用人制度，优化决策主体内部结构，包括知识机构、能力结构和职责岗位结构等，加强对相关决策部门廉租住房政策决策人员的职业道德教育和相关业务培训，提高各级决策层的整体素质，不断提高其决策能力和决策水平。

（二）发展可支付租赁住房，解决城镇居民“夹心层”问题

住房问题是重要的民生问题。党中央、国务院高度重视城市居民住房问题，始终把改善群众居住条件作为城市住房政策改革和房地产业发展的根本目的。2007 年发布的《国务院关于解决城市低收入家庭住房困难的若干意见》把廉租住房政策的目标群体从最低收入家庭改为了低收入家庭，这在一定程度上有助于“夹心层”问题的解决。此外，还应重点通过提供住房使用权而不是所有权的方式来解决。在这一点上，可以借鉴发达国家经验，推出可支付租赁住房。可采用的一种方案是，由有关机构（公房管理部门或廉租房管理中心）收购符合廉租住房标准、价格适中、户型较小的“二手房”和普通商品住房，以存量住房作为中低价位租赁房源，既可向“夹心层”居民提供租金相对低廉的住房，又可按更低的租金标准出租给廉租对象。

（三）完善廉租住房保障对象的进入、退出机制

这可以从以下三个方面完善：第一，科学划分家庭收入水平和住房困难标准。廉租住房保障对象的家庭收入标准和住房困难标准，应由地方政府按照当地统计部门公布的家庭人均可支配收入和人均住房水平一定比例，结合城市经济发展水平和住房价格水平确定。廉租住房保障面积，应由地方政府根据当地家庭平均住房水平及财政承受能力等因素确定。廉租住房保障对象的家庭收入标准、住房困难标准和保障面积实行动态管理，地方政府每年向社会公布一次，以避免政策扩大化的出现。第二，建立严格的审查、登记及征询制度，防止住房保障对象认定出现偏差。政府应对需要保障住房的对象进行严格的审查，其对象必须是以民政部门或房地产管理部门登记在册的家庭；同时还必须向社会发布公告，以征询社会的意见。第三，建立家庭收入档案和复审制度。每隔一段时间对原保障对象进行重新认定，只有符合条件的方可继续享受廉租住房政策。

（四）多渠道筹措资金

中央政府应该运用中央财政对地方政府进行有效的补贴，达到资源的优化配置，从而让地方政府有能力去贯彻实施廉租住房保障政策。地方政府要根据廉租住房工作的年度计划，切实落实廉租住房保障资金：一是地方财政要把廉租住房保障资金纳入年度预算安排。二是住房公积金增值收益在提取贷款风险准备金和管理费用后全部用于廉租住房建设。三是土地出让净收益用于廉租住房保障资金的比例不得低于10%。为保障资金的落实，政府相关部门要加快制定《住房保障条例》以加强政策的权威性，明确住房保障的责任条款，保证政策的执行，建立对各级政府、主管部门实施住房保障的推进机制、奖惩机制和责任追究机制。另外，随着经济增长和地方财政收入的增加，国家要有相应政策，确保城镇廉租住房财政预算资金到位，还要通过其他方法拓宽融资渠道，如政府发行住房建设公债等专门筹措廉租住房建设资金。首先，政府可以在廉租房建设中引入“房地产信托基金”，以解决廉租住房建设的资金渠道问题。房地产投资信托基金一般是通过信托方式集合社会闲散资金，聘请专业人士投资、经营管理，并以租金收益回馈投资者。这种直接融资方式不会增大银行风险和政府的财政负担。由于政府每年投入的补贴资金只需能填补廉租住房租金和资本市场回报率之间的缺口，因此这种方式可以使政府用有限的资金启动较大规模的廉租房建设体系。在此模式中，由住宅产业商会通过相关渠道，募集资金，在城市收购房源，以低租金出租用作廉租住房。其次，政府发行有限量的住房建设公债，遵循“缺口补给式”原则，即总体考虑廉租住房临时性融资缺口来确定数额，为地方政府弥补廉租住房建设资金的缺口。政府在确定住房建设公债发行规模的同时，还应根据自身财政收支运营状况合理确定债务的偿还期限。

（五）注重政策宣传和说服教育

注重宣传和说服教育是中国共产党在长期的革命和建设实践中得出的一条具有中国特色的政策执行的经验。由于地方政府和官员都是“经济人”，廉租住房政策方案并不能自发地被接受，更不会自动地被执行。我们要通过各个方面多种形式的强化政策宣传，形成强大的社会舆论，创造一个极为有利的政策执行氛围和环境。政策总是表现为对一部分人的利益进行分配和调整，表现为对一部分人的行为的指导、制约和改变。廉租住房政策是代表人民群众的根本利益的，但它在一定程度上与地方政府和官员的利益有冲突。为了保证政策的顺利实施，就要解决人们的思想问题，做深入细致的说服教育工作。另外，在各级政府和官员的绩效考核中，要把廉租住房政策执行情况纳入其中，利用地方政府和官员的“自利”来达到“利他”的目的。

第五节
地方政府避免公共政策失效的对策

公共政策是政府机构活动的产物、政府体制的函数，是政府进行公共事务管理的主要手段和方式。作为一种对全社会价值作权威性的分配的方式，任何社会的经济繁荣、政治发展和社会进步，均离不开合理的公共政策指导和调控。在现代社会中，政策因素已渗入社会生活的各个领域，几乎没有一个现代国家不是通过政策来进行各项政府管理活动。现代社会方方面面的进步和发展与国家公共权威的运用和维护密切相关，这是人类社会走到21世纪所面临的一种基本景象。能否制定出切合实际的政策以及能不能有效地推进和贯彻这些政策，是衡量一个国家政府执政能力大小的一个主要标准。中国是政策大国，世界上没有哪一个国家有中国如此之多的公共政策。从比较政治学的角度看，公共政策在中国政治和公共事务中所起的作用远远大于其他国家。

不过，政策运行并不总是成功的，在政策过程中任何一个环节出现差错都有可能导致政策失效。政策过程是个充满风险之旅，一不小心就有可能达不到目的地。一旦政策失效，将使作为政府管理活动产出的公共政策无法释放其应有的能量，不能解决相关政策问题，难以实现其保持社会稳定、控制社会秩序、满足社会需求、增进社会福利、引导社会变迁、促进社会发展的政策目标，政策过程中投入的大量人力、物力、财力等资源都将成为沉没成本，给经济社会带来巨大浪费。更为严重的是，政策失效还往往给社会造成严重破坏，对政府的政绩产生不良影响，进而导致政府权威流失，危及政府的合法性和政权的巩固，极端者将导致政府垮台。正如西方著名政治学家阿尔蒙德（Gabriel A. Almond，1956）所指出的那样："在许多当代社会中，人们对政权的支持，会很快受到当局在满足公民选择要求是实际作为如何这一因素的影响。"①

一、政策失效的主要原因

（一）政策问题因素

问题确认是问题求解过程中最为关键的一环。问题确认失误是政策过程中可能导致政策失效的首要环节，但往往为人们所忽视。能否准确地发现政策问题，不仅影响政策制定的后续环节，甚至关系到政策的成败。William N. Dunn（1994）认为"政策分析是以问题为中心的"，"确定了正确的社会问题等于解决了一半"，"人们失效常常是由于解决的是不该解决的问题，而不是错误地处理了该解决的问题。"② 正是从这个意义上说，问题的挖掘和确认比问题的解决更为重要。政策决策系统对政策问题确认不准确的原因有很多。除了人为的原因外，欲解决的问题本身的复杂性也常常使决策者难以准确地确立政策问题。现实中，很多社会问题往往交织在一起，或一个问题涉及经济、法律、教育等多方面，使决策者难以准确地确立好根本性问题或问题的最重要方面作为政策解决对象。如很多环保问题往往与经济、法律、教育、道德等领域的问题相互制约、相互交织，并非单纯的环保问题，仅从环保角度制定政策来治理很难有明显成效。

（二）信息资源因素

当今社会是信息社会，信息对政策活动的制约贯穿整个政策全过程，不仅制约决策，而且影响执行。在现代社会庞大而复杂的组织体系中，信息的汇集、辨认和处理会遇到一些基本的困难。一个组织在一定时期内处理信息的能力是有限的，而且流经各个等级结构的信息常常因其中地位较高者的意愿和敏感以及地位低下者的屈从而被扭曲。另外，政策执行者和

① 加布里埃尔·A. 阿尔蒙德．比较政治学——体系、过程和政策［M］．北京：东方出版社，2007.

② William N. Dunn, Public Policy Analysis: An Introduction, Englewood Cliffs, New Jersey, Prentice-Hall, Inc. 1994.

目标群体对所颁布和下达政策的有效执行和接收是以其对政策信息的全面掌握和准确理解为基本前提的。政策过程任何一个环节的信息管理不善均可能出现信息不完备、信息不对称、信息失真等，最终置政策于失效的境地。

（三）政策执行者因素

党和政府制定的路线、方针、政策是靠各级干部来执行的。这些干部的自身素质和能力水平（其中包括他们对政策的认同感、认真负责的态度、勇于创新的精神、个人的知识结构和业务能力等）直接影响着政策执行的效果。在实际工作中，有的政策执行者政治素质不高，把政策当作谋求个人或本部门私利的工具，搞政策部门化、部门利益化、利益个人化，对自己有益的政策就以极高的热情积极执行，而对于自己不利或是无近期利益的政策则消极应付。有的执行者缺乏大局意识、全局观念，看问题办事情往往仅从本地区和本部门的局部利益、眼前利益出发，以发展地方经济为中心，对上级政策采取实用主义的态度，钻政策空子，搞“上有政策，下有对策”的“软对抗”。更有甚者凭长官意志，用粗浅的领导意见代替党和国家的政策，逐步消解了上级政策的权威和效力。有的执行者的知识结构、知识水平落后于市场经济条件下形势发展，缺乏科学有效地执行新政策所必备的系统观念、创新观念、战略远见、稳定积极的心理素质和自觉接受群众和社会监督的民主意识，不注重学习和提高，只是忙于事务性工作，不善于研究政策。他们囿于自己的知识水平和认知水平的局限，对政策了解不全面、把握不准确，执行政策时搞绝对化、表面化，不是结合当地实际情况创造性地执行政策，而是不加任何变通地生搬硬套，缺乏创意。在农村，一些基层干部执行政策时方法简单、作风粗暴；行政推动的多，信息引导和典型示范的少；压服训斥的多，说服教育的少；感情用事的多，依法办事的少。这样既伤害了人民群众的感情，激化了干群矛盾，又影响了基层群众对上级政策的认同感，影响了政策的实施效果。

（四）目标群体因素

一项政策能否成功达到预期目的，最重要的因素是人的因素。在政策运行过程中，尤其是政策执行阶段，除了执行主体行为外，目标群体对政策作何反应是影响政策执行效果的最主要的人为因素。目标群体的行为反应主要受两个因素影响：一是利益得失的计算、权衡；二是传统、习俗、道德观、价值观等非正式规则的影响。政策总是涉及人们的利益分配，一些人得到利益就意味着另一些人失去利益。作为政策执行对象的目标群体既有可能获得利益，也可能失去利益，既可能是政策的受益者或收益获得者，又可能是政策代价的承担者或收益与代价同时承受。因此，他们既可能支持政策亦可能抵制政策。导致目标群体对政策反应不一的另一个重要因素是政策的价值取向与目标群体中流行的价值观、伦理道德观、传统习俗等非正式规则的符合程度。如果政策提出的价值目标与目标群体中流行的价值观、伦理观、习俗传统相一致，政策就容易得到接受和执行；反之，则可能遭到抵制和反对。例如，我国推行的计划生育政策之所以在某些地区执行得不够顺利，其原因在于该政策与我国传统的重男轻女、多子多福的价值观念以及传宗接代、养老送终的传统习俗相冲突。

（五）政策运行过程监督机制缺失

1. 缺乏对政府决策的监督

在政府进行决策的过程中，发挥各方面监督作用具有非常重要的意义。许多政府决策失误往往是由于缺乏监督造成的，有时甚至不能做到决策权和监督权相分离，没有监督的权力必然导致腐败。政府决策者的权力来自于人民，他们的决策理应接受人民监督。但是，许多地方政府没有建立决策公开制度，决策信息不公开，一切都是暗箱操作。在政府决策不受审查、不可争论的地方，腐败的危险、公共资源被滥用的可能性会大大增加。人民没有知情权和参与权，就谈不上对政府决策的监督。

2. 政策执行的监督体系不健全

政策监督是检查行政运行、纠正政策运行过程中偏差，以保证政策达到预期目的的重要措施。但在现阶段政策执行过程中，缺乏明确的检验标准，缺乏专门的评价、反馈渠道和强有力的从上到下的监督机制，也缺乏一系列有严格约束力的制度来保障监督与检查。一是执行过程透明度不足，使人们对执行的质量、进度及措施的有效性无从了解，监督无法进行；二是监督和检查制度有失科学，过多地或单纯地注重对执行进度和执行结果的检查，而对执行过程本身以及执行过程中出现的问题关注不够或过少，监督制度的表面化，监督权力的抽象化，监督方法的非科学化，都使执行偏差得以产生并不断扩大。所有这些，不仅容易导致执行偏差的产生，而且极易导致偏差的扩大。

二、地方政府防控公共政策失效的对策

（一）提高政府决策者素质，减少政府决策失误

决策是政策运行过程的第一阶段，也是可能发生政策失效的第一环节。决策最终是由具体的人作出的，决策者的知识水平、道德素质、决策理念和决策能力直接影响决策的质量，关系着政策运行的成功与失效。在当今国际竞争越来越激烈的背景下，为了尽量减少因决策失误而造成的巨额损失，必须建立科学的选人用人制度，优化决策主体的知识结构、能力结构及职责岗位结构等，加强对党政决策部门决策人员的职业道德教育和相关业务培训，提高各级决策层整体素质，不断提高其决策能力和决策水平。

1. 加强政治学习，提高政府决策者的思想道德素质

通过学习，使政府决策者树立正确的人生观、价值观和道德观，切实树立全心全意为人民服务的信念。要不断教育政府决策者在决策过程中时刻为国家和人民的利益着想，怀着强烈的使命感和责任感从事决策活动，真正做到权为民所用，情为民所系，利为民所谋，依法进行科学决策。

2. 不断加强对政府决策者的教育与培训，让他们树立终身学习的观念

政府决策者在学习管理知识的同时，还要学习决策科学方面的相关知识。让支付决策者在实践中增长才干，不断提高他们的科学决策的水平，力争减少决策失误。

3. 可以通过宣传政府决策失误的一些反面案例，对其他决策者进行警示教育

通过一些决策失误的相关数据和对此失误的原因进行剖析，增强政府决策者的决策风险意识和责任感，增加自我约束，减少盲目决策、主观决策和经验决策，迫使政府决策者不断提高自身的科学决策能力，确保他们在以后的政府决策过程中能够做到谨慎行事。

（二）提高执行者素质

政策能否达到预期效果，关键在于执行。政策执行者的素质直接关系

政策执行效果，关系到政策运行的成败。事实上，政策执行过程中出现的偏差往往直接与执行主体的素质有关。为了减少执行偏差，一是要提高其思想政策素质，增强大局观念，防止和克服以权谋私、地方保护主义和部门保护主义；强化职业道德，提高自律精神，规范执行行为，自觉抵制以权谋私、弄虚作假和腐败保护主义。二是提高其理论水平，用科学的理论武装头脑，指导下作，善于辩证思维，以大局、战略为重，防止和克服短期行为。三是要提高其业务素质，要拓宽知识面，调整知识结构，补充薄弱环节，提高综合分析判断的能力。

（三）增强目标群体对公共政策的认同

1. 促进目标团体对公共政策的认知

促进目标团体对公共政策的认知是增强其政策认同的前提和基础，但实际中政策目标团体可能会因其文化水平较低而影响他们对社会事物的认识能力和理解能力以及他对于许多政策及其价值和意义的认知程度，或者因路径不畅而缺乏认知的机会。为此，一方面政府应深化教育体制改革，加大教育投入力度，从整体上提高广大民众，特别是偏远落后地区民众的文化水平，提高目标团体对政策的认识能力和理解能力。另一方面，政策执行者应该运用多种方式进行政策宣传，为目标团体提供充分的认知机会。例如，可以利用报纸、杂志、广播、电视等大众传媒发布政策的解释、评论性文章、图片，推行政策执行试点上的成功经验，宣传政策执行试点上的效果，宣讲所推行政策的内容和意义等；也可以通过在公共场所建立政策公布牌、宣传栏，印发宣传材料，制作电视宣传教育片等宣传方式，对党和政府的政策进行定期或不定期的宣传。

2. 强化政治社会化功能

政治社会化是人们在特定的政治关系中通过政治生活和政治实践活动，逐步获得政治知识和能力，形成和改变自己的政治心理和政治思想的能动过程。政治社会化的媒介包括家庭、学校、特定的政治符号、大众传播工具、社会政治组织和政治实践等。成功的政治社会化可以使人们逐渐掌握科学的政治价值观念，培养正确的政治行为模式，形成对国家、政党、权威、权利义务及社会制度的正确认识，使人们在潜移默化中树立起拥护、支持和体谅现行社会制度的价值倾向，并能够倾向于认同和接受政府或执政党制定的政策。如人们从小就在社会化的过程中学习到了尊重以父母、知识、法律、政府官员等为代表的权威。这种尊重权威的态度和服从权威的习惯对于人们成年以后的政策顺从是一种莫大的推动力量。因此，政府应充分重视政治社会化功能，正确引导政治社会化过程，尤其要保持各种媒介之间在政治价值取向、政治态度塑造和政治信念的形成等方面的一致性。

（四）确保决策过程科学化

1. 遵循科学的决策程序，实现决策过程的程序化

任何决策都是个动态过程，有其内在的规律性。决策程序是决策过程的规律性的体现，是在以往政策制定经验的基础上总结归纳出来的在政策制定过程中应该经历的工作顺序和活动步骤。制定政策特别是宏观政策和重大政策是一个非常复杂的决策过程，必须严格遵循合乎科学决策规律的决策程序。科学的决策程序应为：政策问题的认定——发现问题，确立对象；政策议程的确立——分析矛盾，确定目标；政策的规划、制定——设计方案，论证选优；政策的审议通过——民主讨论，集体决定。决策过程的程序化必须改变传统的经验型的“拍脑袋”决策方式，反对个人独断专行。

2. 强化人民群众在决策中的作用，促进决策过程民主化

为人民服务是我国公共政策的根本目的。因此，如何引导好、组织好、调动好人民群众参与公共政策的积极性，发挥人民群众在决策中的作用，促进决策的民主化，既是我国民主政治建设的题中应有之义，也是实现决策科学化的基础。没有决策的民主化，就没有真正的决策科学化。决策在很大程度上是对社会价值作权威性的分配，如果政府决策能充分反映人民的利益和愿望，人民群众对关系切身利益的社会重大决策的参与越积极广泛，人民群众与政府的行动配合越密切，政府的政策成功率就越高，政府在人民群众中的威望也就越高。我们一方面要大力发展教育科学文化事业，提高广大人民群众的科学文化素质，提高人民群众参与决策的意识和水平；另一方面我们要建立决策参与机制，进一步拓宽决策参与渠道，建立社会交流和协调制度，提高决策过程的透明度，以保证人民群众能有效参与决策。

（五）建立完整的监督体系，强化政府内部监督，依法惩处

许多正确的政策往往因为政策执行的偏差导致政策失效，政策执行偏差发生的一个重要根源在于政策执行者的不恰当活动。因此，要防止和减少政策失效现象的发生必须加强监督，即加强对政策执行者活动的监督。

1. 建立完整的监督体系

要做好政策监督，就要建立完整的监督体系，保证监督主体的多样性，形成政策执行机关（行政机关）自身、执政党、国家权力机关、司法机关、专门监督机构以及民主党派、社会团体和人民群众为监督主体的完整监督体系。当前，我们要特别加强政府内部监督机构对政策执行的监督。在政策监督中，政府内部监督具有直接、及时、灵活的优点。因此，加强政府内部自身建设是政策监督极为重要的一环。首先要实行双向监督，即加强上级与下级行政机关之间的相互监督；其次应扩大行政专门监督部门的处置权，提高专门监督部门的权威性，增强其威慑力。

2. 监督执行情况，对不执行政策者和违反政策者依法规进行处罚

监督执行情况是政策监督的关键环节。政策颁布后，执行者是否执行，是全面执行还是打了折扣，都需要通过监督去发现，也需要经过监督去促使没有执行者或不想执行者去执行，促使打折扣者全面执行。同时，政策监督并不到此为止。因为对于抵制和违反政策者不能与如实执行政策者一视同仁，也不能将经指出而改过的人与经指出仍不改的人同样处理。特别是对于后者，指出其不足之后仍不改正会造成政策得不到落实。因此，必须对这部分人按性质不同依法进行惩处。对于一般的违反执行者可作一般的纪律处分；对于严重违反和坚决抵制执行政策者必须撤销其职务才能保证政策的贯彻执行；对于因严重违反政策而触犯刑律者必须依法制裁。否则，政策监督将失去权威，不能发挥其应有的作用，政策执行偏差乃至政策失效仍将存在。

第六节 地方政府促进基层领导干部担当有为[①]的途径

地方政府制定出高质量的社会救助政策离不开基层领导干部担当有为，社会救助政策的有效执行也离不开基层领导干部担当有为。故笔者对地方政府促进基层领导干部担当有为的途径进行研究。

自党的十八大以来，随着“八项规定”、反“四风”和反腐败的深入以及限权问责的持续推进，政府部门的行政效率和公共服务质量不断提升，人民群众对政府部门的满意度越来越高。虽然党中央从严治吏深得人心，但一些领导干部尤其是基层领导干部的心态发生了微妙变化，出现了担当有为不足的倾向，主要有五种现象：一是碰到经济转型升级、企业关停并转、拆违拆迁等难题就想躲过去、绕过去；二是碰到治水治污、安全隐患治理等难题就想拖下去，留给后任解决；三是在急难险重任务面前退缩逃避、敷衍推诿，碰到难题就想推出去，推给别的部门单位科室、推给下属下级去处理；四是不愿到环保、安监等责任重、压力大的部门和岗位任职或不愿分管这方面的工作，喜欢到轻松的部门和岗位任职；五是在各类执法处罚、拆除违章、整顿治理等工作中不敢坚持原则，不敢得罪人，做老好人。

随着党中央十九大宣告新时代的到来，中国进入决胜全面建成小康社会阶段。全面建成小康社会对地方政府职能的发挥提出了更高要求，需要领导干部尤其是广大基层领导干部积极担当有为。基层领导干部通常工作在改革发展稳定的第一线，处于经济社会建设的最前沿，是实际问题的解

① 习近平总书记分别于 2013 年和 2018 年在全国组织工作会议上指出，“敢于担当，党的干部必须坚持原则、认真负责，面对大是大非敢于亮剑，面对矛盾敢于迎难而上，面对危机敢于挺身而出，面对失误敢于承担责任，面对歪风邪气敢于坚决斗争”。本部分根据上述习近平总书记讲话精神把领导干部担当有为定义为：领导干部担当有为，就是坚持原则、认真负责，面对大是大非敢于亮剑，面对矛盾敢于迎难而上，面对危机敢于挺身而出，面对失误敢于承担责任，面对歪风邪气敢于坚决斗争。

决者。当前，中国经济处于新常态，供给侧结构性改革正在深入推进，中美贸易战正在进行，社会发展面临一些问题。经济形势的企稳、去产能的推进、社会力量的培育、社会民生的保障等等都离不开基层领导干部的担当有为。为了落实党的十九大精神，有效应对诸多挑战，党中央于2018年印发了《关于进一步激励广大干部新时代新担当新作为的意见》，以期促进领导干部担当有为。然而，由于党中央明确要求“领导干部担当有为”的时间不长，故各地方政府都在摸索有效促进基层领导干部担当有为的具体途径。

截至2019年9月，在中国知网（www. cnki. net）上以篇名“基层领导干部担当有为”作为检索条件进行模糊检索，没有发现1篇相关论文。于是放宽检索条件，以篇名“基层干部担当”作为检索条件进行模糊检索，只发现5篇相关论文。付来博（2016）探讨了影响基层干部担当精神形成的原因，认为要从强化基层干部意志品质、健全管理制度、营造行政文化氛围等途径强化基层干部的担当精神。杨丽（2018）分析了“红船精神”中所蕴含的精神力量，认为基层干部要深入学习“红船精神”以推进基层干部改善作风。孙增余（2018）分析了容错纠错机制对基层党员干部担当的促进作用，认为在运用容错纠错机制时不仅要厘清容错纠错的界限，还要细化容错纠错的内容。李洋（2017）认为建设一支担当的基层干部队伍要采取以下措施：一是要坚持思想建党；二是提高基层干部干事创业的本领；三是完善奖惩管理机制；四是坚持从严治党。任志媛（2015）认为，培养勇于担当的基层优秀干部队伍要从以下几方面着手：一是匡正选人用人导向；二是重视培树基层干部的坚定政治品格；三是大力弘扬先进典型。

通过文献梳理可知，当下学术界对基层领导干部担当有为的研究比较薄弱，现有相关研究只对基层领导干部担当有为问题进行了定性分析，没有学者对该问题进行定量分析。定量分析是定性分析的深化，是认识的精确化。笔者以浙江省为例，在分析影响基层领导干部担当有为因素的基础上，向浙江省基层领导干部发放问卷调查诸因素对基层领导干部担当有为的影响程度，并运用层次分析法处理调查数据，最后根据定量分析结果从地方政府角度提出促进基层领导干部担当有为的具体措施。基层领导干部是指位居领导职务层次中县处级正职，或县处级副职，或乡科级正职，或乡科级副职的领导干部。

一、新时代基层领导干部担当有为的必要性

地方政府职能通常包括政治职能、经济职能、社会职能、文化职能，地方政府职能决定了其基层领导干部需要承担的职责。新时代基层领导干部在工作中需要积极担当有为以应对以下主要挑战：

（一）政治方面

依法治国实践以及机构和行政体制改革的深化、人民当家作主制度保障的加强、社会主义协商民主作用的发挥、爱国统一战线的巩固和发展都需要基层领导干部积极担当有为。

（二）经济方面

供给侧结构性改革的深化、创新型国家的建设、乡村振兴战略和区域协调发展战略的实施、社会主义市场经济体制的完善、全面开放新格局的形成都需要基层领导干部积极担当有为。尤其是新时代要求地方政府进行经济建设时贯彻五大发展理念，更加注重经济发展质量，促使地方经济增长模式从粗放型转变为集约型。长期以来，基层领导干部习惯于粗放型经济增长模式，在这方面积累了不少“经验”。由于“路径依赖”的存在，新时代如何实现地方经济发展提质增效对基层领导干部而言显然是一个挑战。另外，新常态下，许多中小企业发展缓慢甚至倒闭，中美贸易战更加恶化了中小企业的发展环境。中小企业是地方经济发展的基石，中小企业陷入发展困境无疑会拖累地方经济发展。如何有效辅助当地中小企业发展也是基层领导干部不得不面临的挑战。为了应对这些挑战，基层领导干部更加有必要担当有为。

（三）社会方面

教育事业的发展、就业质量和人民收入水平的提高、社会保障体系的建、脱贫攻坚战的持续、健康中国战略的实施、共建共治共享的社会治理格局的打造、国家安全的维护都需要基层领导干部积极担当有为。许多中小企业发展停滞甚至倒闭不仅影响地方经济发展，还会造成当地失业率增高，使一些老百姓陷入贫困，造成社会动荡不安。新时代如何提高当地就业率、完善社会保障体系、维护社会稳定是基层领导干部必须面对的挑

战。另外，新时代社会老龄化与少子化问题日益凸显。如何发展养老服务业，健全养老体系，创造良好的生育环境也是基层领导干部不得不面对的挑战。为了应对这些挑战，基层领导干部更加有必要担当有为。

（四）文化方面

社会主义核心价值观的培育和践行、思想道德建设的加强、发展社会主义文艺的繁荣、文化事业和文化产业发展的推动都需要基层领导干部积极担当有为。

（五）公共服务方面

当下，服务型政府已是我国各级政府的建设目标。长期以来我国政府一直是管理型政府，政府工作人员服务意识缺乏。这种情况造成地方政府的公共服务质量不高，公共服务水平有待改善。随着我国“放管服”改革的不断推进以及中国进入全面建成小康社会阶段，如何为老百姓提供更好的公共服务以满足当地人民日益增长的美好生活需要已成为基层领导干部亟须解决的问题，需要基层领导干部积极担当有为。

二、影响基层领导干部担当有为的因素

基层领导干部担当有为不足不仅会降低政府部门的工作效率，还会直接影响到党和政府决策的执行，因为再好的政策措施最终还是需要通过基层领导干部去落实，否则都是空谈。基层领导干部担当有为不足的表现形式多种多样，影响基层领导干部担当有为的因素也是多种多样的，这些影响因素可以分为组织方面的影响因素和个人方面的影响因素。

（一）组织方面的影响因素

1. 绩效考核机制不科学

科学的绩效考核机制是引导基层领导干部担当有为的指挥棒，能够有效激励其干事创业。不过，绩效考核是管理者所面临的最为困难的问题之一。正如 Halachmi（1995）所说：“很少有其他管理职能像绩效考核那样吸引这么多管理者的注意力，同样很少有其他管理职能像绩效考核那样难

以解决。”① 目前，基层领导干部绩效考核存在以下主要问题：第一，基层领导干部考核在方法上多由组织部门进行专项考核、关门考核；第二，考核指标的涵义模糊，共性指标多、个性指标少；第三，考核结果缺乏运用，晋升和报酬与考核结果相关性弱，考核结果的奖惩作用不大。这些问题不仅打击了担当有为者的积极性，还导致担当有为不足者越来越多。

2. 晋升、淘汰机制失效

目前，在基层领导干部晋升上不同程度地存在着看学历、以人划线、迁就照顾等问题，使得那些学历高、有关系、会溜须拍马的基层领导干部得到重用，而那些埋头苦干、没有关系、不会溜须拍马的基层领导干部却不能晋升。赫茨伯格（Herzberg，1959）的双因素理论认为，晋升、赞赏、发展等因素是满意因素，能够使人们得到满足和激励。如果人们在工作中这些因素可以得到满足，那么其就会受到较大的激励。根据双因素理论，以上问题会造成基层领导干部不愿担当有为。另外，基层领导干部淘汰机制不健全。基层领导干部能“上”不能“下”，能进不能出，只要其不违纪违法，没有渎职出事，就能够不到退休不退位。这导致一些基层领导干部对职责、群众都没有敬畏之心，对担当有为不足的行为无所顾忌。

3. 报酬机制欠合理

通常，报酬的多少不仅从经济上，而且从社会上和心理上会对一个人产生影响。J. S. 亚当斯（J. S. Adams，1967）的公平理论认为，员工对分配上公正程度的感受决定了其工作积极性，而员工的公平感取决于一种社会比较或历史比较。当员工感到不公平时，他可能会采取以下行为来求得心理平衡：一是改变自己对工作的投入；二是改变自己工作的产出；三是歪曲对自我的认知；四是歪曲对他人的认知；五是选择其他参照对象；六是离开工作单位。在市场经济发达的当下，社会财富快速增加。与之成鲜明对比的是基层领导干部工资缓慢上涨甚至停滞。这种反差让部分基层领导干部觉得报酬制度不公平，心理失衡。而且，在党中央高压反腐的背景下基层领导干部的一些正常福利待遇被削减甚至取消。这些问题导致基层领导干部要么改变自己对工作的投入，要么改变自己工作的产出，最终造成其担当有为不足。

---

① Halachmi, A. The practice of performance appraisal. In J. Rabin, T. Vocino, W. Hildreth, &G. Miller (Ed.), Handbook of public personnel administration. New York: Marcel Dekker.

（二）个人方面的影响因素

1. 理想信念动摇，宗旨意识淡薄

基层领导干部担当有为不足的主要原因之一，在于其理想信念出现了动摇，为人民服务的宗旨意识淡薄，造成精神上“缺钙”，革命意志衰退。

2. 能力素质不适应

随着中国特色社会主义进入新时代，社会上各种新问题、新挑战层出不穷。基层领导干部的传统工作理念、方法越来越无力解决这些新问题和新挑战，需要其不断学习以提升能力素质。面对这种形势和要求，部分基层领导干部在工作中出现心有余而力不足的情况，自然无法担当有为。

3. 不良传统行政文化影响

几千年来，中国传统行政文化中的“鞠躬尽瘁，死而后已”“位卑未敢忘忧国”等观念已深入人心。但是，我国传统行政文化中讲究的明哲保身、中庸之道等不良传统行政文化仍然有一定市场，成为少数基层领导干部的官场哲学和处世之道，导致这些基层领导干部在工作中缺乏担当精神和有为意识。

三、影响基层领导干部担当有为的主要因素

为了减少基层领导干部担当有为不足现象的发生，有效促进其担当有为，需要厘清各因素对基层领导干部担当有为的影响程度，进而找到促进基层领导干部担当有为的着力点。层次分析法具有系统性、简洁实用性、所需定量数据信息较少的特点，常被用于非结构化的复杂决策问题。在一定程度上，各因素对基层领导干部担当有为的影响程度确定过程是一种非结构化的复杂决策过程，所以层次分析法比较适合厘清各因素对基层领导干部担当有为的影响程度。

（一）建立递阶层次结构

根据影响基层领导干部担当有为的因素，把影响基层领导干部担当有为因素体系分为目标层、准则层、方案层三个层级：目标层是“基层领导干部担当有为影响因素”；准则层包括“组织方面影响因素”“个人方面影响因素”；方案层包括“绩效考核机制不科学”“晋升、淘汰机制失

效”“报酬机制欠合理”“理想信念动摇，宗旨意识淡薄”“能力素质不适应”“不良传统行政文化影响”等六个因素。具体见表 8 - 2。

表 8 - 2　　基层领导干部担当有为影响因素体系

目标层	准则层	方案层
基层领导干部担当有为影响因素（A）	组织方面影响因素（B_1）	绩效考核机制不科学（C_1）
		晋升、淘汰机制失效（C_2）
		报酬机制欠合理（C_3）
	个人方面影响因素（B_2）	理想信念动摇，宗旨意识淡薄（C_4）
		能力素质不适应（C_5）
		不良传统行政文化影响（C_6）

（二）构建两两比较判断矩阵

判断矩阵见表 8 - 3。标度的定义如表 8 - 4 所示。

表 8 - 3　　B_i和 B_j对基层领导干部担当有为的相对影响程度矩阵

A_1	B_1	B_2	Λ	B_n
B_1	b_{11}	b_{12}	Λ	b_{1n}
B_2	b_{21}	b_{22}	Λ	b_{2n}
M	M	M		M
B_n	b_{n1}	b_{n2}	Λ	b_{nn}

表 8 - 4　　判断矩阵标度定义

标度 b_{ij}	含义
1	i 因素与 j 因素对基层领导干部担当有为具有同等影响程度
3	i 因素对基层领导干部担当有为的影响程度比 j 因素对基层领导干部担当有为的影响程度大
5	i 因素对基层领导干部担当有为的影响程度比 j 因素对基层领导干部担当有为的影响程度明显大
7	i 因素对基层领导干部担当有为的影响程度比 j 因素对基层领导干部担当有为的影响程度非常大
9	i 因素对基层领导干部担当有为的影响程度比 j 因素对基层领导干部担当有为的影响程度极端大
2，4，6，8	为以上两相邻判断之间的中间状态对应的标度值
倒数	若 j 因素与 i 因素比较，得到的判断值为 $b_{ji} = 1/b_{ij}$

依据影响基层领导干部担当有为因素体系制作出《影响基层领导干部担当有为的因素调查问卷》。浙江省有杭州、宁波、温州、嘉兴、湖州、绍兴、舟山、金华、衢州、台州、丽水等11个地级市，在每个地级市向80位基层领导干部发放该调查问卷进行匿名调查，浙江省11个地级市共计发放880份调查问卷。回收调查问卷819份，回收调查问卷占全部发放调查问卷的93%，在819份回收调查问卷中又剔除了填写质量较差的调查问卷，最后实际有效调查问卷是792份，占回收调查问卷的90%。本文所采用的标度根据调研数据权衡后得出。

（三）层次单排序和一致性检验

相对于“基层领导干部担当有为影响因素（A）”而言，“组织方面影响因素（B_1）”“个人方面影响因素（B_2）”就其影响基层领导干部担当有为的程度进行比较。一致性检验通过。如表8-5所示。

表8-5　B_1、B_2的权重

A	B_1	B_2	W_i	
B_1	1	3	0.750	$\lambda_{max}=2.000$ CI=0.000 RI=0.000 CR=0.000
B_2	1/3	1	0.250	

相对于“组织方面影响因素（B_1）”而言，“绩效考核机制不科学（C_1）”“晋升、淘汰机制失效（C_2）”“报酬机制欠合理（C_3）”等指标就其影响基层领导干部担当有为的程度进行两两比较。一致性检验通过。如表8-6所示。

表8-6　C_1、C_2、C_3的权重

B_1	C_1	C_2	C_3	W_i	
C_1	1	5	3	0.637	$\lambda_{max}=3.039$ CI=0.019 RI=0.580 CR=0.033
C_2	1/5	1	1/3	0.105	
C_3	1/3	3	1	0.258	

相对于“个人方面影响因素（B_2）”而言，“理想信念动摇，宗旨意识淡薄（C_4）”“能力素质不适应（C_5）”“不良传统行政文化影响

（C_6）”等指标就其影响基层领导干部担当有为的程度进行两两比较。一致性检验通过。如表 8－7 所示。

表 8－7　　C_4、C_5、C_6的权重

B_2	C_4	C_5	C_6	W_i	
C_4	1	1/3	3	0.258	λ_{max} = 3.039 CI = 0.019 RI = 0.580 CR = 0.033
C_5	3	1	5	0.637	
C_6	1/3	1/5	1	0.105	

（四）层次总排序和一致性检验

C 层相对于 A 层的总排序见表 8－8，一致性检验通过。

表 8－8　　C 层总排序

	B_1	B_2	C 层总排序（影响程度）
	0.750	0.250	
C_1	0.637		0.478
C_2	0.105		0.079
C_3	0.258		0.197
C_4		0.258	0.065
C_5		0.637	0.159
C_6		0.105	0.022
CI CR			$CI_{总}$ = 0.019 $RI_{总}$ = 0.580 $CR_{总}$ = 0.033

四、新时代地方政府促进基层领导干部担当有为的具体途径

我国不平衡不充分发展状况的改变和人民日益增长的美好生活需要的满足离不开广大领导干部尤其是基层领导干部的担当有为。关于担当有为，党的十九大报告指出要坚持严管和厚爱结合、激励和约束并重，完善干部考核评价机制，建立激励机制和容错纠错机制。通过层次分析可知，影响浙江省基层领导干部担当有为的诸因素中，“绩效考核机制不科学”对基层领导干部担当有为的影响程度最大，“报酬机制欠合理”对基层领

导干部担当有为的影响程度位列第二，“能力素质不适应”对基层领导干部担当有为的影响程度位列第三。这三个影响因素的影响程度高达0.831，可见它们是浙江省地方政府促进基层领导干部担当有为的抓手。根据层次分析的结果以及党的十九大的相关精神，为了有效促进基层领导干部担当有为，浙江省地方政府要采取以下措施：

（一）大力提高绩效考核的科学性

考准、考实基层领导干部的业绩是晋升、淘汰机制和绩效工资制度有效运行的前提。地方政府要着力改善绩效考核的科学性。

1. 优化指标设计

地方政府要明确基层领导干部的岗位职责，细化职位说明书和岗位职责规范，构建完整的职责体系。在此基础上对基层领导干部进行考核。对基层领导干部的考核评价，除了职业道德、工作作风等共性要求外，还要根据基层领导干部的岗位分工和岗位职责，分类设计考核评价指标，明确不同岗位工作好、中、差的具体标准，确保对每个岗位、每名基层领导干部的考核具体化、个性化，而不是一个模式、一种标准，真正把每名基层领导干部的业绩考准，促使基层领导干部对岗位职责不敢懈怠、认真对待。另外，地方政府要明确不担当有为的负面清单，划定“一票否决”的行为禁区，设置担当有为不足的触底红线。

2. 改进绩效考核方法

地方政府要更加注重平时考核，通过建立基层领导干部办事档案、实绩档案等形式，记载基层领导干部平常担当有为的情况，作为对基层领导干部全年工作评价的重要依据。对基层领导干部的考核评价，除了听取本单位干部职工意见外，还要根据与岗位相关联、有接触的原则，听取服务对象、基层群众的意见。

3. 明确评判基层领导干部担当有为不足的标准，以便有据可依

地方政府要针对基层领导干部担当有为不足的各种表现，结合基层领导干部考核评价、干部监督管理，把担当有为不足的认定标准具体化、明确化，做到“对号入座、有据可依”。

（二）着力改革报酬机制

报酬包括物质报酬和精神报酬两部分，公务员的报酬制度不仅关系着

公务员的激励力度，还影响着政府的行为和产出。物质激励是基层领导干部最基本、最现实的需求，地方政府必须在严格执行中央政策规定的基础上，以科学的绩效考核为基础，提供具有外部竞争性的报酬，最大程度发挥物质报酬激励的杠杆效应。民营企业薪酬分配制度的特点是按绩分配，地方政府可以借鉴民营企业的做法，在科学考核的基础上根据基层领导干部绩效考核的结果适度拉开报酬差距，调动其工作积极性。例如，地方政府可以改变基层领导干部的现有工资结构，增加绩效工资，使其占基本工资的30%左右，每月由单位集中管理并根据基层领导干部的绩效按月发放。这样能够通过切实加大经济方面的激励力度，促使基层领导干部对绩效考核结果不再等闲视之，积极担当有为。

在关注基层领导干部物质报酬的基础上，地方政府要善于运用精神报酬激励基层领导干部担当有为。一是建立分层、分级、分领域的定期表彰制度，以表彰担当有为的基层领导干部。二是出台担当有为的基层领导干部立功受奖具体办法。地方政府要对照公务员奖励适用情形，明确各种奖励具体条件，同时制定重大突出表现立功受奖细则。三是开展“担当有为”巡礼活动。地方政府要树立一批担当有为的基层领导干部榜样，运用新闻媒体和现代网络平台广泛宣传其先进事迹。这不仅能够激励基层领导干部担当有为，还有助于在全社会营造出“担当有为”受尊重、被认可的浓厚氛围。

（三）积极完善能力培训和信念培养机制

一是在培训前要进行培训需求评估，对培训项目进行科学设计，培训中要重视培训成果的转化，培训结束后要进行培训评估。二是明确学习内容。地方政府要根据不同岗位类别来确定专业知识等个性学习内容以及信念培养等共性学习内容，不断拓展基层领导干部的知识面。三是实施干部召回培训制度。组织部门根据基层领导干部在工作中出现的对工作不熟悉、不担当、信念不坚定等问题确定需要召回的人选，然后通过集中学习教育、组织座谈、专家心理疏导等措施，让基层领导干部“回炉淬火、加钢锻造”，并根据召回期的考核情况对基层领导干部的职务进行调整。

（四）建立健全容错机制和信任保障机制

基层领导干部在干事中其效果有可能与其预期有偏差甚至出现问题或

产生一定的损失。地方政府如果不问青红皂白，只是简单地追究其责任，那么可能会造成基层领导干部担当有为不足。为了促使基层领导干部担当有为，地方政府要建立健全基层领导干部容错机制。基层领导干部在工作中只要遵循了以下五项原则，那么即使其所作所为的实际效果未达到预期甚至造成了一些损失，基层领导干部也可以减责甚至免责：一是遵规守纪原则。基层领导干部所为是法律、法规允许的，或者基层领导干部在决策中遵守了民主集中制、“三重一大”事项集体决策等规定，对决策风险进行了充分评估和积极防控，最大限度实现了决策公开透明。二是服从部署原则。基层领导干部所为符合党委、政府决策部署，其目的是为保障重大决策部署、重点项目任务顺利实施，促进地方经济发展和社会稳定，维护最广大人民群众根本利益。三是鼓励创新原则。基层领导干部所为是为解决改革难题而进行的大胆探索。四是干净干事原则。基层领导干部所为没有为自己、他人或单位谋取私利，认真落实了党风廉政建设主体责任和监督责任。五是主动纠错原则。基层领导干部发现工作失误后积极采取了措施，以最大限度挽回损失。

为了体现组织上对基层领导干部的信任，推动基层领导干部担当有为，地方政府还要建立信任保障机制。信任保障机制应包含两部分内容：一是建立群众信访举报甄别机制。基层领导干部是政府政策执行和落实的主要承担者，经常与广大群众直接接触，他们在政策执行中有时会为了公共利益而与部分群众发生冲突。个别群众可能因个人利益受损而通过恶意举报来打击报复相关基层领导干部，故要建立老百姓信访举报甄别机制以甄别核实相关情况和给被举报的基层领导干部解释的机会。二是建立组织部门约谈制度。多数基层领导干部的工作具有急、难、险、重的特点，承受着较大的工作压力。组织部门要经常找基层领导干部开展谈心、谈话，鼓劲打气，以促进他们担当有为。

（五）努力畅通能上能下渠道

一是要严格执行《党政领导干部选拔任用工作条例》，完善基层领导干部日常考核、履职跟踪监督管理制度，把基层领导干部担当表现纳入领导班子和领导干部年度考核内容，注重在工作中发现、考察、识别、使用基层领导干部。地方政府要按照重德才、重实绩、重基层的用人导向，关心、提拔思想素质较好、工作默默无闻、群众认可度高的一线基层领导干部、“老黄牛”式基层领导干部。二是要根据中央制定出台的《调整不适宜担任现职领导干部实施办法》，将基层领导干部不适宜担任现职的各种情形进行细化，为常态化治理“为官不为”提供操作性较强的措施。三是要对“下行”的基层领导干部实行“一人一档”跟踪管理，充分利用日常考察、届中考察、届末考察等契机，察看其工作劲头和精神面貌是否改观，工作业绩和群众口碑有否提升。对转变明显的基层领导干部，地方政府要及时予以表扬、谈话和鼓劲，对特别优秀者再次提拔重用；对进步不大的基层领导干部，让其进一步“下行”。

除此之外，为了进一步坚定基层领导干部的理想信念，营造良好行政文化，地方政府一方面要深挖包括“鞠躬尽瘁，死而后已”“位卑未敢忘忧国”在内的传统行政文化资源瑰宝，加大对担当有为者的宣传力度，另一方面要采取以下措施消除传统行政文化中为官不为和不愿担当的不良文化因素：一是加大对担当有为不足反面典型的曝光力度，点名道姓通报曝光反面典型，用舆论、用群众的眼睛迫使干部担当作为，见贤思齐；二是督促各级领导干部以身作则、以上率下。如果上级领导干部不敢担当，出了问题总把责任推给下级领导干部，自然会让下级领导干部寒心，从而导致各级领导干部不愿担当有为。

第九章

西方相关理论对我国地方政府管理的启示

行政学作为一门独立的学科，产生于现代西方社会。历经一百多年的发展，行政学取得了一大批研究成果。其中许多成果对于提高西方国家政府的行政管理水平起到了重要的促进作用。邓小平曾经说过："我们要向资本主义发达国家学习先进的科学、技术、经营管理方法以及其他一切对我们有益的知识和文化，闭关自守、故步自封是愚蠢的。"① 我国地方政府管理同样也需要借鉴西方发达国家政府行政管理的成功经验和科学方法。地方政府管理水平的提高无疑有助于其更好地促进社会力量参与社会救助。所以，笔者进一步探讨弹性化政府模式、公共选择理论、新制定经济学对地方政府管理的启示。

① 邓小平．邓小平文选［M］．北京：人民出版社，1994.

第一节 弹性化政府模式对我国地方政府管理的启示

当今社会，经济全球化程度的加深和信息技术的迅猛发展使得地方政府面临的行政环境日益变得动态和不确定。不可预测的突变在整个社会中随时有可能发生，引起混乱和危机，发生在美国的“9·11”事件和2020年新冠肺炎的流行就是很好的例子。为了增加地方政府的活力，提高地方政府的效率，以便更有效地适应不断变化着的行政环境和回应各种新的挑战，我国地方政府管理可以借鉴B. 盖伊·彼得斯（B. GuyPeters）提出的弹性化政府模式，建立起精简、统一、高效能的政府。

一、弹性化政府模式的基本内容

弹性化政府是指对于不断变化着的行政环境，能够机动灵活地采取各种措施并制定相应的政策，从而有效地适应各种新形势和回应各种新的挑战，使管理高效化且充满活力的政府。

（一）弹性化政府内部用可选择性的结构机制来代替那些拥有永久权利的传统部门和机构

弹性化政府模式主张不断撤销现有组织，从而避免因组织僵化所引起的困扰，使政府具有较大的弹性，以便能够对瞬息万变的社会情况做出迅速的反应。它不仅强调组织结构的弹性，还主张在协调管理与组织之间管理上也要增加弹性。弹性化政府模式还提出建立虚拟组织，通过网络协调更好地做好协调工作。研究表明，几乎所有正式组织本身都有寻求永久性的趋势。相对于正式化，如果可以将组织进行一定程度虚拟化，那么组织就有更大的灵活性和更强的适应性。虚拟组织是彼此志同道合的个人或群体间所建立的网络联系，是一种松散的、非正式的、在网络上存在和活动的组织。虚拟组织可以当作以系统层次而非以组织层次管理政府的一种手段，它是许多公共部门行为的基础。它不仅有助于组织成员对组织及其服务对象的认同，还有助于组织成员之间的协调和沟通。政府还能够从虚拟组织的讨论中吸取有益的政策建议，了解民意，改进工作。

（二）弹性化政府实行弹性化人事管理

弹性化政府模式主张采用弹性化人事管理，以便使政府能够快速而有效地对所面临危机或迅速增加的服务需求做出反应。它可以为政府节省开支，改变公民认为政府铺张浪费的印象。

（三）弹性化政府在政策制定中主张大胆试验，勇于创新

虽然永久性的人事制度和组织结构能够使政策的制定保持连续性，便于把握方向，同时给新的政策制定提供经验和知识基础，但是永久性和稳定性是创新的障碍，容易使官员墨守成规，不愿意进行改革、试验、冒险和创新。永久性政府常常基于政治上的理由不愿意在政策上碰运气，在对其计划执行效果没有百分之百的把握之前不会轻易地执行其计划。另外，为了让计划通过，政府总是竭力吹嘘计划的优点。

为了避免政府在政策制定上的保守性，唐纳德·坎贝尔（Donald Thomas Campbell，1974）一直提倡所谓的"实验社会"。他认为在这个社会中，政府必须敢于尝试创新的政策，同时不能断定某一种方法就必定是解决问题的最优方法。政府应该谦虚且诚实地承认："我们真的不知道到底该不该做，但是我们认为应该试试看。"因此，唐纳德·坎贝尔（Donald Thomas Campbell，1974）认为，政府应当以实验的态度，用实验的方法来对待政策制定。基于同样原则，另一个弹性化政府的倡导者叶海卡·德诺尔（Yehezke Dror，1969）提出了政策博弈的观点。他认为政策制定者在制定政策时存在信息不完全情况，因而制定政策需要冒风险，要把政策制定当作一场赌赛，将政策当作赌赛后所作选择常常可以避免太多无法挽回的错误。

（四）弹性化政府有助于使公共利益最大化

政府组织的非永久化或永久化程度的降低能够避免大型计划浪费经费，政府雇用较多的临时员工可以减少政府的成本。即使政府服务的特定受惠对象因公共部门员工知识有限、责任心不强而处于不利地位，但较低的赋税仍可使公民受益。政府花钱越少，对社会就越有利。另外，弹性化

政府有助于政策创新，政府创新和减少僵化不仅能够节约公款，还能够使成功的概率增加，这也可以使社会公众受益。

二、对我国地方政府管理的启示

（一）尽量减少常设性、永久性机构，推进政府机构改革

长期以来，我国政府经常为了完成某些临时性的工作而设立临时性机构和配备临时性人员。然而当这些临时性的工作完成以后，由于种种原因这些临时机构却常常没有撤销。西方国家政府也有临时性机构，不过它们雇用的是行政编制以外的人员，这些人员根据政府的需要来自于社会又会回到社会。与西方国家政府不同的是，我国政府临时性机构的设置是政府行政范围内的组合，临时性人员不仅来自政府系统内部，还通过借调的方式来自政府以外的企事业单位。当临时性工作完成后，这些临时性机构往往还存在，借调来的人员也常常转为行政编制，这是引起我国政府机构庞大的原因之一。另外，政府机构的永久性和稳定性会造成挫折和无效。政府机构的稳定性使公务员习惯于安定的生活，稳定的终身任用制度使一些公务员整天碌碌无为，不干实事。“一杯茶，一张报纸”已成为民众形象描述某些公务员的代名词。弹性化政府强调建立临时性机构来完成某些公共管理工作，主张不断撤销现有机构，使政府具有更大弹性和对社会需要有更强回应力。在今后的行政改革中，地方政府应当根据精简、统一、高效能的原则，围绕建立办事高效、运转协调、行为规范的行政管理体系目标，尽量减少常设性、永久性机构。地方政府可以根据公共物品的不同性质来确定提供者是政府、第三部门还是企业。地方政府应根据需要来设立临时性机构，临时性机构的历史使命完成后要尽可能撤销。地方政府应本着公开、公平和竞争的原则招聘符合条件的临时性雇员，对这些临时性雇员，政府要做到需要时聘用，临时性工作完成后予以辞退，这有助于降低地方政府的成本。

（二）重视公务员的岗位轮换和分流工作

弹性化政府模式主张公务员实行岗位轮换和分流，这样不仅能使公务员更好地了解社会需要，使政府决策更符合公众的要求，还可以打破公务员的铁饭碗，保持政府的弹性和活力。我国行政体制改革的既定目标经常在公务员的微观层面上遭到大幅度扭曲或置换，行政体制改革力度也往往

在机构改革和人员分流上受到很大弱化。政府机构改革中人员精简一直是最棘手的问题，人员难以分流也是历次机构改革陷入“精简—膨胀”的怪圈的原因之一。针对这个问题，地方政府可以从以下四个方面着手解决：第一，加强行政文化建设，改变旧的权力意识和权力观念，树立以廉洁、服务为宗旨的行政文化观念；第二，把广大公务员的思想统一到党的十九大精神上来，以党和国家前途命运和改革的大局为重，树立自我否定和自我超越的勇气，提高改革的自觉性与主动性；第三，加强法制建设，建立竞争上岗制度，做到能者上、庸者下，造就一支充满生机和活力的高素质公务员队伍；第四，加强配套改革，尽快建立完善的、符合国情和市场经济的社会保障体系，给分流人员离职补偿，并为他们申办私营、个体企业，再就业培训和转向企事业单位等积极创造条件。

（三）灵活地设置地方政府机构

一直以来，我国地方政府共分为省（直辖市、自治区）、市（自治州、旗）、县（自治县、市辖区）和乡镇四级。这种地方政府结构的基本特征是：第一，除少数民族自治区外，政府职能是按照一个大致统一的标准或模式分配于各级政府；第二，政府级次设置在全国各地区是高度统一。然而在这种地方政府结构下，政府不能够有效率的提供公共物品。政府作为公共部门，主要职责就是提供公共物品。在由政府提供的众多公共物品中，许多是属于地方性公共物品，提供公共物品的职责应尽量下放到能够使成本与利益内部化的最小地理辖区在今后的机构改革中，地方政府要在党中央和国务院的统一领导下，给下级地方政府较大自主权。在地方政府级次的选择和政府职责权限的划分上，应当根据地方公共物品的分布特征来设置地方政府的级次和划分政府的职能权限。在地方政府规模的选择上，决定一级政府规模大小的依据是其所承担的职责，政府规模的选择不存在所谓统一的标准。这就是说，在解决我国地方政府机构臃肿和人员多的过程中，不能按照某种统一比例来进行人员精简，应当根据各级政府所承担的职责来进行。在地方政府组成机构的设置上，决定地方政府结构设置的是地方公共物品的数量、种类和其分布特征，各级地方政府之间在机构的设置上不应该强调所谓的“上下对口”原则，而应当根据地方政府履行其职能的需要来设置政府机构。

（四）大力坚持和完善“摸着石头过河”的政策制定模式

“摸着石头过河”的政策制定模式是以邓小平同志为代表的中国共产党人的一个创造性举措。对于改革开放，邓小平同志曾经指出，胆子要大，但步子要稳，走一步看一步，看到不妥当的地方就赶快改。后来人们把邓小平同志的这一思想形象地概括为“摸着石头过河”，这是一种适合我国改革开放实际情况的决策模式，也是改革开放时期我国政策制定中的一条重要经验。当前，世界各国综合国力竞争十分激烈，我们能否奋起直追，事关中国特色社会主义事业的兴衰成败。抓住时机，敢于挑战，增强敢于“冒风险”意识，迈开大步尽快赶上去，这是新时代对每一个公务员的要求。另外，在新时代，我们面临着许多新情况和新问题。这些新情况和新问题的解决方法没有现成模式可循，没有现成经验可搬，也没有现成本本可抄，所以我们在政策制定中应坚持解放思想、实事求是的思想路线，把马克思主义的基本原理和中国社会主义建设的实际相结合，以“三个有利于”作为判断标准，在前无古人的艰苦探索中大胆创新和尝试。只有这样做，我们才能制定出与新情况相适应的新政策，我国的改革开放事业才能够取得成功，中华民族才能永远屹立于世界强国之林。

第二节 公共选择理论对我国地方政府管理的启示

产生于20世纪60年代美国的公共选择理论是用经济学的观点和方法分析政治学的传统问题，公共选择的主题就是政治科学的主题，即国家理论、投票规则、投票者行为、党派政治学、官方政治，等等。虽然公共选择理论产生于市场经济比较发达的美国，其产生的社会经济环境和历史背景与我国国情截然不同，但是以詹姆斯·布坎南（James M. Buchanan，1960）为代表的公共选择理论学派提出的许多思想和见解对于中国进一步完善政府管理体制，提高行政管理效率具有重要的启示作用。正如邓小平同志所说的那样，社会主义要赢得与资本主义相比较的优势，就必须大胆吸收和借鉴人类社会创造的一切文明成果，吸收和借鉴当今世界各资本主义发达国家的一切反映现代社会生产规律的先进经营方式、管理方法。

一、加强地方政府管理的法制化建设

公共选择是指政治市场上各参与者依据一定的规则，共同确定集体行动方案的过程。詹姆斯·布坎南（James M. Buchanan，1960）认为，为了获得满意的集体行动方案，重要的是要改善产生集体行动方案的程序和规则，即通过建立和改善政治原则，以达到改善政治的目的，因为政治竞争是在宪法规定的规则结构内进行的，不是靠那些为公共利益奋斗的人改善政治。这种立宪的观点其实就是主张法制反对人治的观点。目前，我们国家政治领域中许多弊端产生的原因就在于长期以来法制不健全，人们随意违背宪法，人治现象突出。另外，市场经济本质上是法制经济，现代社会是法制社会，只有靠法律才能保证市场经济秩序的确立和顺利运行，政府的决策和管理活动也必须靠法律来规范。因此，地方政府必须加强法制建设，重视制度规则的选择和创新，尤其应该将政府的公共决策和行政管理纳入法制化轨道，改善公共决策系统，提高公共政策质量；加强行政立法和行政执法，行政立法是政府依法治国、依法行政的标志。现代所谓法治、依法治国、依法行政是从行政管理的法律性质出发的，实际是行政法治。行政法治是依法治国的核心和保证，政府守法是依法治国的首要原则。地方政府要依法约束政府行为，将政府机构规模、人员及经费开支的数量以法律的形式固定下来，实现政府管理过程的程序化，提高依法行政水平。

二、大力坚持和完善民主集中制

公共选择理论的全体一致规则虽然可以实现帕累托最优，但它忽略了成员的策略行为，而且全体一致规则需要花费很长时间和很大成本才能达成一致的协议，因此可行性几乎为零。多数决定规则和加权投票规则等虽然在单维事物、单峰偏好的假定下可以找到票决均衡点，但一般都不能实现帕累托最优，并且阿罗不可能定理证明了在现代民主制度下，无法找到一个规则能将不同个人偏好加总成一个集体偏好。以上分析说明了一个基本的道理，即完全的民主、绝对的民主是不存在的。在民主的基础上加以适当的集中才是切实可行的规则或制度。民主集中制是我国根本的行政领导制度，贯穿于各级行政领导的全部实践活动中，决定和影响着其他行政领导制度。其他行政领导制度是民主集中制领导制度的具体化，是由其决定和衍生出来的。民主集中制不仅充分吸收了现代民主决策体制和方式的各种优点，体现了现代民主决策体制的基本精神，而且考虑到我国政治制度的实质和社会主义条件下的公共决策特点，力求贯彻马克思主义的思想路线及我党的群众路线，发扬党和国家在长期公共决策实践中积累起来的优良传统和经验，以避免或克服西方代议民主制的种种弊端。民主集中制的本质含义就是在充分发挥民主的基础上有所集中，形成一个集体意见然后贯彻执行。尤其是当出现票决循环时，更有必要进行适当的集中，不然就很难形成统一的集体意见。不过，只要能够根据多数决定规则决定出均衡方案，地方政府就应坚持多数决定规则，要坚决反对打着民主集中的招牌搞“一言堂”“家长主义”或其他独裁专制。即使出现了票决循环现象，地方政府也要按照效率原则，在征求专家意见后做出决定，努力做到决策科学化。

三、兼顾公共利益和个人利益的一致性

公共选择理论假定政治生活中的个人是经济人，认为政治过程的立宪挑战就是构造和设计出能最大限度地限制以剥削方式追求个人利益，并诱导个人为追求个人利益来促进整个社会公共利益的制度和规章。这一观点实质上就是在坚决依法反对不正当的个人利益前提下，承认政治过程中的个人利益，并通过个人利益导向来引导人们去促进社会公共利益。我国政府一直鼓励广大人民参政时充分表达自己的意见和利益，但是长期以来避而不谈当选政治家、政府官员的个人利益问题，一直是主张这些人应该崇高无私，全心全意为人民服务。根据公共选择理论的多数决定规则，当选政治家的意见肯定是多数人的意见，当选政治家代表的利益必然是多数人的利益，否则他们就不可能当选。所以政府完全可以大胆承认当选政治家的个人利益，因为只要是按照多数决定规则，当选政治家的个人利益或偏好就只能是多数人的利益或偏好。同样地，公共选择理论也承认政府官员的个人利益，认为政府官员不是简单的政策解释者和执行者，而是在个人利益的驱动下去解释政策和执行计划，只要约束措施得力，个人利益是完全能够驱使政府官员去努力工作和提供有效的服务。由此可见，承认当选的政治家和政府官员有个人利益和自私并不可怕，可怕的是法制措施不完

善。所以地方政府应该大力加强法制化建设，限制参政者和执政者用不正当手段来追求个人私利，与此同时，依靠个人利益来诱导参政者和执政者尽职尽责。在我国市场经济体制不断完善和发展的过程中，地方政府要考虑到他们自身经济利益的满足，承认其自身利益的合理性，给他们提供良好的待遇和福利，让经济收入与他们的付出相适应，从而使他们能够体面地工作和生活。

四、从体制及制度的创新上加大反腐力度，消除寻租及设租滋生的土壤与条件

制度比人品重要是公共选择理论的一个基本观点，在当今社会里，这种观点尤为正确。其理由有二：第一，由于存在着信息的不对称，地方政府在招考公务员时，无法了解他（她）的所有信息，从而导致地方政府不可能全部录用到最优秀的人才。第二，任何人都有追求自身利益最大化的动机，人品好的人也概莫能外。人品好的人和人品坏的人在实现其自身利益最大化的方法上可能是不同的，但是人们采取何种方法去谋求其自身利益最大化不仅取决于他的人品，还取决于社会的制度环境。反腐败应从体制及制度的创新上下功夫，从根本上消除寻租及设租滋生的土壤和条件。寻租作为一种非生产性活动，并不增加任何新的产品或新财富，只是改变生产要素的产权关系，把更大一部分的社会财富装进私人腰包。寻租不仅导致了不同政府部门及官员争权夺权，从而影响政府的声誉和增加廉政成本，还妨碍了公共政策的制定和执行过程，降低行政运转效率甚至危及政权稳定。寻租活动是政府干预的产物，没有政府干预就没有寻租活动，所以寻租与设租是紧密相连的，没有设租行为的话，也就不可能有寻租活动。为了遏制寻租行为，我们可以加强舆论监督、变革制度结构等，另外，在政府决策中用委员会表决的民主方式能够比其他方式更能减少寻租活动造成的资源浪费。针对设租行为，我们可从以下两个方面着手来进行反设租：一方面，健全法制、强化监督，并对设租者严厉惩处，与此同时，清除超法律因素对执法行为的影响，提高设租者受查处的概率。此外，还应建立激励性的公务员薪水制度，薪水的提高能相对降低设租行为带来的超额收益，也能提高设租活动的机会成本，使公务员主动抵制设租活动的诱惑。只有不断进行体制和制度创新才能抑制或最大限度减少权钱交易、寻租和设租现象的发生。另一方面，要规范公共部门的职能范围，

削弱政府官员的公共权力。

五、减少政府干预的范围，引入竞争机制来提高政府行为的效率

从西方市场经济的理论与实践来看，市场的缺陷及市场的失灵被认为是政府干预的基本理由，然而政府本身的行为也有其局限性，会导致政府失败。市场解决不好的问题，政府也不一定能解决得好，而且政府失败给社会带来更大的灾难，造成更大的资源浪费。公共选择理论认为，导致政府行为的低效率有两个：一是政府政策的失效。社会实际并不存在作为政府公共政策追求目标的所谓公共利益，即使现实中存在着一些大家利益比较一致的情况，现有的各种公共决策体制及方式（投票规则）因其各自的缺陷也难以达到最优化或理想的政策。并且还存在信息的不完全、公共决策议程的偏差、投票人的近视效应、沉淀成本、先例等对合理决策的制约以及政策执行上的障碍，这些都使政府政策低效甚至失效。二是公共物品供给的低效率。公共物品的估价或评价上的困难；公共机构尤其是政府部门垄断了公共物品供给，缺乏竞争机制；政府机构及官员缺乏追求利润的动机；监督机制的缺陷。以上种种情况导致了公共物品供给低效率。由于存在政府失灵，那么在建立和完善社会主义市场经济体制过程中，必须确定好政府干预的范围、内容、方式及干预的力度，在市场机制能较好发挥作用的地方，应尽快让市场去发挥作用，政府应当补充而非取代市场机制。目前，政府的首要职能是经济职能，政府对其经济职能的垄断性是导致滥用经济职能的最重要原因。因此，地方政府在确定政府经济职能和其下属机构的经济职能时，应尽可能引入竞争机制，打破垄断的局面。例如，在需要地方政府提供产品及服务的场合，应允许其他市场主体进入与之竞争；在那些确实不宜其他市场主体进入的公共产品供给领域，应尽可能由多家企业提供；尽可能缩减政府管理范围和事项，将审批制改为登记制；政府的某些活动如许可证、牌照的发放可以采用拍卖方式；可以在政府机关内部建立节约成本、提高效益的激励机制。这些办法都有助于克服或防止政府失败，提高地方政府的工作效率，减少浪费。

六、运用市场机制及模式限制政府机构和预算规模的无限扩张

公共选择理论的尼斯卡宁官僚模型说明，作为经济人的政府官员知道只有靠工作量的饱满、预算规模的扩大、机构的升级扩张才能使自己升级

加薪及取得荣誉，所以政府官员从内心有一种扩张机构规模和增加工作量的冲动。另外，政治家或高级长官往往由于信息不对称等原因，难以监督下属的所作所为。这些情况导致了政府机构不断扩大，冗员不断增多。所以不管在东方还是西方社会，政府规模都很臃肿庞大，并且不断反复地收缩和扩张。以上分析表明，我国政府进行机构改革，推行公务员制度，对于打破干部终身制、建立政府官员能进能出和能上能下的符合市场经济国际惯例的正常机制具有积极意义。然而我们不能认为公务员制度一经建立，政府机构便会自动精简。我们还需要采取各种措施来控制政府机构的膨胀和人员的增多，而且机构改革并非一劳永逸，需要不断调整机构设置和人员编制来适应市场经济的发展。关于如何控制政府规模的问题，公共选择理论认为可以把政府官员的待遇与其所在部门的规模反向挂钩，即所在部门规模越大，冗员越多，官员待遇就越低，反之亦然。此外，改革预算程序，建立和健全预算法也能够控制住政府财政支出规模。目前，在我国公众服务需求增加而地方政府资源投入有限的矛盾状态下，通过业务合同出租、公共服务社区化和以私补公等一些创新措施，来限制政府机构和人员膨胀，缓解财政紧张状况，减轻社会及公民的税负压力都是可行的办法。

第三节
新制度经济学对我国地方政府管理的启示

新制度经济学是用经济学方法来研究制度的经济学，为人们分析经济社会问题提供了一个崭新视角，尤其是在一个新旧体制转轨的国家中，它更有用武之地。笔者分析了新制度经济学给我国地方政府管理中腐败与反腐败问题、法治与德治关系问题、政府与市场的关系问题所带来的启示。

一、从体制及制度的创新上加大反腐力度，同时不忽视思想教育

新制度经济学关于人的行为有三个假定：第一，人的行为动机是双重的，即人不仅追求财富最大化而且也追求非财富最大化。非财富最大化动

机也常常约束着人的行为，它具有集体行为偏好，人经常要在财富与非财富价值之间进行权衡。但是，实现非财富价值不能总是以牺牲个人财富为代价。制度能够改变人为其偏好所付出的代价，改变财富与非财富价值之间的权衡，从而使理想、意识形态等非财富价值在个人选择中占有重要地位。第二，人是有限理性的。道格拉斯·诺思（Douglass C. North，1973）认为，人的有限理性包括两个方面的含义：一是环境是复杂的，人们面临的是一个复杂的、不确定的世界；二是人对环境的计算能力和认识能力是有限的。因此，制度通过设定一系列规则能减少环境的不确定性，提高人认识环境的能力。第三，人具有机会主义倾向，即人具有随机应变、投机取巧，为自己谋取更大利益的行为倾向。人在追求自身利益的过程中常常会采取很微妙的、隐蔽的手段，会玩弄狡诈的伎俩。人的机会主义倾向是人类社会中的各种制度产生的一个重要来源，制度在一定程度上可以约束人的机会主义倾向。人的机会主义倾向具有两重性：一方面，机会主义动机常常是和冒风险、寻找机遇、创新等现象联系在一起的。另一方面，机会主义又会对他人造成一定的危害，机会主义在某种程度上可被看作是一种损人利己的行为。

新中国成立以来，曾经有过三次腐败现象高发的时期：第一个时期是20世纪80年代中后期。当时我国价格实行“双轨制”从而造成“官倒”“私倒”十分猖獗。第二个时期是20世纪90年代初期。由于土地市场的不健全及土地产权制度改革滞后，政府官员们掌握了土地的批租权力，从而出现了许多权钱交易和官员的腐败。第三个时期是20世纪末。我国国企改制和产权改革中出现的腐败。从以上三个腐败现象高发时期可看出：制度的不健全、不完善使官员们有了腐败的机会，官员们的机会主义倾向使这种可能性成为现实。所以反腐败应主要以制度为主，教育为辅。

反腐败应从体制及制度的创新上下功夫，从根本上消除寻租及设租滋生的土壤和条件。寻租作为一种非生产性活动，并不增加任何新的产品或新财富，而只是改变生产要素的产权关系，把更大一部分的社会财富装入私人腰包，寻租导致了不同政府部门及官员争权夺权，从而影响了政府的声誉和增加廉政成本。寻租还妨碍了公共政策的制定和执行过程，降低行政运转速度甚至危及政权稳定。寻租活动是政府干预的产物，没有政府干预就没有寻租活动。所以寻租与设租是紧密相连的，没有设租行为的话，也就不可能有寻租活动。为了遏制寻租行为，地方政府可以加强舆论监督、变革制度结构等。另外，在政府决策中用委员会表决的民主方式能够比其他方式更能减少寻租活动造成的资源浪费。

针对设租行为，地方政府可从以下两个方面着手来进行反设租：一方面，健全法制、强化监督，并对设租者严厉惩处，与此同时，清除超法律因素对执法行为的影响，提高设租者受查处的概率。此外，地方政府还应建立激励性的公务员薪水制度，薪水的提高能相对降低设租行为带来的超额收益，也能提高设租活动的机会成本，使公务员主动抵制设租活动的诱惑。只有不断进行制度创新或用制度的力量才能抑制或最大限度减少权钱交易、寻租和设租现象的发生。另一方面，地方政府要规范公共部门的职责范围，削弱政府官员的公共权力。当然，仅仅依靠制度来反腐败是不行的，格奥尔格·威廉·弗里德里希·黑格尔（Georg Wilhelm Friedrich Hegel，1807）认为，为了使大公无私、奉公守法及温和敦厚成为一种习惯，就需要进行直接的伦理教育和思想教育。由于新制度经济学认为人既追求财富最大化，又追求非财富最大化，再加上制度也有失灵的时候，所以地方政府也不应该忽视思想教育在反腐败中的作用。廉洁行政离不开法治，也离不开“心治”。地方政府应培养行政人员确立正确美好的行政伦理理想目标，并引导他们树立正确的行政伦理信念和价值观。

二、法治与德治并重，两者缺一不可

新制度经济学认为，制度分为正式制度和非正式制度两类。正式制度具有强制性特征，明确用奖赏和惩罚来规定人的所作所为。社会越复杂，正式制度形成的收益率就越高。道格拉斯·诺思（Douglass C. North，1973）认为，在人类行为的约束体系中，非正式制度具有十分重要的地位，即使在最发达的经济体系中，正式规则也只是决定了总体行为选择约束的一小部分，人们的大部分行为选择空间是由非正式制度约束的。在非正式制度中，意识形态处于核心地位，意识形态是减少提供其他制度安排服务费用的最重要制度安排。“好”的意识形态能降低社会运行费用，成功的意识形态可以有效地克服搭便车问题，意识形态能减少强制执行法律和法院的费用以及实施其他制度的费用。价值观念和伦理道德也是非正式制度的一项重要内容，人们的价值观念规定着制度，不同的伦理精神和道德规范制约了不同的利益追求机制与方式。

正式制度和非正式制度之间只有量的差异，没有本质不同。在现代社会中，正式制度总是和国家权力及组织联系在一起，在国家层面上，法律是正式制度的代表。非正式制度是无形的，使得非正式制度可以渗透到社会生活方方面面之中发挥作用。正式制度只有在与非正式制度相容的情况下才能发挥作用。当然，非正式制度作用的有效性发挥也依赖于正式制度的支撑。

目前，我们国家政治领域许多弊端产生的原因在于长期以来法制不健全，人治现象突出。我国市场经济的发展需要相对强有力的行政管理为之提供秩序，而行政权的加强必须有相应的控制、制约机制的加强与之伴随，否则不仅不能为市场经济提供秩序，还可能破坏已有秩序，导致新的混乱，损害市场主体的权益，阻碍市场经济发展。科斯定理认为，交易费用为正的情况下法律制度极其重要。当前，随着我国非帕累托型改革地深化，社会情况变得日益复杂，正式制度的收益率随之增大。因此，地方政府必须加强法制建设，建设法治政府。当然，任何正式制度作用的有效发挥都离不开非正式制度的辅助作用。法律离不开道德，道德是法律的基础，法律的维持和执行依赖于人们在道德上的共识、认同、确信和尊重。道德原则是制定正式规则的规则，法律正式制度对伦理道德规范具有很大依赖性。地方政府在发挥法律对社会规范作用时离不开伦理道德的规范调节，法治离不开德治，“以德治国”实质上是要重视非正式制度，主要是发挥非正式制度的伦理道德意识形态的功能。法律正式制度对一个国家来说固然极其重要，但作为非正式制度的伦理道德同样也不可或缺，它在一个国家治理中具有不可替代的作用。以马克思列宁主义、毛泽东思想、邓小平理论、习近平新时代中国特色社会主义思想为指导，巩固以马克思主义为主导的意识形态是德治的核心内容。由于“好”的意识形态能降低社会运行费用，所以在当今价值冲突多元时代，地方政府要坚定不移地加强马克思主义理论的宣传教育、引导人们树立正确的世界观、人生观、价值观，使马克思主义牢牢地占据意识形态阵地。法治与德治犹如车之两轮，鸟之两翼，必须相互配合，相得益彰，两者缺一不可。

三、尽可能的市场，必要时的政府

新制度经济学认为，保护和支持社会制度是政府的主要职能之一，政府的保护性职能有局限性。在政府的保护性职能中，有相当一部分保护性职能是通过政府管制来实现。管制的终极目的是服务于民，不过目前许多国家在保健、安全和环境方面实施的大量管制并不符合这一检验标准。这类管制的激增造成了交易成本，削弱了竞争市场的协调控制功能。乔治·斯蒂格勒（George Joseph Stigler，1941）认为，经济管制主要不是政府对公共需要的有效和仁慈反应，而是行业中一部分厂商利用政府权力为自己谋取利益的一种努力。在管制条件下，市场竞争已失去作用，谁获得了管制的特许权和经营权，谁就获得了垄断地位，同时谁也就获得了丰厚的利润。行业管制的过程实际上是消费者剩余转变为生产者剩余的过程。

国家的生产性职能是指国家或政府为公民提供某些公共产品。与成本和收益能由个人充分内部化的私人产品相比，这些公共产品主要是一些公享品，私人所有者不可能恰当地行使其产权，包括不可能行使排他性的权利。这会导致搭便车问题严重，公享品供给不足，所以由政府供给具有显著的正外部效应。另外，一些私人经济部门不愿意或无力生产的产品，或者私人经济部门容易形成垄断而损害消费者利益的产品，也只能靠政府提供。阿尔贝托·阿莱西纳（Alberto Alesina，1997）证明了政治性企业的业绩比类似的私人生产者差，在公共部门产权条件下，执行和监督相同任务的成本更高，当缺少由竞争市场所施加的无情约束时，行政控制的约束往往相对较弱，代价却相当高。针对与国家的生产性职能相关的各种问题，新制度经济学提出了一些解决方法。例如，政府可以通过将社会化生产活动移交给相应竞争的低级别政府，使社会化财产转变为某种俱乐部品；或者社会生产私有化，同时保证获取这些物品和服务的权利继续存留于公共领域之中。另外，政府可以改革会计系统，使之向运作最佳的私人企业看齐。激励和监督可能有助于为纳税人获取效率红利，为此，政府必须让经理的政治性老板为经理制定出明确的可测度产出目标，但在选择被用来生产该产出的方法和如何购买必要投入的方法上，经理承担责任。在无法实行这类改革的地方，政府应将物品和服务的生产从公共部门中剥离出来，并使之私有化，从而使其采用竞争性的私人企业的纪律。新制度经济学认为，产权失灵是市场失灵的重要原因。外部性、公共产品导致市场失灵的根源不在外部性与公共产品本身，而在于产权失灵。外部性的产生和不少公共产品的形成往往与产权界定不清有关。对于这些领域的问题，如果不从产权问题入手，而仅仅从国家干预入手可能并不能从根本上解决问题。

目前，我国国有经济在铁路、邮电通信、金融保险、城市公用事业等公共行业仍占垄断地位。现代经济学认为，基础设施建设领域是影响社会交易费用大小的一个重要因素。我国基础设施建设领域的这种格局从总体上增加了全社会的交易费用，所以政府应该在基础设施领域放开管制，引入竞争。诺思悖论指出，国家的存在是经济增长的关键，然而国家又可能是造成经济衰退的原因。根据新制度经济学的观点，针对市场失灵，政府也不是一副灵丹妙药，政府也会失灵，在有些情况下应从产权问题入手来解决市场失灵的问题。地方政府应采取“亲市场”的态度，即市场能解决问题的地方尽量让市场机制起作用，政府只能补充市场机制，政府应根据市场经济发展的不同阶段和现实经济运行状况，确定好干预的内容、范围及手段，使干预保持在恰当的限度之内。随着我国市场经济体制的建立和完善，地方政府干预经济活动的范围应逐步缩小，干预强度应减弱，市场机制的调节范围和力度应逐步扩大和增强，从而做到“尽可能的市场，必要时的政府”。

第十章

相关社会救助创新

国务院于 2014 年 2 月公布的《社会救助暂行办法》把社会救助主要分为最低生活保障、教育救助、特困人员供养、就业救助、住房救助、受灾人员救助、医疗救助、临时救助等类型。本章将对临时救助、就业救助、特困人员供养等类型的社会救助创新进行研究。

第一节
流浪乞讨人员的多元化救助管理模式创新①

救助流浪乞讨人员属于临时救助的一种类型。本节以浙江省宁波市为例，对流浪乞讨人员的多元化救助管理模式创新进行研究。

流浪乞讨人员的存在是一个普遍的社会现象，如何有效救助流浪乞讨人员是各国政府一直探索的问题。我国目前的流浪乞讨人员救助管理制度

① 本节内容发表在 2016 年第 5 期《经营与管理》上，论文标题为《宁波流浪乞讨人员的多元化救助管理模式研究》，作者：商子楠、唐果。

是从原来不成熟的管理制度发展而来的。20 世纪 80 年代以后，阻止农民流动迁徙的制度性障碍越来越弱。基于当时国情，我国对于城市流浪乞讨人员实行强制性的收容遣送制度。尽管收容遣送制度在保护城市流浪乞讨人员基本生活权益方面曾经发挥过积极作用，但在后来的实际操作中却渐渐偏离了初衷。凡是没有身份证等证明文件的流动人员都被列入收容遣送对象，这种制度造成的问题日益突出。2003 年 3 月发生的“孙志刚事件”招致了全社会对收容遣送制度的反思和抨击。为此，政府果断地废除了《城市流浪乞讨人员收容遣送办法》，出台了《城市生活无着的流浪乞讨人员救助管理办法》（以下简称《救助管理办法》）以破解迫在眉睫的难题。

《救助管理办法》主要有三个特点：第一，救助站实行的是开放式管理制度，被救助者不用担心被约束，享有完全的人身自由。救助站不得拒绝符合条件、希望得到救助的人。救助站应当对在城市里长期流浪乞讨者进行救助劝说，使其进站得到救助。对不愿意进站的流浪乞讨者，救助人员应为其提供一定有效帮助。同时，救助站应为流浪乞讨人员在站期间的食宿、健康等提供充分的保障。被救助人员返乡时，救助站应免费为其提供乘车凭证。第二，救助方式以政府民政部门为主要负责单位，其他部门为辅。《救助管理办法》第四条规定：“县级以上人民政府民政部门负责流浪乞讨人员的救助工作，并对救助站进行指导、监督。公安、卫生、交通、铁道、城管等部门应当在各自的职责范围内做好相关工作。”即救助站对救助流浪乞讨人员承担主要的救助工作，其他行政机关的工作人员在执行公务时遇到流浪乞讨人员应提醒和告知其到救助站接受救助。第三，对救助流浪乞讨人员的经费由地方政府实行全额拨款，上不封顶。《救助管理办法》第三条规定：“县级以上城市人民政府应当采取积极措施及时救助流浪乞讨人员，并应当将救助工作所需经费列入财政预算，予以保障。”《救助管理办法》实现了城市流浪乞讨人员管理从强制到自愿、从管理到救助的转变，体现了国家对弱势群体的保障和对其基本权利的维护，受到了绝大部分公众的赞誉。

然而，随着时间推移、社会进步，《救助管理办法》在发挥作用的同时也造成了一些问题，例如，职业乞丐的大量出现及管理问题。

一、宁波流浪乞讨人员的现状与救助存在的问题

根据《城市生活无着的流浪乞讨人员救助管理办法实施细则》第二条的规定，“城市的流浪乞讨人员”是指因自身无力解决食宿，无亲朋好友可以帮助，同时又不享受城市最低生活保障或其他来源的供养，以乞讨度日的城市流浪人员。考虑到流浪乞讨人员的流动性特征，笔者采用非概率抽样中偶遇抽样方法对宁波地区流浪乞讨人员的现状进行问卷调查。本次调查寻访了宁波市海曙区、鄞州区、江东区等三个主要区域，共计对50个流浪乞讨人员进行了问卷调查，对其中20个流浪乞讨人员进行了较深入的访谈。调查主要内容包括宁波市流浪乞讨人员的基本情况、乞讨原因、对社会救助制度的了解情况及救助意愿。

（一）流浪乞讨人员的现状

1. 流浪乞讨人员的年龄和性别

在被调查的流浪乞讨人员中，老年人（51岁以上）居多，占总数的60%；其次是中年人（26－50岁），占总数的22%；未成年人（18岁以下）占总数的12%；青年人（18－25岁）最少，只占总数的6%。在各个年龄段的人群中，除青年人之外，男性比例高于女性比例。

2. 流浪乞讨人员的流出地

在被调查的流浪乞讨人员中，浙江省人员有47人，占94%；外省份人员有3人，只占6%。在浙江省人员中，以宁波地区的人数为最多，共15人，占被调查者总人数的30%。流浪乞讨人员的流出地绝大部分为农村，占被调查者总数的78%；其次是乡镇，占被调查者总数的18%；县级以上城市最少，只有2人，占被调查者总数的4%。

3. 流浪乞讨人员的文化程度

在被调查的流浪乞讨人员中，文化程度非常低，文盲占72%、具有小学文化程度的人占22%、具有初中文化程度的人和高中文化程度的人占6%。文盲中老年人占多数，将近60%。

4. 流浪乞讨人员的乞讨时间和流动性

在被调查的流浪乞讨人员中，乞讨时间都较长，其中3－5年的人最多，有24人，占48%；5年以上的有21人，占42%；0－2年的只占10%。甚至有个别被调查者已乞讨10－20年。虽然他们的乞讨时间都较

长，但是流动性却不强。大部分人只去过 1 – 3 个城市，占被调查者总数的 70%。

5. 流浪乞讨人员的身体状况

在被调查的流浪乞讨人员中，患有各种疾病的人占 14%，身体残疾的人占 26%，其中伤残严重的人占 50% 以上，剩下 60% 的人为四肢健全者，只是他们并没有或不愿意凭技能谋生。

6. 流浪乞讨人员的乞讨收入

在被调查的流浪乞讨人员中，每月乞讨收入大多在 2000 – 3000 元。

7. 流浪乞讨人员对救助制度和救助站的知晓情况

在被调查的流浪乞讨人员中，有 31 人不知道任何社会救助制度，占总人数的 62%；有 19 人知道社会救助制度，其中有 13 人曾经申请过救助，但是未申请上。有 38 人不知道有救助站，占总人数的 76%；有 12 人知道有救助站，其中只有 8 人曾经得到救助站的救助。

8. 流浪乞讨人员接受救助的意愿

关于接受救助站救助的意愿，在被调查流浪乞讨人员中有 38 人表示愿意接受救助站的救助，占总人数的 76%；有 12 人不愿意接受救助站的救助，占总人数的 24%。在与流浪乞讨人员的交流中，笔者了解到绝大部分流浪乞讨人员都想得到救助站的救助，但是害怕被救助站工作人员送回家。所以不到万不得已，他们不会走进救助站求助。关于求助需求，大部分流浪乞讨人员主要关注医疗救助、暂时温饱问题的解决，较少关注资助上学和职业培训。

9. 流浪乞讨人员乞讨的原因

一是历史习俗。在新中国成立以前，由于家庭条件困难，一些地区的人为了生存形成了外出乞讨的习惯。改革开放之后，虽然经济发展了，但是仍然有不少人将乞讨作为一种致富手段。二是自身原因。很多乞讨者懒惰、素质低下，不愿付出劳动去获得收入，宁愿去乞讨。三是经济和再分配原因。社会、经济发展的不平衡是导致贫困地区农民和城市无业人员大量涌入发达地区的主要原因。在大城市，没有一技之长的他们很难找到工作，逐渐变成乞讨度日的流浪人群。四是家庭原因。一些孩子从小被家庭遗弃或是主动离家出走，最后沦为乞丐。五是未享受社会保障。在被调查的流浪乞讨人员中，有 39 人是因为未享受社会保障而乞讨，占总人数的 78%；有 6 人是因为从企业下岗了，占总人数的 12%。

（二）流浪乞讨人员救助存在的问题

一是自愿接受救助的流浪乞讨人员少，很多人不愿意接受救助；二是救助站甄别救助对象难，真正符合救助条件者少。有些人虽然乞讨，但是其经济条件并不差。三是救助站提供的救助方式简单，有些临时救助措施无法满足需要救助人的需要。

二、流浪乞讨人员多元化救助管理模式的创新

（一）通过政府层面构建完善的社会保障体系

我国各种社会保障制度经多年建设取得了很大成绩，惠及了广大居民和外来务工人员。然而，对流浪乞讨人员仍无法为其提供全面的生活保障。因此，应尽快建立完善面向流浪乞讨人员的社会保障体系。

（二）建立一个以非营利组织为主体的多方位救助体系

目前，政府救助系统只能为流浪乞讨人员提供暂时的救助，只能治表，无法从根本上解决问题。因此，必须从源头上治理流浪人员乞讨问题。解决流浪人员乞讨问题仅靠政府的社会保障体系是不够的，还要借助各种类型的非营利组织力量，构建多方位救助体系以帮助流浪乞讨人员。一是借助教育类非营利组织通过就业扶持、教育培训等各种途径帮助、引导有一定劳动能力的流浪乞讨人员走上自力更生的道路；二是当流浪乞讨人员因健康问题陷于无助、迷茫时，借助医疗类的非营利组织对他们进行医疗救助，让他们能够重新树立生活和工作信心；三是以社区为主体借助社会工作类非营利组织成立救助小组、救助小分队，以寻找和救助流浪乞讨人员，为他们提供有效的救助和心理上的辅导，促使流浪乞讨人员早日正常融入社会。

（三）大力引导公众积极参与流浪乞讨人员救助

一是鼓励社会各个阶层，特别是环卫工人、园林工人、出租车司机、青年志愿者等参与到救助流浪乞讨人员的工作中；二是建立快速有效的社会救助信息网络系统，及时发现流浪乞讨人员并为他们提供救助和辅导，确保他们的基本生存问题能够得到有效解决；三是政府应积极开展未成年人社会保护工作，建立未成年人乞讨流浪发现机制，以减少流浪乞讨人员

的产生。

第二节 公共就业服务质量改善机制创新

政府通常通过提供公共就业服务来实施就业救助，公共就业服务质量决定着就业救助水平。笔者以浙江省宁波市为例，探讨公共就业服务质量改善机制问题。

中国社会科学院编写的公共服务蓝皮书《中国城市基本公共服务力评价（2014）》指出，我国38个主要城市基本公共服务满意度评价排名前十的分别是拉萨、青岛、上海、海口、宁波、太原、成都、厦门、重庆、珠海。虽然从公共服务总体来看，宁波的基本公共服务满意度排在第五位，但是具体就社会保障和就业满意度而言，排名前十的城市分别是拉萨、青岛、上海、太原、长沙、南京、重庆、海口、厦门、成都，宁波没有进入前十位。可见宁波的社会保障和公共就业服务质量与上述城市相比还有一定差距，是宁波公共服务的一块“短板”。党的十八大报告提出要“完善就业服务体系”“推动实现更高质量的就业”。完善就业服务体系的目的是提供高质量的公共就业服务，高质量的公共就业服务能够推动实现更高质量的就业。然而，目前国内学者对公共就业服务质量方面的研究相当欠缺。在中国知网（www. cmki. net）上以篇名“公共就业服务质量”为内容检索条件对文献进行模糊检索，截至2015年8月，只有五篇相关论文。邓永辉（2015）分析了黑龙江省公共就业服务现状，对公共就业服务体系与就业质量的历史演进进行了研究，从打破劳动力市场分割；完善政策制度体系；加强信息化建设提供技术保障；建立弱势群体就业援助的长效机制等四个方面提出了创新黑龙江省公共就业服务体系，提高就业质量的具体措施。黄少坚、谭志雄（2013）指出了基本公共就业服务均等化存在服务主体存在条块分割、基本公共就业服务资源分布不均、服务手段参差不齐、社会需求反应迟缓等问题。他们分析了非政府组织参与基本公共就业服务均等化的优势，提出了非政府组织参与基本公共就业服务均等化以促进充分就业的五条对策。赵秋颖（2014）分析了公共就业服务信息系统建设中存在的问题，提出了信息系统建设中的事前控制、事中控制、事后控制的具体措施。吕敏捷（2013）描述了湖北省秭归县企业用工状况，对秭归县企业用工特点进行了分析，分析了企业用工服务质量不高的原因，最后从政府提供公共就业服务角度提出了应对之策。黄瑞意、赖育明、李恒（2011）分析了福田区公共就业服务平台成功提升公共就业服务质量的主要措施。

通过以上分析可知，上述五篇论文只是对公共就业服务质量问题进行了定性研究，没有一篇论文对此进行定量研究。管理学大师彼得·德鲁克（Peter F. Drucker，1985）认为，无法量化，就不能管理。笔者对宁波公共就业服务质量问题进行定量研究，并创新性运用服务管理中的服务质量差距模型来构建善宁波公共就业服务质量改善机制。

一、服务质量差距模型及其应用研究概述

服务质量差距模型由美国学者帕拉休拉曼、泽丝曼尔和白瑞（A. Parasuraman，Valarie A. Zeithamal，Leonard L. Berry，1985）等人首次提出。该模型区分了导致服务质量问题的五种差距，[①] 主要用来分析服务质量问题产生的根源，帮助管理者研究改进服务质量的措施以提高服务质量。一些学者运用该模型对相关服务质量问题进行了研究。陈志琴、程结晶（2013）应用该模型对数字图书馆服务质量进行了分析，指出要缩小数字图书馆服务质量与用户期望的差距，建立数字图书馆服务质量评价的服务标准，加强对数字图书馆服务传递与用户的培训，加强数字图书馆服务与用户的相互沟通，增强数字图书馆与用户的感知服务认知，从而最终改善数字图书馆服务质量。孙顺利（2011）根据该模型构建出了高等教育服务质量差距模型，并提出了弥合高等教育服务质量差距的具体路径。王啸岱、李莉（2010）以服务质量差距模型为理论依据，分析了社区卫生服

---

① 服务质量感知差距（差距5）即顾客期望与顾客感知的服务之间的差距是服务质量差距模型的核心。为了弥合这一差距，就要对以下四个差距进行弥合：倾听差距（差距1）——顾客对服务的期望与企业对这些期望理解之间的差距；服务设计和标准差距（差距2）——企业对顾客期望的理解与制定顾客驱动的服务设计和标准之间的差距；服务绩效差距（差距3）——顾客驱动的服务标准开发与企业员工的实际服务绩效之间的差距；沟通差距（差距4）——服务供应商实际传递的服务与其宣传的服务之间的差距。

务质量管理存在的问题，从提高管理者对服务和服务竞争特性的认识深度；加大对医务人员培训，提高医务人员素质；建立服务运营机制；加强对服务沟通的管理，增强服务沟通的真实性和服务承诺的可兑现性等四个方面提出了改善措施。丁洪福、王溢涵、董晓东（2009）也运用该模型对商业银行服务质量改善问题进行了研究。可见，服务质量差距模型不仅适用于企业管理，也可应用于公共管理。服务质量差距模型见图 10－1。

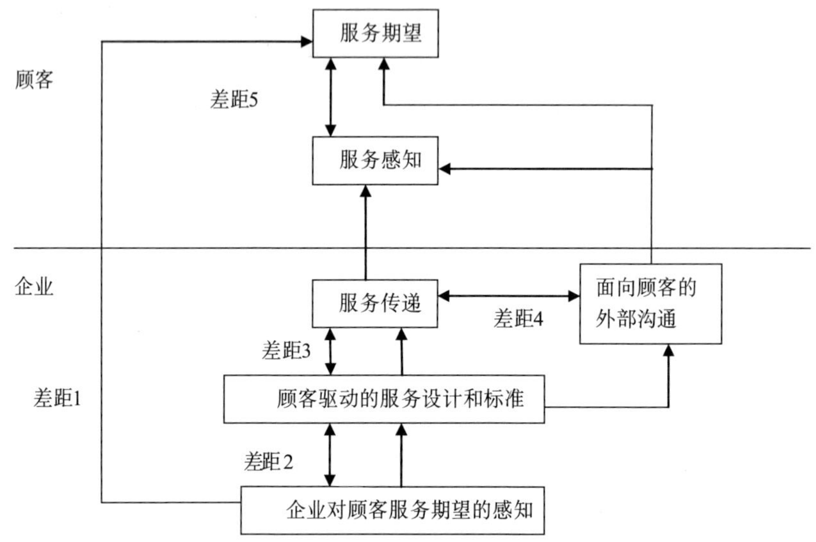

图 10－1　服务质量差距模型

瓦拉瑞尔·A. 泽丝曼尔、玛丽·乔·比特纳、德韦恩·D. 格兰姆勒（Valarie A. Zeithaml，Mary J. Bitner，Dwayne D. Gremler，2009）分析了倾听差距、服务设计和标准差距、服务绩效差距、沟通差距等四个差距产生的原因。他们认为，导致倾听差距发生的原因主要有四个：一是营销研究导向不充分。例如，营销研究不足；研究重点不在服务质量上；没有充分使用市场研究。二是缺乏向上沟通。例如，管理者和顾客之间没有互动；一线员工和管理者之间缺乏沟通。三是忽视关系。例如，缺乏市场细分；关注交易而非关系。四是服务补救不充分。例如，缺乏倾听顾客抱怨的鼓励；发生问题后赔偿失败。导致服务设计和标准差距发生的原因主要有三个：一是服务设计不良。例如，服务设计模糊、不明确；服务设计与服务定位脱节。二是没有顾客驱动的标准。例如，缺乏顾客驱动的服务标准；忽视对顾客需求的过程管理。三是有形展示和服务场景不恰当。例如，顾客期望有形化失败；服务场景的维护和升级不够。导致服务绩效差距发生的原因主要有四个：一是人力资源政策的缺乏。例如，无效的招聘；角色模糊性和冲突；员工——技术工作不匹配；评价和补偿系统不恰当；缺乏授权和团队工作。二是供给与需求不匹配。例如，没有控制需求的高峰和低谷；不恰当的顾客组合；过分依赖于价格来控制需求。三是顾客没有履行其角色。例如，顾客忽略了其角色和责任；顾客相互间的负面影响。四是服务中介的问题。例如，在目标和绩效上的渠道冲突；在成本和回报上的渠道冲突；质量和一致性很难控制；授权和控制间的权衡。导致沟通差距发生的原因主要有五个：一是缺乏整合营销传播。例如，沟通计划中没有互动营销；没有良好的内部营销计划。二是对顾客期望的无效管理。例如，没有利用沟通对顾客期望进行管理；没有进行充分的顾客教育；三是过度承诺。例如，在广告中过度承诺；在人员销售中过度承诺。四是水平沟通不充分。例如，在销售和运营之间沟通不足；在广告和运营之间沟通不足。五是不恰当的定价。例如，高价格超出顾客期望；价格与顾客感知的价值不符。

二、宁波公共就业服务质量的模糊综合评价

（一）评价因素集、权重集和评价集的建立

由于《中华人民共和国就业促进法》和人社部、财政部颁布的《关于进一步完善公共就业服务体系有关问题的通知》都规定了公共就业服务的具体内容，[①] 故笔者根据《中华人民共和国就业促进法》和《关于进一步完善公共就业服务体系有关问题的通知》的相关内容制作出《宁波市公共就业服务质量调查问卷》。宁波市公共就业服务体系由信息服务、职业服务、创业服务、援助服务、其他服务等五个一级指标构成。信息服

① 《中华人民共和国就业促进法》规定："设立公共就业服务机构，为劳动者免费提供下列服务：就业政策法规咨询；职业供求信息、市场工资指导价信息和职业培训信息发布；职业指导和职业介绍；对就业困难人员实施就业援助；办理就业登记、失业登记事务；其他公共就业服务。"《关于进一步完善公共就业服务体系有关问题的通知》指出："政府公共就业服务的范围主要是指面向所有劳动者免费提供的基本公共就业服务。服务内容包括：就业政策法规咨询；职业供求信息发布，市场工资指导价位信息和职业培训信息发布；职业指导和职业介绍；组织就业见习，推荐开展职业培训和职业技能鉴定；开展创业服务；对就业困难人员实施就业援助，对高校毕业生、农村转移劳动者等重点群体提供专门就业服务；劳动人事档案管理服务；失业人员管理，办理就业登记、失业登记等事务。"

务由就业政策法规咨询、职业供求信息发布等两个二级指标构成；职业服务由职业指导、职业介绍、职业培训等三个二级指标构成；就业援助由高校毕业生就业援助、下岗失业人员就业援助、残疾人就业援助、农民工就业援助等四个二级指标构成；其他服务由劳动人事档案管理、就业和失业登记等两个二级指标构成。每个指标的服务质量水平由被调查者按照百分制打分。评价集由“质量非常高”“质量高”“质量中等”“质量低”“质量非常低”组成，评价集能够较好反映劳动者对公共就业服务质量的评价。如果被调查者对一个二级指标的评价分数在 100 - 90 分，则意味着被调查者认为该二级指标的服务“质量非常高”；如果被调查者对一个二级指标的评价分数在 89 - 80 分，则意味着被调查者认为该二级指标的服务“质量高”；如果被调查者对一个二级指标的评价分数在 79 - 70 分，则意味着被调查者认为该二级指标的服务“质量中等”；如果被调查者对一个二级指标的评价分数在 69 - 60 分，则意味着被调查者认为该二级指标的服务“质量低”；如果被调查者对一个二级指标的评价分数在 60 分以下，则意味着被调查者认为该二级指标的服务“质量非常低”。笔者运用德尔菲法向宁波高校及宁波人事局的 36 位专家咨询后得出各指标权重。宁波公共就业服务指标体系具体见表 10 - 1。

表 10 - 1　　宁波市公共就业服务指标体系

<table>
<tr><td rowspan="13">宁波公共就业服务</td><td rowspan="2">信息服务（权重 25%）</td><td>就业政策咨询（权重 50%）</td></tr>
<tr><td>职业供求信息发布（权重 50%）</td></tr>
<tr><td rowspan="3">职业服务（权重 30%）</td><td>职业指导（权重 30%）</td></tr>
<tr><td>职业介绍（权重 30%）</td></tr>
<tr><td>职业培训（权重 40%）</td></tr>
<tr><td>创业服务（权重 10%）</td><td>创业服务（权重 100%）</td></tr>
<tr><td rowspan="4">援助服务（权重 25%）</td><td>高校毕业生就业援助（权重 25%）</td></tr>
<tr><td>农民工就业援助（权重 25%）</td></tr>
<tr><td>下岗失业人员就业援助（权重 25%）</td></tr>
<tr><td>残疾人就业援助（权重 25%）</td></tr>
<tr><td rowspan="2">其他服务（权重 10%）</td><td>劳动人事档案管理（权重 50%）</td></tr>
<tr><td>就业和失业登记（权重 50%）</td></tr>
</table>

为了了解《宁波市公共就业服务质量调查问卷》的信度，笔者请包括高校毕业生、下岗失业人员、残疾人、农民工在内 200 名宁波劳动者填

写该问卷，并运用 Cronbach' sα 系数进行信度检测。α 系数值为 0.81，可见该表具有较高的信度。随后，笔者向包括高校毕业生、下岗失业人员、残疾人、农民工在内的 3000 名宁波市劳动者发放了调查问卷。具体调查样本分布见表 10－2。

表 10－2　　样本分布情况

样本类型	样本数量（人）
高校毕业生	938
下岗失业人员	671
残疾人	597
农民工	794

（二）模糊评价

按照模糊综合评价法的步骤，建立评价因素集、权重集和评价集后，确定各评价矩阵 Ri。整理回收的调查问卷，由统计的数据百分数可得出四个单因素评价矩阵：

$$\text{信息服务 } R_1 = \begin{vmatrix} 0.09 & 0.16 & 0.28 & 0.37 & 0.1 \\ 0.21 & 0.38 & 0.31 & 0.1 & 0 \end{vmatrix}$$

$$\text{职业服务 } R_2 = \begin{vmatrix} 0.07 & 0.16 & 0.27 & 0.39 & 0.11 \\ 0.15 & 0.3 & 0.36 & 0.17 & 0.02 \\ 0 & 0.11 & 0.34 & 0.36 & 0.19 \end{vmatrix}$$

$$\text{援助服务 } R_4 = \begin{vmatrix} 0.2 & 0.38 & 0.34 & 0.08 & 0 \\ 0.11 & 0.27 & 0.36 & 0.18 & 0.08 \\ 0.15 & 0.36 & 0.31 & 0.12 & 0.06 \\ 0.1 & 0.31 & 0.34 & 0.21 & 0.04 \end{vmatrix}$$

$$\text{其他服务 } R_5 = \begin{vmatrix} 0.12 & 0.37 & 0.3 & 0.18 & 0.03 \\ 0.18 & 0.36 & 0.31 & 0.15 & 0 \end{vmatrix}$$

把以上四个单因素评价矩阵及其相应权重值代入模糊评价模型 $B = A * R$，取 $*$ 为 $M(\cdot, +)$ 即普通矩阵乘法，得出：

信息服务 $B_1 = (0.15, 0.27, 0.295, 0.235, 0.05)$

职业服务 $B_2 = (0.066, 0.182, 0.325, 0.312, 0.115)$

援助服务 $B_4 = (0.14, 0.33, 0.3375, 0.1475, 0.045)$

其他服务 B_5 = (0.15, 0.365, 0.305, 0.165, 0.015)

由此得:

$$\overline{R}=\begin{vmatrix}B_1\\B_2\\B_3\\B_4\\B_5\end{vmatrix}=\begin{vmatrix}0.15 & 0.27 & 0.295 & 0.235 & 0.05\\0.066 & 0.182 & 0.325 & 0.312 & 0.115\\0.13 & 0.30 & 0.32 & 0.15 & 0.1\\0.14 & 0.33 & 0.3375 & 0.1475 & 0.045\\0.15 & 0.365 & 0.305 & 0.165 & 0.015\end{vmatrix}$$

根据模糊评价模型 B = A ∗ R,取 ∗ 为 M (·, +),得出:

$$\overline{B}=(0.25,\ 0.30,\ 0.1,\ 0.25,\ 0.1)\begin{vmatrix}0.15 & 0.27 & 0.295 & 0.235 & 0.05\\0.066 & 0.182 & 0.325 & 0.312 & 0.115\\0.13 & 0.30 & 0.32 & 0.15 & 0.1\\0.14 & 0.33 & 0.3375 & 0.1475 & 0.045\\0.15 & 0.365 & 0.305 & 0.165 & 0.015\end{vmatrix}=$$

$$(0.1203,\ 0.2711,\ 0.318125,\ 0.220725,\ 0.06975)$$

通过模糊综合评价法可知,在宁波公共就业服务质量调查中,12.03%的被调查者认为宁波市公共就业服务质量非常高,27.11%的被调查者认为宁波市公共就业服务质量高,31.8125%的被调查者认为宁波市公共就业服务质量中等,22.0725%的被调查者认为宁波市公共就业服务质量低,6.975%的被调查者认为宁波市公共就业服务质量非常低。根据模糊综合评价最大隶属度原则,被调查者对宁波市公共就业服务质量的总体评价是“中等”。被美国质量协会授予克劳斯比奖章的詹姆斯·R·埃文斯(James R. Evans,2008)指出,“顾客通过比较他们的期望和他们所得到的,对质量进行评价”。[①] 可见,劳动者对宁波市公共就业服务的期望与其感知的宁波市公共就业服务之间是有一定差距的。

(三)服务质量差距模型视角下宁波公共就业服务质量改善机制设计

根据服务质量差距模型,宁波市要改善公共就业服务质量就必须采取措施对服务质量差距模型的倾听差距、服务设计和标准差距、服务绩效差

---

① James R. Evans. The Management and Control of Quality [M]. Cengage Learning, 2008.

距、沟通差距等四个差距进行弥合。宁波公共就业服务质量改善机制见图10－2。

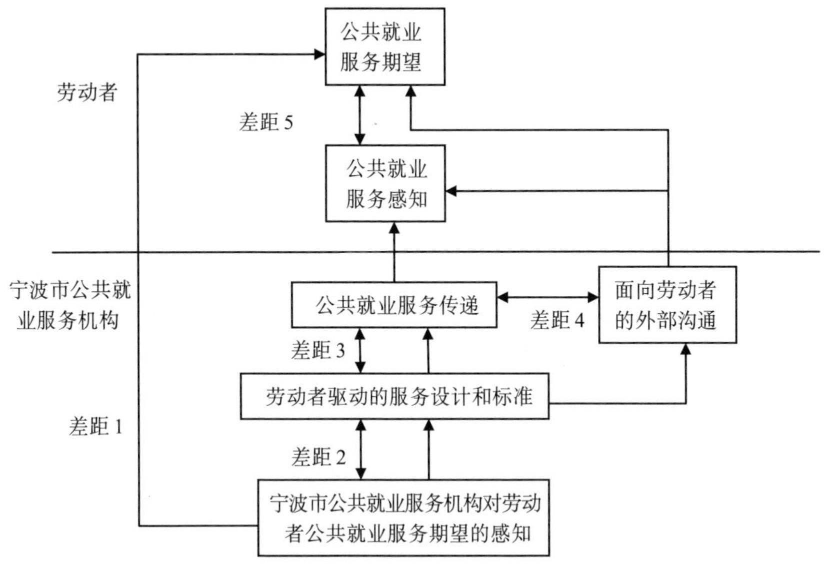

图10－2　宁波市公共就业服务质量改善机制

在宁波市公共就业服务指标体系的12个二级指标中，就业政策咨询、职业指导、职业培训等三项服务的质量总体上都是“低”，其他二级指标的服务质量都是中等及以上，而且，就业政策咨询、职业指导、职业培训等三个指标的权重都比较大。因此，宁波市应在重点提高就业政策咨询、职业指导、职业培训等三项服务质量的基础上全面提升公共就业服务质量。

1. 正确理解劳动者对宁波公共就业服务质量的期望

虽然宁波市相关部门为了提高公共就业服务质量做了许多工作，但是调查结果显示劳动者认为宁波市公共就业服务质量是中等。在一定程度上，这是由于宁波市相关部门不了解劳动者的公共就业服务期望而导致的。

在就业政策咨询服务质量调查中，9%的被调查者认为就业政策咨询服务质量非常高，16%的被调查者认为就业政策咨询服务质量高，28%的被调查者认为就业政策咨询服务质量中等，37%的被调查者认为就业政策咨询服务质量低，10%的被调查者认为就业政策咨询服务质量非常低。根据模糊综合评价最大隶属度原则，就业政策咨询服务质量总体上是“低”。究其原因在于，虽然宁波市相关部门定期收集国家以及地方人力资源和社会保障的相关法律法规、政策，按业务类别对收集的政策进行分类整理，建立档案，将整理建档的政策内容制作成电子文件，纳入政策法规库，向劳动者提供咨询服务并解答。通过张贴宣传海报、发放宣传资料、网上发布信息等方式，向劳动者、用人单位等各类服务对象宣传相关政策。但是包括农民工、下岗失业人员、残疾人在内的一些劳动者通常较少、甚至不会上网，通常也不会特意去相关部门咨询就业政策，而且海报、宣传资料的传播范围有限，上述情况导致一些劳动者不了解、不熟悉相关就业政策。这些劳动者期望相关部门能够主动向其传送就业政策，使其能够便捷、及时地获得相关信息，故他们对就业政策咨询服务不满意。

在职业指导服务质量调查中，7% 的被调查者认为职业指导服务质量非常高，16% 的被调查者认为职业指导服务质量高，27% 的被调查者认为职业指导服务质量中等，39% 的被调查者认为职业指导服务质量低，11% 的被调查者认为职业指导服务质量非常低。根据模糊综合评价最大隶属度原则，职业指导服务质量总体上是“低”。笔者在调查中发现，部分调查者认为公共就业服务机构的职业指导水平低，指导针对性不强。他们期望在接受职业指导服务过程中，公共就业服务机构的工作人员能够根据其不同特点进行职业指导，做到具体问题具体分析，有的放矢，能够使其个人的职业发展与用人单位较好地结合，做到人尽其才。

在职业培训服务质量调查中，没有被调查者认为职业培训服务质量非常高，11% 的被调查者认为职业培训服务质量高，34% 的被调查者认为职业培训服务质量中等，36% 的被调查者认为职业培训服务质量低，19% 的被调查者认为职业培训服务质量非常低。根据模糊综合评价最大隶属度原则，职业培训服务质量总体上是“低”。笔者在调查中发现，一些被调查者认为培训内容针对性不强，培训与就业脱离。他们期望培训内容要有针对性和实效性。

戴维·奥斯本、特德·盖布勒（David Osborne，Ted Gaebler，1993）认为，“政府应该把服务对象——公民当作顾客对待，要具备顾客意识，质量只有由顾客来决定，要满足顾客的需要而不是官僚政治的需要”。[①] 质量管理专家 W. E. 戴明（W. Edwards Deming，1986）也认为，“顾客是

---

① David Osborne, Ted Gaebler. Reinventing Government: How the Entrepreneurial Spirit is transforming the Public Sector [M]. Plume Press, 1993.

质量的最终决定者”。[①] 为了弥合倾听差距，正确理解劳动者对宁波市公共就业服务质量的期望，宁波公共就业服务机构要对包括就业政策咨询、职业指导、职业培训在内的劳动者公共就业服务的需求信息进行调查并分析，加强与已经接受公共就业服务的劳动者的沟通，征求其对公共就业服务的意见和期望，找到公共就业服务的不足，及时调整服务策略。目前，宁波市有宁波市就业创业网、宁波市职业培训公共服务网等网站，宁波市公共就业服务机构可以利用这些网站调查公共就业服务需求。针对一些劳动者没有上网的习惯，宁波市公共就业服务机构要定期向劳动者发放纸质问卷进行公共就业服务需求调查，以提高其对劳动者公共就业服务需求的回应性。另外，宁波市公共就业服务机构要通过其工作人员的反馈来了解劳动者的公共就业服务需求。这就要求公共就业服务机构的工作人员善于与劳动者沟通，了解其需求，并反映给上级部门。设立主要领导接待日，加强领导与基层劳动者的直接沟通，也有助于上级部门及时了解劳动者的公共就业服务需求。

2. 正确选择公共就业服务设计和制定公共就业服务质量标准

正确感知劳动者对宁波市公共就业服务质量的期望是十分重要的，但对于希望提供卓越的公共就业服务质量的宁波市公共就业服务机构来说仍然不够。另一个必要条件是宁波市公共就业服务机构要有服务设计和绩效标准，以确保对这些感知做出精确的反应。通过分析宁波市公共就业服务指标体系的 12 个二级指标，笔者认为要重新设计职业指导服务和职业培训服务。

在职业指导中，工作人员要了解求职者的职业兴趣、职业能力和个人格特征，帮助其做出合理的职业定位和选择；根据求职者的基本情况、工作经验、求职意向和应聘岗位需求，帮助求职者分析岗位胜任度，做好应聘准备，掌握求职方法。可见，职业指导是一个专业性、技术性很强的工作。当下，宁波市公共就业服务机构中专（兼）职职业指导工作人员短缺，造成职业指导服务质量低下。为此，宁波市要重新设计职业指导服务，通过合同外包的方式向宁波市一些有实力的管理咨询公司购买职业指导服务给劳动者，以改善职业指导服务质量。在合同外包安排中，宁波市

---

① W. Edwards Deming. Out of the Crisis (Cambridge, Mass. : MIT Center for Advanced Engineering Study, 1986) .

政府部门的理想角色是：（1）职业指导服务的确认者；（2）精明的职业指导服务的购买者；（3）对所购职业指导服务有经验的检查者和评估者；（4）谨慎的支出者，适时适量对职业指导服务承包商进行支付。

目前，宁波市对定点培训单位实施补贴政策。定点培训单位包括定点培训机构和定点企事业单位及行业协会。虽然宁波市对培训单位的资质认定实行“定期申报、专家评审、社会公示、发文公布、动态管理”的原则，但是这仍然无法有效保证培训单位的培训质量。为此，宁波市要对职业培训服务进行重新设计，把补贴制改为凭单制。即宁波市公共就业服务机构向有职业培训需求的劳动者免费发放“职业培训券”，允许其根据自己的培训需求和培训机构的培训水平在宁波市范围内自主地购买职业培训机构的职业培训服务。宁波市公共就业服务机构根据相关培训机构收取的“职业培训券”的数量向其支付一定金额的培训费用。在凭单制下，消费者有很强的动力去理智消费并讨价还价。所以宁波市对职业培训服务实施凭单制，这样可以迫使培训单位不得不提高培训质量，否则它无法吸引劳动者来此接受培训。劳动者能够根据自己的需要去选择培训单位，这也有助于提高劳动者职业培训的满意度。

服务质量维度一般包括可靠性、响应性、保证性、移情性、有形性，公众对政府服务质量的感知是政府服务质量最重要的衡量标准。因此，宁波市在根据服务质量维度来制定公共就业服务质量标准时应从劳动者角度出发，以劳动者需求为导向，得到劳动者的认可和支持。宁波市还应通过调查和审视劳动者所希望的公共就业服务资源、公共就业服务种类、公共就业服务方式、公共就业服务质量以及他们对公共就业服务的满意程度等，建立信息系统、服务系统和有利于劳动者意见反馈的系统，制定并实施动态的“顾客”服务标准。

3. 确保按照公共就业服务质量标准提供服务

正确的公共就业服务设计和标准一旦确立，就意味着公共就业服务机构步入提供高质量服务的轨道。但对于希望提供较高公共就业服务质量的宁波公共就业服务机构来说还不够。公共就业服务机构必须确保系统、流程、人员全部到位，并保证公共就业服务提供与正确的公共就业服务设计和标准相匹配（或更优）。宁波市公共就业服务机构要建立严密程序来控制承包商提供的职业指导服务质量，对职业指导服务承包商的绩效和合同规定的绩效标准进行对比，严格执行服务外包合同条款。宁波市公共就业服务机构可以通过对服务消费者投诉状况实施监测，经常审阅承包商工作记录，定期进行实地考察，不定期巡视，阶段性的抽样调查和评估等多种形式对职业指导服务承包商进行监测。民意测验也是监测公共就业服务满意程度的一种有用工具。

为了确保按照公共就业服务质量标准提供服务，宁波市公共就业服务机构要充分授权给一线的工作人员。正如艾尔·戈尔（Al Gore，1993）所说，“管理者时常无法意识到前线作业领域所发生的事情。事实上，最接近实际问题的人同时也最了解如何解决这些问题”。[①] 服务价值链理论认为，要想让外部顾客满意，首先要让内部顾客满意。所以，宁波市公共就业服务机构要从领导因素、工作特性、工作条件、福利待遇、报酬工资、同事关系等方面采取改善措施以提高工作人员的工作满意度。服务具有易变性，即服务质量取决于由谁提供以及何时、何地、如何提供。为此，宁波市公共就业服务机构要加强对工作人员尤其是新人的培训，以尽量确保不同的工作人员能够提供具有一致性的高质量服务。工作人员也要主动学习新服务理念和方法，持续进行管理创新以改善服务中的不足。另外，对公共就业服务机构的工作人员实施 360 度绩效考核也有助于确保其按照公共就业服务质量标准提供服务。[②] 360 度绩效考核有三个优点：一是它与传统的绩效考核方法相比，它有更多的信息渠道来获取相关绩效信息，公共就业服务机构实施 360 度绩效考核能够更好地体现“公众就是顾客”的理念；二是在 360 度绩效考核中，工作人员对自己的绩效评价具有一定的话语权，有助于提高工作人员的工作满意度；三是 360 度绩效考核能够促进公共就业服务机构中“团队文化”的形成。通过加强双向沟通和信息交流，宁波市公共就业服务机构中可以建立更为和谐的工作关系。

4. 保证政府公共就业服务传递与承诺相一致

服务具有互动性，即服务提供者和服务消费者同时影响服务结果。所

① Al Gore, From Red Tape to Results: Creating a Government That Works Better & Costs Less: The Report of the National Performance Review (Washington, D. C.: U. S. Government Printing Office, 1993), 67.

② 360 度绩效考核也称为全视角考核，是由被考核者的上级、同事、下级和（或）客户（包括内部客户、外部客户）以及被考核者本人担任考核者，从多个角度对被考核者进行 360 度的全方位考核，再通过反馈程序，达到改变行为、提高绩效等目的。

以，宁波市公共就业服务机构在努力提供服务的同时也不要忽视教育劳动者，管理劳动者期望。例如，宁波市公共就业服务机构在为高校毕业生提供就业援助时也要促其树立“先就业后择业”的观念，摒弃社会职业有高低贵贱的观念，引导高校毕业生去基层、小微企业工作。

公共就业服务机构对外宣传时要确保宣传内容的真实性。劳动者通过公告栏、广播、电视、报纸等媒体了解公共就业服务信息且接受其服务，如果公共就业服务机构没有实现其承诺就会失去信誉，降低劳动者期望，影响公共就业服务机构形象。只有“言必行，行必果”，才有利于增强公共就业服务机构的公信力，促进公共就业服务机构与劳动者之间形成信任与沟通。因此，要做到以下几个方面。第一，公共就业服务机构应在劳动者看到宣传信息前宣传内容进行预审，保证宣传内容的真实性、准确性。在对外宣传时，公共就业服务机构工作人员应与劳动者交流，了解他们对宣传信息的看法，了解他们的诉求，适时调整公共就业服务宣传信息。第二，创新公共就业服务机构对外宣传方式，比如，采取听证会、新闻发布会、信访制度、上门服务、网络平台等，这可以增进劳动者对公共就业服务信息的了解，让广大劳动者充分享有知情权，以便更好地接受公共就业服务，也有助于劳动者对公共就业服务机构的服务承诺兑现情况进行有效监督。第三，加强公共就业服务机构信用建设，培养工作人员的诚信意识，使守信成为工作人员的自然需求和行为准则，从而夯实公共就业服务机构信用的道德基础。

第三节 养老服务供给侧存在的问题及改革创新①

养老救助属于特困人员供养的一种类型，养老服务供给状况影响着养老救助水平，故笔者对养老服务供给侧存在的问题进行研究。

① 本节内容发表在 2018 年第 10 期《老龄科学研究》上，论文标题为《老龄服务供给侧改革：供给主体的职责与关系》，作者：谢林吟、唐果。

我国早在2000年就进入了老龄社会。与世界人口老龄化进程相比，我国有着特殊的国情：一是老年人口基数大；二是老年人口增长速度快。"十二五"时期，我国养老服务体系建设基本达到了目标要求，获得了长足发展。例如，养老服务发展各方面的政策和法律体系不断完善；养老保障水平逐年提高；老年宜居环境建设持续推进；老年文化、体育、教育事业快速发展；敬老孝老助老的社会风气日益浓厚，老年人的获得感和幸福感明显增强。但目前我国的养老服务供给依然存在较大缺口。按照国际通行的5%的老年人需要进入机构养老的标准，我国在2016年至少需要750万张床位，而当年我国各类机构养老床位合计约为730万张，缺口约为20万张。① 因此，当前急需推行养老服务供给侧改革。

学术界已从不同角度对养老服务供给主体进行了研究。刘晓静等（2013）认为，在合理定位养老服务业的基础上，要建立一条多元发展的道路，把城乡统筹、政府与市场有机结合融入养老服务体系的发展中。辜胜阻等（2017）认为，我国养老服务系统中存在的突出问题是政府、市场和家庭三个主体的作用没有得到充分发挥，三者之间的关系没有厘清，从而制约了社会养老服务供给的扩大。周敏（2015）认为，养老服务供给的主体可以是营利性企业单位，也可以是非营利性社团组织；政府要对养老服务市场进行监督和管理，家庭要对养老服务市场进行监督和评估。

一、养老服务供给侧存在的主要问题及其原因

（一）养老服务总供给增长能力有限

首先，现代社会中家庭的小型化和离散化直接削弱了居家养老功能，使得居家养老模式无法释放足够的养老服务供给能力。目前，"4－2－1"家庭结构已成为常态。随着老年人口逐渐高龄化，患病率、伤残率逐渐增加，养老成本也随之增加。近年来，我国城镇化的发展和产业结构的升级转型，使得大量中青年农村人口甚至是城市人口出现了跨区域流动的情况。成年子女往往会由于时间和精力所限，无法照料异地的老年父母。养老成本的增加以及成年子女的异地居住，使得传统的居家养老模式无法很好地满足老年人的养老服务需求。

---

① 中华人民共和国民政部. 2016年社会服务发展统计公报［EB/OL］. http://www.mca.gov.cn/article/sj/tjgb/201708/20170815005382.shtml.

其次，有限的人力资源也会影响养老服务供给能力。数据显示：2009年，我国65岁及以上老年人口为11307万人，城乡养老服务机构职工人数总计20万人；2013年，65岁及以上老年人口为13161万人，城乡养老服务机构职工总人数约为27.4万人。[①] 期间，老年人口的年平均增长率约为4.1%，城乡养老服务机构职工人数的年平均增率约为9.2%，城乡养老服务机构职工人数增长速度是老年人口增长速度的两倍多。基于数据推算可知，2009年每名养老服务机构职工可为565名65岁及以上老年人服务，2013年该数据变为480名。其数值的减少得益于城乡养老服务机构职工人数增长速度大于老年人口增长速度。但总体来看，养老服务人力资源供给与市场养老服务需求之间的差额依然较大。

最后，长期以来制约民间资本参与养老服务业发展的因素，目前依然没有从根本上得到克服，导致民间资本难以被有效运用于扩大养老服务供给。近年来，我国民间资本参与养老服务业发展在深度和广度上都取得了很好的成绩，在有些地区，民办养老机构的数量已经超过公办养老机构，民间资本也逐渐成为我国养老服务业发展的重要参与和推动力量。但目前来看，民办养老机构的运营依然面临着用地、融资、用人、运营等方面的困难。随着近年来地价和房价的不断攀升，很多民办养老服务设施不得不建在位置偏僻的郊区。民间资本的身份，养老服务设备的租赁性，以及养老机构投资成本高、利润回收周期长、利润低、风险大的特点，使得民办养老机构大多很难获得融资机会。同时，近年来养老护理的人工成本上升，也使得民办养老机构的利润空间受到挤压。这些方面的障碍，都严重影响了民间资本参与推动我国养老服务发展。

（二）养老服务供需结构失衡

目前我国养老服务领域的护理型床位供给存在较大缺口，但普通床位空置率较高，总体来看，养老服务资源利用率低，无法有效满足社会需求。民政部社会福利中心副主任甄炳亮认为，“基本养老应从养老服务中脱离出来，其服务对象是失能失智老年人；这些老年人的养老服务需求不是参与体育、文化等方面的活动，而是包括饮食、起居照料、急诊和康复

---

① 中华人民共和国国家统计局网站（http://data.stats.gov.cn/easyquery.htm? cn = C01）；中国人口和就业统计年鉴。

治疗等在内的长期照护”。[①] 全国老龄办发布的《2013 年度中国老龄事业发展统计公报》显示：2013 年，全国失能和半失能老年人口为 3750 万人，当年 60 岁及以上老年人口有 20243 万人，失能老年人口占 18.5%。《中国老年宜居环境发展报告（2015）》显示，2015 年，全国失能和半失能老年人口已超 4000 万人，约占 60 岁及以上老年人口的 18%。《国务院办公厅关于全面放开养老服务市场提升养老服务质量的若干意见》（国办发〔2016〕91 号）指出，护理型床位占总养老床位数的 30% 以上为合理结构。若按照此标准推算，以“十三五”期间每千名老年人拥有养老机构床位数 35 - 40 张为计算起点，护理型床位数应为每千名老年人 10 - 12 张。即使如此，护理型床位数也不到老年人口总数的 2%，远小于 2013 年和 2015 年的 18.5% 和 18% 的需求量。另外，一些普通养老床位主要面向生活能自理的老年人，空置率居高不下。数据显示，截至 2014 年底，全国普通养老床位空置率高达 48%。[②]

总体来看，造成养老服务领域供需结构不匹配的原因主要包括如下两个方面。一是专业人员和医疗卫生资源供给不足。数据显示，目前我国受过专业培训的护理人员不超过 30%，取得养老护理员职业资格证书的不足 1/3。薄弱的养老服务专业人才队伍，限制了养老服务领域护理型床位的增加，导致机构养老出现了“一床难求”现象。二是一些养老机构的市场定位存在偏差，导致真正符合大多数老年人需求的养老服务供给不足。一些民办养老机构由于难以承担较高的运营成本，涌入低端、保障型的养老服务市场，导致与一些公办养老机构在服务对象上出现了重叠现象。另外，部分民办养老机构为获得高额利润而盲目追求高端化。但实际上，只有极少数老年人才有实力接受较高价格的养老服务。总体来看，市场上处于高端和低端的养老机构较多，真正符合绝大多数老年人需求的中端养老服务机构在市场份额中却较少。

（三）养老服务供给市场的价格机制不健全

虽然目前我国的养老事业发展已取得显著成就，但总体上还处于养

---

① 中国青年报．养老服务领域迫切需要供给侧结构性改革［EB/OL］．https：//news.youth.cn/jsxw/201707/t20170720_10332178.htm.

② 新华网．养老机构入住率为何冰火两重天？［EB/OL］．http：//www.xinhuanet.com/gongyi/2016 - 05/30/c_129027553.htm.

老事业发展和养老服务体系建设的起步阶段。截至目前，我国还未在养老服务领域建立起全国统一的服务质量标准、评价体系和质量监管体制，导致养老服务供给容易出现价格扭曲现象。其主要表现是，虽然目前随着人口老龄化的快速发展以及失能老年人口不断增多，养老服务需求不断增多，但由于养老服务质量难以得到有效控制，一些养老机构所提供的服务与其定价之间的性价比不高，导致真正有需求的老年人购买意愿不强。

二、养老服务供给侧改革创新的策略建议

以下将从促增长、去空置、控市价、补短板等方面，为推进我国养老服务供给侧改革寻找解决方法与思路。

（一）促增长

1. 增强家庭的居家养老服务供给能力

居家养老是我国最为传统和基础的一种养老模式。无论是从法律义务角度还是亲情角度，家庭都是为老年人提供生活保障的最后一道防线。因此，有效发挥家庭的居家养老服务功能，对于提高老养老服务供给水平可以起到至关重要的作用。具体来说，家庭在居家养老服务中的主要职责包括如下几个方面：第一，在老年人的物质供养方面，不能完全依靠政府的财政补贴，家庭成员应对老年人给予一定的经济支持；第二，家庭应为老年人提供舒适的居家环境，家庭成员要关爱老年人，多与老年人沟通，满足他们的情感需求；第三，随着年龄的增长，老年人对养老服务的质量好坏很多时候都是缺乏判断能力和反馈能力的，因此，家庭成员有权利和义务对养老服务质量进行监督，并代替老人反映养老服务供给过程中存在的问题，以此促进养老服务供给质量提升；第四，家庭是文化培育的基本单位，应当承担培养下一代敬老、养老、助老等优良传统的职责。

2. 增强政府的养老服务供给能力

虽然家庭在居家养老服务供给中有着重要作用，但随着现代社会的发展，家庭的养老功能正在日益弱化，政府在发展养老服务的过程中将承担着越来越重要的职责。首先，政府需落实家庭成员赡养老年人的法律责任，明确家庭成员对老年人在经济供养、生活照料和精神慰藉等方面的责任和义务；其次，政府可以通过购房减税等优惠政策，鼓励家庭成员与老

年人共同生活或就近居住，并设立独生子女探亲和照护老人的休假制度，调整生育政策，以减少当前家庭小型化和离散化对居家养老服务供给带来的障碍。

3. 推动民间资本参与养老服务

单纯依靠财政资金支持养老服务业发展显然动力不足，民间资本的参与可以有效助力我国养老服务供给能力提升。长期以来，我国民营养老机构由于受制于用地、用人、融资、运营等方面因素，其发展面临诸多困境。有效发挥民间资本在养老服务市场中的作用，政府须履行相应职责：第一，加强舆论宣传，促进传统养老观念向新型养老观念转变，增强全社会支持民间资本参与养老服务供给体系的意识；第二，建立健全适用国家规定的养老服务设施用地供应和开发利用政策及法律体系，使民间资本在参与养老服务的过程中有法可依、有章可循，同时，政府需要增强其服务功能，积极做好用地服务等方面的工作；第三，可以设立养老服务产业引导基金或是提高用以支持民办养老服务发展的政府公益金比例，从而加强政府对于民间资本投资养老服务的引导，带动民间资本更好地参与养老服务，破解养老服务融资难的问题；第四，可通过购买服务、协调指导、评估认证等方式，鼓励民间资本和境外资本举办家政服务企业，积极引导有条件的家政服务企业实行规模化、网络化、品牌化经营，增加和扩大网点，增强养老服务的可及性。

4. 各养老服务供给主体可以通过整合改造闲置社会资源，有效增加供给总量

各级人民政府统一领导社会组织联合开展针对城乡现有闲置社会资源的调查、整理和信息收集工作。经主管部门、产权单位或个人同意后，政府再通过购置、置换、租赁、收回等方式，将城镇中废弃的厂房、医院、各类单位改制后闲置的办公用房，以及转型过程中的培训中心、疗养院或具有疗养休养功能的各类机构，整合改造成养老服务设施。政府可以直接运营或以招标等方式，让社会力量运营整改后的养老服务设施。

（二）去空置

“去空置”这项策略主要是用于解决养老服务供给的结构性问题。其关键在于各类主体要履行好各自职责，对那些造成资源配置效率低下的政策和机制加以纠正，引导资源流向真正符合老年人需求的发展方向。

1. 在医疗服务方面的去空置

在养老服务供给能力有限的前提下，将普通养老服务资源转变成医养结合养老服务资源不失为一种解决养老服务供给侧结构性问题的有效方式。为此就需要有充足的医疗卫生资源和医养专业人才保障。医疗卫生资源主要由医疗机构向家庭、社区和养老机构提供。为了使养老服务供给的转型升级更加符合老年人需求，医疗机构可进行如下几个方面的尝试。第一，有条件的综合医院可开设老年病科，增加老年病床数量，做好老年人慢病防治和康复护理，为养老服务供给的转型升级积累充足的临床经验。第二，医疗机构积极探索与养老机构合作的新模式，推行入住养老机构模式，或是利用互联网、物联网、云计算等技术手段，发展面向养老机构的远程医疗服务。第三，社区医院可尝试与家庭建立医疗服务的契约关系，为老年人提供上门诊视、健康查体、保健咨询等服务。此外，政府卫生管理部门可支持有条件的养老机构设置医疗机构或是支持医疗机构设立养老机构，鼓励医疗机构进入社区为居家养老的老年人提供便利的医疗卫生服务。对于符合城镇职工（居民）基本医疗保险和新型农村合作医疗定点条件的养老机构内设医疗机构，政府应允许将其纳入医疗定点范围，对于入住机构的参保老年人，应为其提供相应的医疗护理待遇。

2. 在养老服务人才队伍建设方面的去空置

加强养老服务人才队伍建设也可以为养老服务供给去空置提供可持续动力。目前，我国在养老服务人才队伍建设方面依然较为薄弱。今后，为加强养老服务人才队伍建设，高等院校和中等职业学校应履行如下职责。第一，医科院校可以依托医学护理学科，拓展专业人才培养范围，如老年医学、康复护理、营养、心理等专业方向。第二，综合性大学可以依托现有的管理类专业，培养管理和服务人才，可新设养老服务与管理、家政服务、社区服务与管理等专业。第三，学校应根据养老服务市场的需求，改革人才培养模式，在课程体系设置中将职业资格要求融入专业教学中，可依托院校和养老机构建立养老服务实训基地，加强对学生的入职前专业技能培养。人力资源管理公司性质的社会组织可以吸纳农村转移劳动力、城镇就业困难人员等，并依托专业院校对从业人员进行专业培训和职业技能鉴定。除此之外，教育、人力资源和社会保障、民政等政府部门，应支持学校增设养老服务相关专业，并推行相应教学改革；对于符合条件的养老服务从业人员，可给予相关补贴；监督相关机构积极改善养老护理员工作条件、依法缴纳社会保险、提高职工工资福利待遇。

（三）控市价

目前，一些公办养老机构提供的养老服务质优价低，一床难求；而一些民营养老机构提供的养老服务的市场价格则高于其价值，导致资源闲置。为此，非常有必要通过调控养老服务供给侧的市场价格来扩大养老服务供给。笔者所言之“控市价”，并非政府直接定价或是提供指导价，而是将养老服务的价格交由市场来自我调节和控制。政府通过开放市场、完善价格并形成机制等方式，培育养老服务供给市场，使市场具有较强的自我调控能力。

1. 全面放开养老服务市场，引入竞争机制，使养老服务的供给价格充分体现其质量

为了培育一个充满竞争的养老服务供给市场，政府须进一步放宽准入条件，使更多的供给主体进入养老服务市场。首先，政府应允许养老机构按“先照后证”的简化程序执行，允许其依法在登记管理机关管辖范围内设立多个不具备法人资格的服务网点。其次，政府应规定非本地投资者与本地投资者享受同等政策待遇，不以任何名义对非本地投资者的经营活动加以限制，杜绝歧视性竞争政策。最后，政府应积极鼓励各类养老服务提供主体参与发展养老服务。例如，《国务院办公厅关于全面放开养老服务市场提升养老服务质量的若干意见》（国办发〔2016〕91 号）规定，只要符合直接登记条件的，都可以直接向民政部门依法申请设立养老服务机构，不再经由业务主管单位审查同意，以此精简行政审批环节。

2. 完善价格形成机制

完善的价格形成机制是以市场形成价格为主的养老服务收费管理机制。无论是机构养老、居家养老、社区养老，还是公办机构养老、民营机构养老，养老服务的收费标准都应当由经营者根据市场具体供需状况来合理确定，逐步实现按照护理等级科学分级定价。政府部门不宜直接参与供给价格的制定，否则会造成资源配置的不合理和浪费，增大养老服务供给的结构性矛盾。政府监管和研究部门虽然不宜直接介入养老服务市场的价格制定，但仍应为其提供宏观调控以保驾护航。其宏观调控措施包括：对养老服务运营组织的财务收支状况、收费项目和调价频次进行必要的监

管；加强对价格水平的监测分析；抓紧研究制定相关标准规范，建立信用体系、黑名单制度和市场退出机制等。

（四）补短板

补短板主要是指根据当前养老服务供给中出现的薄弱环节，将资源适度倾斜，对于难点问题重点攻破。当前，我国养老服务供给侧的短板主要出现在社区养老服务、农村养老服务、中间层养老服务、智慧养老服务等四大方面。

1. 社区养老服务

社区养老是我国借鉴发达国家的养老服务经验，根据我国现有的经济发展水平、老龄化程度以及养老服务基础而提出的一种“中间化”的新型养老模式。这种养老模式对中国的传统养老文化进行了创造性转变，但也并不依赖机构养老。通过搭建社区平台，政府统领其他各供给主体，将闲置、浪费和分割的资源整合起来，并加以充分利用。然而，目前我国的社区建设仍存在基层群众自治活动的内容和载体单一，社区治理参与机制不健全，政府部门包办过多，社会力量、市场主体的参与缺乏长效机制等瓶颈问题。为此，各供给主体应当将社区体制建设得更加成熟，使社区平台更好地发挥其功效。我国基层政府可利用社区平台，积极培育养老服务领域的公益慈善组织，倡导机关干部、企业职工、大中小学学生参加养老服务志愿活动。社区内的家庭、养老机构、家政服务企业、医疗机构等通过在社区平台的协同合作，为社区内不同消费层次的老年人提供低偿的基本养老服务和较高收费的个性化养老服务。

2. 农村养老服务

由于受到城乡二元经济体制的影响，我国的养老服务供给存在城乡养老服务体系建设不均衡的问题。近年来，随着城镇化的发展，与贫困老年人、留守老年人、失能半失能老年人相关的养老服务供需矛盾越来越突出。未来可以通过各个供给主体合作构建农村互助养老服务体系的方式，促进农村养老服务供给。基层政府可通过财政补贴，将农村闲置的房屋设施改建成居家养老服务站或是养老机构。同时，政府的政策研究部门可积极探索村集体土地和农民土地经营权自愿入股模式，增加农村老年人的养老资金来源。村委会可组织村里闲散人力资源，为老年人提供低成本养老服务，基于村庄内部消化农村老年人的养老服务需求。

3. 中间层养老服务

对于社会救助对象而言，由政府实行兜底养老，为其提供最基本的养老服务；对于高收入群体，可由民营养老机构为其提供质优价高的养老服务。然而，由于中间层养老服务机构收益比较低，微利甚至无利可图，政府财政支持力度有限，因此无法快速发展，导致这一层面养老服务需求无法得到满足。未来可引导家庭成为这部分养老服务的主要供给主体。政府可引导社会资本流入中间层养老服务供给领域，并为其提供更多的优惠和支持政策。

4. 智慧养老服务

智慧养老服务是指利用互联网、云计算、大数据、人工智能等技术，建立虚拟养老机构或是虚拟养老社区，直接将养老服务需求与养老服务供给连接起来。智慧养老服务系统可以在很大程度上减轻家庭、政府、养老机构的养老服务供给压力。然而，目前我国各类应用于养老服务的高新技术研发还处于初级阶段，技术应用普及性更是无法满足市场需求。对此政府需要履行的职责是，为高新技术企业发展创造更宽松的政策环境，引导民间资本更好地进入养老服务领域。随着智慧养老服务的发展，未来我国家庭提供养老服务的职责将从兼顾物质和精神层面的养老服务逐步转变为偏重精神层面的养老服务。通过发展智慧养老服务，医疗卫生机构和家政服务企业可以通过信息技术，远程了解老年人的健康信息，获取老年人的服务需求信号，为其提供更为专业化和个性化的养老服务。

总之，在发展养老服务的过程中，只有厘清政府、市场、家庭、社区和社会组织等主体的定位，明确其各自职责，才能有效建立居家为基础、社区为依托、机构为补充、医养相结合的多层次养老服务体系。

在养老服务供给侧改革过程中，无论是促增长、去空置、控市价，还是补短板，都不可能由单个供给主体独立完成。在居家养老模式中，家庭成员的支持在居家养老服务供给中发挥着非常重要的作用，但这并不意味着政府就可以完全退出居家养老服务供给系统。居家养老仍然需要政府从政策上支持老年人的家庭成员，如此才能让家庭释放出更多的养老服务供给能量。在更多的民营养老机构被引入市场的过程中，政府的鼓励政策和监管职责不可或缺。在闲置资源改造过程中，政府各部门需要相互配合、统筹领导。在医疗卫生机构、养老机构、公益组织等将闲置资源应用于养老服务供给的过程中，去空置这项措施主要是通过由医疗机构提供充足的医疗卫生资源，以及由学校培养医护人员和养老服务管理人才得以实现。这些资源的导向性改变，一方面来自市场的自我调控，另一方面也离不开政府的支持和引导。控市价则是市场和政府完美配合的结果。在需要将资源倾斜于补短板时，各供给主体也应相互配合，共同完成目标。

随着社会经济的发展和人口老龄化的快速演变，各养老服务供给主体相互之间的关系也会随之变化。就目前阶段而言，政府的主要职责依然是做好顶层设计、规则制定、政策扶持、市场培育和服务监管等。政府需要为养老服务市场设立一个专业机构。该机构能够协调各部门，努力完成这些职责，能够与市场、家庭借助社区平台共同推行养老服务供给侧改革。随着科技进步和经济发展，政府对于发展养老服务的监管职能并不会直接消失，但政府在养老服务发展过程中的参与度将会逐渐减弱。同时，市场的自我调控能力将进一步增强，社区将被虚拟化，家庭的职能将变得更具偏向性，家政服务企业和医疗卫生机构将会提供更为专业化和个性化的养老服务，公益性组织将会有更大的发展空间。

第四节 促进养老服务业发展的地方政府职能配置创新

随着我国社会老龄化日益严重，发展养老服务业迫在眉睫。孙文灿（2015）认为，要通过构建法治体系来促进养老服务业的发展，提出了实施地方养老服务业立法的四项措施。唐振兴（2014）主张对养老服务业发展进行顶层设计，要建立政府主导的多元主体参与机制，积极发挥市场作用，以促进中国养老服务业发展。李广明、胡立、朱远方（2015）认为，我国应该加大对养老服务业财税投入力度，同时积极探讨新的养老模式，加强金融创新，以促进我国养老服务业发展。

钻石模型由迈克尔·波特（Michael E. Porter）于 1990 年提出，他指出一个产业取得竞争优势的关键在于“生产要素”“需求条件”“相关产业与支持性产业”“企业战略、企业结构、同业竞争”等四个基本要素和“机会”“政府”等两个辅助要素的整合作用。根据钻石模型可知，政府对养老服务业的四个基本要素都会产生影响，进而影响养老服务业的发展。然而，目前没有学者运用钻石模型来研究养老服务业问题。笔者根据钻石模型对养老服务业进行研究，以期有助于我国养老服务业的发展。

一、地方政府促进养老服务业发展的理论依据与现实动因

（一）地方政府促进养老服务业发展的理论依据

1. 公共产品理论

公共产品的概念最初是林达尔（（Erik Robert Lindahl，1919）提出，后来由萨缪尔森（Paul A. Samuelson）于1953年和1954年在两篇精湛的论文中加以发挥。政府有责任在承担某些公共产品生产，同时要积极引导、支持私人组织进入公共产品生产领域，并监管公共产品的生产、提供过程，以保证其符合公共利益。在一定程度上，养老服务产品是具有消费的竞争性和排他性的准公共产品，它既接受政府的补贴资助，又向居民收取少量的成本费用。政府不仅有义务通过财政支持来保证养老服务产品的供给，还应该积极动员社会力量进入养老服务业，社会力量的积极参与能够促进养老服务社会化体系建设和完善

2. 新公共服务理论

新公共服务理论由珍妮特·V. 登哈特（Janet V. Denhardt）和罗伯特·B. 登哈特（Robert B. Denhardt）提出，认为政府应当是一个服务者，要建立一系列的激励原则和机制，把一些政府的部分职能或提供低效的公共设施和公共服务让渡给私营部门或者非营利组织，通过联合政府、私人组织和非营利组织来共同解决面临的问题。新公共服务理论认为养老服务产品提供是政府的基本责任，也符合全社会的公共利益。新公共服务理论为提供养老服务绘制了一种社会治理结构，主张养老服务产品由政府、私人组织和非营利组织共同生产。

（二）地方政府促进养老服务业发展的现实动因

地方政府职能要求地方政府发展养老服务业。一是政治职能。当代中国地方政府的政治职能主要体现在注重民主建设，维护社会稳定两个方面。自20世纪90年代以来，我国老龄化速度不断加快。随着我国社会结构的变迁，家庭结构的变化，传统家庭养老模式已显得力不从心，无法有效满足老年人的养老需要。而且，我国老年人的健康状况不容乐观，半失

能和失能老人数量快速增加，他们亟须不同程度的生活照料和精神慰藉。二是经济职能。养老服务业是综合性产业，它的发展壮大能够促进当地就业，推动地方经济发展。三是社会职能。当代中国地方政府的社会职能包括提供优良的公共服务，建立健全社会保障体系和保护好资源环境三个方面。发展养老服务业能够促进社会保障体系的建立和健全。

二、地方政府职能配置的影响因素、原则及途径

（一）地方政府职能配置影响因素

影响地方政府职能配置的因素有很多，主要包括基本制度因素、历史传统因素、自然环境因素和政党因素。基本制度因素主要包括国家结构形式、基本政治制度、经济制度等。历史传统因素主要包括历史因素、文化因素等。自然环境是人类赖以生存和发展的物质基础，也是制约地方政府管理活动的客观因素。不同的自然环境，影响着地方政府不同部门的设置和职能的发挥。作为特殊利益集团的代表，政党通过选举掌握地方政府权力，然后在地方政府职能配置上会有所侧重。

（二）地方政府职能配置原则

一是规范性原则。地方政府要依法履行职能。二是权能一致原则。地方政府要履行职责、发挥作用，就必须有一定的权力，没有法律赋予地方政府权力，地方政府的职能就无法发挥，权力和职能是相辅相成的。三是效能原则。四是灵活性原则。因为地方政府更接近公民，更容易了解民众的需求，民众需求的多样性也要求地方政府职能配置要灵活、积极、主动。

（三）地方政府职能配置途径

地方政府职能配置的途径包括以下三条：一是法律规定。地方政府职能最基本也是最重要的配置方式就是通过法律来规定，各国除了以宪法的形式对地方政府的结构和职能作出一般规定之外，往往还有相关地方政府方面的专门法律具体规定其职能范围和配置方式。二是改革调整。地方政府职能会随着社会发展而有所调整，这种改革和调整可以使地方政府职能配置更加合理。三是层层授权。各级地方政府及其组成部门的职能由各级政府层层授予。

三、基于钻石模型的促进养老服务业发展之地方政府职能配置创新

（一）高层地方政府要尽快实施养老服务业立法

当代中国高层地方政府为省级政府，包括省、自治区、直辖市和特别行政区政府。根据我国相关法律规定，省级地方政府可以制定规章（设区的市人民政府也可以制定规章），当下，只有天津、浙江、北京等少数高层地方政府审议通过了促进养老服务业发展的地性法规，大多数高层地方政府还没有对养老服务业立法。因此，高层地方政府应根据各地实际情况尽快出台相关的法律法规政策，通过全方位法律政策的约束来促进养老服务业健康、快速发展。

（二）高层地方政府应大力保障养老服务专业人才供给

国家教育领导体制改革形成了少数中央部（委）属高校和多数地方政府所属高校的高校隶属格局，高层地方政府在管理高校中发挥着重要的作用。人力资源是钻石模型中生产要素的组成部分，对产业发展有着重要影响。目前，我国养老服务专业人才紧缺，学生不愿就读养老服务专业，养老服务专业毕业生不愿从事养老服务工作，这极大影响了养老服务业的良性发展。高校培养的专业人才是今后养老服务从业人员主力军，增加养老服务专业的吸引力，保障高校生源稳定，是解决养老服务专业人才缺乏的主要出路。为此，高层地方政府要加大对高校养老服务专业的扶持力度。一是减免学费，可以把养老服务专业视同师范专业，养老服务专业学生享受师范生待遇，或者是直接免去养老服务专业学生的学费。二是建立专项奖学金、助学金等激励制度。没有良好的就业前景、稳定的收入和相应的社会地位，即使有减免学费、建立专项奖学金等措施，对学生的吸引力也很有限。所以，高层地方政府还要在就业方面解决学生的后顾之忧，要给予养老服务专业人才一定职业补贴以改善其薪酬福利，努力提升养老服务专业人才的社会地位。除此之外，高层地方政府要重视从养老机构中培养专业人才。一是从现有养老服务从业人员中选送一些人去高校学习。二是从高校邀请学者、教授到养老机构授课，帮助养老服务从业人员提高专业技能。

（三）中低层地方政府要努力改善老年人的养老服务需求

在钻石模型中，需求也是一个具有举足轻重的基本要素。当前65岁以上老人，以20世纪30－40年代出生的人群为主。他们基本于20世纪90年代退休，大多数人没有经历过改革开放后最重要的财富积累阶段，消费能力有限。而且，当前大多数老年人的消费习惯仍然是重积累轻消费，重子女轻自己、重物质轻精神的节衣缩食型的消费观念。即使有一定消费能力，老年人也不愿意主动接受市场化的养老服务。上述情况导致养老服务需求不旺，进而影响了养老服务业的发展。为此，中低层地方政府建立高龄补贴、养老服务补贴和护理补贴等制度，以解决老年人对养老服务的支付能力，并根据当地的物价水平给予老年人一定数额的补贴。老年人收入水平的提高只是意味着老年人群有能力购买养老服务产品，如果老年人群缺乏消费意愿，养老服务业仍然难以健康发展。故中低层地方政府还要通过各种媒体加大对养老服务消费的宣传，重塑老年人群的消费观念。

（四）中低层地方政府要创造公平竞争的环境

钻石模型指出，同业竞争对产业发展具有重要作用，创造和保持产业竞争优势的关键之一是国内市场存在强有力的竞争对手。目前，地方政府从税收、补贴、土地、水电费等各方面大力支持公办养老机构发展，而民办养老机构要享受上述优惠政策却很难。这不仅造成民办养老机构难以生存发展，还导致公办养老机构因没有竞争压力而服务质量低下。因此，为了促进养老服务业的发展，中低层地方政府要加大民办养老机构优惠政策的执行力度，努力落实给予民办养老机构的优惠政策，为民办养老机构创造一个公平竞争的环境，以促进养老服务业健康、快速发展。

附 录：调 查 问 卷

一、企业参与社会救助影响因素调查问卷

您好！我们因承担项目需要进行匿名问卷调查，请您给予大力支持和理解。在此我们衷心感谢您对本次问卷调查活动的支持与协助！

我们把影响企业参与社会救助的因素分为“企业内部影响因素”“企业外部影响因素”等2个因素。这2个因素又细分为“企业经营业绩”“企业高管社会救助意识”“企业所处生命周期”“行政动员”“慈善组织公信力”“税收优惠政策”等6个因素。为了了解这些因素对企业参与社会救助的影响程度，我们想知道当这些因素两两进行影响程度比较时您的观点。这些因素和打分规则见表1、表2。

表1　企业参与社会救助的影响因素体系

企业内部影响因素	企业经营业绩
	企业高管社会救助意识
	企业所处生命周期
企业外部影响因素	行政动员
	慈善组织公信力
	税收优惠政策

表2　打分规则

序号	对企业参与社会救助的影响程度等级	分数
Ⅰ	A因素影响程度与B因素影响程度　相同	1
Ⅱ	A因素影响程度比B因素影响程度　稍微大	3
Ⅲ	A因素影响程度比B因素影响程度　明显大	5
Ⅳ	A因素影响程度比B因素影响程度　非常大	7
Ⅴ	A因素影响程度比B因素影响程度　极端大	9

续表

序号	对企业参与社会救助的影响程度等级	分数
Ⅵ	A 因素影响程度比 B 因素影响程度　稍微小	1/3
Ⅶ	A 因素影响程度比 B 因素影响程度　明显小	1/5
Ⅷ	A 因素影响程度比 B 因素影响程度　非常小	1/7
Ⅸ	A 因素影响程度比 B 因素影响程度　极端小	1/9
分数 2、4、6、8、1/2、1/4、1/6、1/8 分别表示对企业参与社会救助的影响程度等级介于序号Ⅰ和Ⅱ、序号Ⅱ和Ⅲ、序号Ⅲ和Ⅳ、序号Ⅳ和Ⅴ、序号Ⅴ和Ⅵ、序号Ⅵ和Ⅶ、序号Ⅶ和Ⅷ、序号Ⅷ和Ⅸ之间。		

填写指南：

以“企业经营业绩”和“企业高管社会救助意识”相比较为例，如果您认为“企业经营业绩”与“企业高管社会救助意识”对企业参与社会救助的影响程度是相同，那么请打 1 分；如果您认为“企业经营业绩”对企业参与社会救助的影响程度比“企业高管社会救助意识”对企业参与社会救助的影响程度稍微大，那么请打 3 分；如果您认为“企业经营业绩”对企业参与社会救助的影响程度比“企业高管社会救助意识”对企业参与社会救助的影响程度稍微小，那么请打 1/3 分。以此类推。

诸因素对企业参与社会救助的影响程度：

	两因素对企业参与社会救助的影响程度比较	分数
当您对这些因素进行两两比较时，您认为	企业经营业绩的影响程度比企业高管社会救助意识的影响程度	
	企业经营业绩的影响程度比企业所处生命周期的影响程度	
	企业高管社会救助意识的影响程度比企业所处生命周期的影响程度	
	行政动员的影响程度比慈善组织公信力的影响程度	
	行政动员的影响程度比税收优惠政策的影响程度	
	慈善组织公信力的影响程度比税收优惠政策的影响程度	
	企业内部影响因素的影响程度比企业外部影响因素的影响程度	

二、阻碍宁波民营企业家慈善捐赠因素调查问卷

您好！我们因承担项目需要进行匿名问卷调查，请您给予大力支持和理解。在此我们衷心感谢您对本次问卷调查活动的支持与协助！

我们总结出了以下 12 项阻碍民营企业家慈善捐赠的因素，请您逐一判断 12 项因素符合实际情况的程度。以“捐赠税收减免手续烦琐”为

例，您如认为该因素“非常符合”实际情况，那么打5分；如认为该因素“比较符合”实际情况，那么打4分；如认为该因素“符合”实际情况，那么打3分；如认为该因素“不太符合”实际情况，那么打2分；如认为该因素“非常不符合”实际情况，那么打1分。

请判断以下表述符合实际情况的程度

1. 捐赠税收减免手续烦琐，阻碍了民营企业家慈善捐赠。(　　) 分

2. 捐赠渠道狭窄，阻碍了民营企业家慈善捐赠。(　　) 分

3. 捐赠税收减免政策的减免力度小，阻碍了民营企业家慈善捐赠。(　　) 分

4. 慈善组织缺乏监督，阻碍了民营企业家慈善捐赠。(　　) 分

5. 企业规模不大，阻碍了民营企业家慈善捐赠。(　　) 分

6. 担心显露财富，阻碍了民营企业家慈善捐赠。(　　) 分

7. 留更多的钱给子孙，阻碍了民营企业家慈善捐赠。(　　) 分

8. 相关部门对企业的捐赠行为宣传不够，阻碍了民营企业家慈善捐赠。(　　) 分

9. “富人捐赠是应该，捐少了是不爱国”等捐赠舆论环境不好，阻碍了民营企业家慈善捐赠。(　　) 分

10. 慈善组织捐赠款使用不透明，阻碍了民营企业家慈善捐赠。(　　) 分

11. 企业经营业绩不好，阻碍了民营企业家慈善捐赠。(　　) 分

12. 捐赠无助于企业业务拓展，阻碍了民营企业家慈善捐赠。(　　) 分

三、宁波民营企业承担社会责任调查问卷

您好！我们因承担项目需要进行匿名问卷调查，请您给予大力支持和理解。在此我们衷心感谢您对本次问卷调查活动的支持与协助！

企业社会责任包括“保障股东权益”“善待员工”“保护消费者权利”“与供应商诚信合作”“与竞争对手公平竞争”“环境保护”和“为社区做贡献”等方面。“善待员工”的内容包括重视生产安全，遵守劳动合同，改善福利待遇和生活环境；“保护消费者权利”的内容包括保证产品质量与安全，诚信服务，保护消费者权益；“为社区做贡献”的内容包括对文教卫体等公益事业的捐助，对失业、下岗工人、伤残者提供平等就业机会，对公共设施、医疗机构等提供人力、物力、财力的支持。为了了

解贵企业对社会责任各方面的重视程度，请您如实回答以下问题：

1. 贵企业属于哪个行业？（　　）。

A. 农、林、牧、渔业

B. 工业（包括采矿业，制造业，电力、热力、燃气及水生产和供应业）

C. 建筑业

D. 批发业

E. 零售业

F. 交通运输业（不含铁路运输业）

G. 仓储业

H. 邮政业

I. 住宿业

J. 餐饮业

K. 信息传输业（包括电信、互联网和相关服务）

L. 软件和信息技术服务业

M. 房地产开发经营

N. 物业管理

O. 租赁和商务服务业

P. 其他

2. 贵企业所属生产要素类型是（　　）。

A. 劳动力密集型　　B. 技术密集型　　C. 资金密集型

3. 贵企业所属市场类型是（　　）。

A. 外向型　　B. 非外向型

4. 贵企业员工人数为（　　）人。

5. 贵企业年营业收入为（　　）万元。

6. 在下列企业社会责任内容中，贵企业第一注重（　　），第二注重（　　），第三注重（　　），第四注重（　　），第五注重（　　），第六注重（　　），第七注重（　　）。

A. 保障股东权益

B. 善待员工

C. 保护消费者权利

D. 与供应商诚信合作

E. 与竞争对手公平竞争

F. 环境保护

G. 为社区作贡献

四、公民参与社会救助影响因素调查问卷

您好！我们因承担项目需要进行匿名问卷调查，请您给予大力支持和理解。在此我们衷心感谢您对本次问卷调查活动的支持与协助！

我们把影响公民参与社会救助的因素分为“公民个人因素”“外部环境因素”等2个因素。这2个因素又细分为“收入水平”“文化程度”“社会救助意识”“慈善组织诚信”“税收优惠政策”“社会救助氛围”等6个因素。为了了解这些因素对公民参与社会救助的影响程度，我们想知道当这些因素两两进行影响程度比较时您的观点。这些因素和打分规则见表1、表2。

表1 公民参与社会救助影响因素指标体系

公民个人因素	收入水平
	文化程度
	社会救助意识
外部环境因素	慈善组织诚信
	税收优惠政策
	社会救助氛围

表2 打分规则

序号	对公民参与社会救助的影响程度等级	分数
Ⅰ	A因素影响程度与B因素影响程度 相同	1
Ⅱ	A因素影响程度比B因素影响程度 稍微大	3
Ⅲ	A因素影响程度比B因素影响程度 明显大	5
Ⅳ	A因素影响程度比B因素影响程度 非常大	7
Ⅴ	A因素影响程度比B因素影响程度 极端大	9
Ⅵ	A因素影响程度比B因素影响程度 稍微小	1/3
Ⅶ	A因素影响程度比B因素影响程度 明显小	1/5
Ⅷ	A因素影响程度比B因素影响程度 非常小	1/7
Ⅸ	A因素影响程度比B因素影响程度 极端小	1/9

分数2、4、6、8，1/2、1/4、1/6、1/8分别表示对公民参与社会救助的影响程度等级介于序号Ⅰ和Ⅱ、序号Ⅱ和Ⅲ、序号Ⅲ和Ⅳ、序号Ⅳ和Ⅴ、序号Ⅴ和Ⅵ、序号Ⅵ和Ⅶ、序号Ⅶ和Ⅷ、序号Ⅷ和Ⅸ之间。

填写指南：

以“收入水平”和“文化程度”相比较为例，如果您认为“收入水平”与“文化程度”对公民参与社会救助的影响程度是相同，那么请打1分；如果您认为“收入水平”对公民参与社会救助的影响程度比“文化程度”对公民参与社会救助的影响程度稍微大，那么请打3分；如果您认为“收入水平”对公民参与社会救助的影响程度比“文化程度”对公民参与社会救助的影响程度稍微小，那么请打1/3分。以此类推。

诸因素对公民参与社会救助的影响程度：

	两因素对公民参与社会救助的影响程度比较	分数
当您对这些因素进行两两比较时，您认为	收入水平的影响程度比文化程度的影响程度	
	收入水平的影响程度比社会救助意识的影响程度	
	文化程度的影响程度比社会救助意识的影响程度	
	慈善组织诚信的影响程度比税收优惠政策的影响程度	
	慈善组织诚信的影响程度比社会救助氛围的影响程度	
	税收优惠政策的影响程度比社会救助氛围的影响程度	
	公民个人因素的影响程度比外部环境因素的影响程度	

五、浙江省高校青年志愿者参与和谐社区建设调查问卷

您好！我们因承担项目需要进行匿名问卷调查，请您给予大力支持和理解。在此我们衷心感谢您对本次问卷调查活动的支持与协助！

1. 你现在读大学几年级？（　　）

A. 一年级　　B. 二年级　　C. 三年级　　D. 四年级

2. 你是否参加与过社区志愿服务？（　　）

A. 是　　B. 否

3. 你通常选择什么时间参与社区志愿服务？（　　）

A. 周一到周五的课余时间　　B. 双休日

C. 节假日　　D. 任何时间

4. 你参与社区志愿服务的频率？（　　）

A. 一个月一次　　B. 1－2个月一次

C. 3－6个月一次　　D. 6个月以上一次

5. 你参与社区志愿服务的主要动机是什么？（　　）

A. 想通过社会实践提高个人能力

B. 为志愿活动作贡献，承担社会责任

C. 获得成就感和满足感，体验为别人服务的快乐

D. 希望以后自己的简历更加充实

E. 为了完成学院的德育要求

6. 你社区志愿服务的收获是什么？（　　）

A. 增加了社会阅历、工作经验

B. 结交了朋友、扩大了朋友圈

C. 通过付出劳动实现了个人价值

D. 提高了个人能力

E. 没有收获

7. 你参与和谐社区建设的模式是哪种？（　　）

A. 社区调查参与模式　　　B. 社区服务参与模式

C. 社区教育参与模式　　　D. 社区岗位参与模式

8. 你认为何种激励方式最能让高校青年志愿者满意？（　　）

A. 获得优先评优机会

B. 学校颁发证书

C. 获得德育学分

六、宁波民营企业承担社会责任考核指标权重调查问卷

您好！我们因承担项目需要进行匿名问卷调查，请您给予大力支持和理解。在此我们衷心感谢您对本次问卷调查活动的支持与协助！

我们把民营企业承担社会责任考核指标分为"对股东的社会责任""对员工的社会责任""对消费者的社会责任""对环境的社会责任""对社区及其他群体的社会责任"等五个指标，这五个指标又分别包含若干子指标。为了确定宁波民营企业承担社会责任考核指标的权重，我们想了解这些指标两两进行重要性比较时您的观点。这些指标和打分规则见表1、表2。

表1　　民营企业承担社会责任考核指标体系

对股东的社会责任	股东利益最大化
	信息透明及其他
对员工的社会责任	生产安全
	薪酬、福利改善
	员工培训

续表

对消费者的社会责任	产品质量和安全
	售后服务到位
	消费者需求满足度
对环境的社会责任	减少污染排放和噪音
	节能降耗
	参与环境治理
对社区及其他群体的社会责任	保护弱势群体
	慈善捐助

表 2　　打分规则

序号	重要程度等级	分数
Ⅰ	A 因素重要程度与 B 因素重要程度　相同	1
Ⅱ	A 因素重要程度比 B 因素重要程度　稍微大	3
Ⅲ	A 因素重要程度比 B 因素重要程度　明显大	5
Ⅳ	A 因素重要程度比 B 因素重要程度　非常大	7
Ⅴ	A 因素重要程度比 B 因素重要程度　极端大	9
Ⅵ	A 因素重要程度比 B 因素重要程度　稍微小	1/3
Ⅶ	A 因素重要程度比 B 因素重要程度　明显小	1/5
Ⅷ	A 因素重要程度比 B 因素重要程度　非常小	1/7
Ⅸ	A 因素重要程度比 B 因素重要程度　极端小	1/9
分数 2、4、6、8、1/2、1/4、1/6、1/8 分别表示重要程度等级介于序号Ⅰ和Ⅱ、序号Ⅱ和Ⅲ、序号Ⅲ和Ⅳ、序号Ⅳ和Ⅴ、序号Ⅴ和Ⅵ、序号Ⅵ和Ⅶ、序号Ⅶ和Ⅷ、序号Ⅷ和Ⅸ之间。		

填写指南：

以“股东利益最大化”和“信息透明及其他”相比较为例，如果您认为考核宁波民营企业承担社会责任时“股东利益最大化”与“信息透明及其他”的重要程度是相同，那么请打 1 分；如果您认为“股东利益最大化”的重要程度比“信息透明及其他”的重要程度稍微大，那么请打 3 分；如果您认为“股东利益最大化”的重要程度比“信息透明及其他”的重要程度稍微小，那么请打 1/3 分。以此类推。

宁波民营企业承担社会责任考核指标的重要程度：

	两因素的重要程度比较	分数
当您对这些因素进行两两比较时，您认为	股东利益最大化的重要程度比信息透明及其他的重要程度	
	生产安全的重要程度比薪酬、福利改善的重要程度	
	生产安全的重要程度比员工培训的重要程度	
	薪酬、福利改善的重要程度比员工培训的重要程度	
	产品质量和安全的重要程度比售后服务到位的重要程度	
	产品质量和安全的重要程度比消费者需求满足度的重要程度	
	售后服务到位的重要程度比消费者需求满足度的重要程度	
	减少污染排放和噪音的重要程度比节能降耗的重要程度	
	减少污染排放和噪音的重要程度比参与环境治理的重要程度	
	节能降耗的重要程度比参与环境治理的重要程度	
	保护弱势群体的重要程度比慈善捐助的重要程度	
	对股东的社会责任的重要程度比对员工的社会责任的重要程度	
	对股东的社会责任的重要程度比对消费者的社会责任的重要程度	
	对股东的社会责任的重要程度比对环境的社会责任的重要程度	
	对股东的社会责任的重要程度比对社区及其他群体的社会责任的重要程度	
	对员工的社会责任的重要程度比对消费者的社会责任的重要程度	
	对员工的社会责任的重要程度比对环境的社会责任的重要程度	
	对员工的社会责任的重要程度比对社区及其他群体的社会责任的重要程度	
	对消费者的社会责任的重要程度比对环境的社会责任的重要程度	
	对消费者的社会责任的重要程度比对社区及其他群体的社会责任的重要程度	
	对环境的社会责任的重要程度比对社区及其他群体的社会责任的重要程度	

七、民间慈善组织发展影响因素调查问卷

您好！我们因承担项目需要进行匿名问卷调查，请您给予大力支持和理解。在此我们衷心感谢您对本次问卷调查活动的支持与协助！

我们把影响民间慈善组织发展的因素分为“外部环境因素”“组织内部因素”等2个因素。这2个因素又细分为“政治环境”“社会环境”“经济环境”“技术环境”“人力资源管理”“市场营销”“生产运作”“组织基础设施”等8个因素。为了了解这些因素对民间慈善组织发展的影响程度，我们想知道当这些因素两两进行影响程度比较时您的观点。这些因素和打分规则见表1、表2。

表 1 民间慈善组织发展的影响因素指标体系

外部环境因素	政治环境
	社会环境
	经济环境
	技术环境
组织内部因素	人力资源管理
	市场营销
	生产运作
	组织基础设施

表 2 打分规则

序号	对民间慈善组织发展的影响程度等级	分数
Ⅰ	A 因素影响程度与 B 因素影响程度 相同	1
Ⅱ	A 因素影响程度比 B 因素影响程度 稍微大	3
Ⅲ	A 因素影响程度比 B 因素影响程度 明显大	5
Ⅳ	A 因素影响程度比 B 因素影响程度 非常大	7
Ⅴ	A 因素影响程度比 B 因素影响程度 极端大	9
Ⅵ	A 因素影响程度比 B 因素影响程度 稍微小	1/3
Ⅶ	A 因素影响程度比 B 因素影响程度 明显小	1/5
Ⅷ	A 因素影响程度比 B 因素影响程度 非常小	1/7
Ⅸ	A 因素影响程度比 B 因素影响程度 极端小	1/9

分数 2、4、6、8、1/2、1/4、1/6、1/8 分别表示对民间慈善组织发展的影响程度等级介于序号Ⅰ和Ⅱ、序号Ⅱ和Ⅲ、序号Ⅲ和Ⅳ、序号Ⅳ和Ⅴ、序号Ⅴ和Ⅵ、序号Ⅵ和Ⅶ、序号Ⅶ和Ⅷ、序号Ⅷ和Ⅸ之间。

填写指南：

以“政治环境”和“社会环境”相比较为例，如果您认为“政治环境”与“社会环境”对民间慈善组织发展的影响程度是相同，那么请打 1 分；如果您认为“政治环境”对民间慈善组织发展的影响程度比“社会环境”对民间慈善组织发展的影响程度稍微大，那么请打 3 分；如果您认为“政治环境”对民间慈善组织发展的影响程度比“社会环境”对民间慈善组织发展的影响程度稍微小，那么请打 1/3 分。以此类推。

诸因素对民间慈善组织发展的影响程度：

	两因素对民间慈善组织发展的影响程度比较	分数
当您对这些因素进行两两比较时，您认为	政治环境的影响程度比社会环境的影响程度	
	政治环境的影响程度比经济环境的影响程度	
	政治环境的影响程度比技术环境的影响程度	
	社会环境的影响程度比经济环境的影响程度	
	社会环境的影响程度比技术环境的影响程度	
	经济环境的影响程度比技术环境的影响程度	
	人力资源管理的影响程度比市场营销的影响程度	
	人力资源管理的影响程度比生产运作的影响程度	
	人力资源管理的影响程度比组织基础设施的影响程度	
	市场营销的影响程度比生产运作的影响程度	
	市场营销的影响程度比组织基础设施的影响程度	
	生产运作的影响程度比组织基础设施的影响程度	
	外部环境因素的影响程度比组织内部因素的影响程度	

八、社会工作者自我职业认同度调查问卷

您好！我们因承担项目需要进行匿名问卷调查，请您给予大力支持和理解。在此我们衷心感谢您对本次问卷调查活动的支持与协助！

社会工作者对自我职业的认同度：

1. 您对社会工作的职业前景信心度（　　）。

A. 非常高　　B. 高　　C. 中等　　D. 低　　E. 非常低

2. 您认为社会工作的职业价值（　　）。

A. 非常高　　B. 高　　C. 中等　　D. 低　　E. 非常低

3. 您认为社会工作者的职业待遇（　　）。

A. 非常高　　B. 高　　C. 中等　　D. 低　　E. 非常低

九、公众对社会工作认同度调查问卷

您好！我们因承担项目需要进行匿名问卷调查，请您给予大力支持和理解。在此我们衷心感谢您对本次问卷调查活动的支持与协助！

公众对社会工作的认同度：

1. 您对社会工作的认知度（　　）。

A. 非常高　　B. 高　　C. 中等　　D. 低　　E. 非常低

2. 您对社会工作效能的认同度（　　）。

A. 非常高　　B. 高　　C. 中等　　D. 低　　E. 非常低

十、案主对社会工作者认同度调查问卷

您好！我们因承担项目需要进行匿名问卷调查，请您给予大力支持和理解。在此我们衷心感谢您对本次问卷调查活动的支持与协助！

案主对社会工作者的认同度：

1. 您认为社会工作者的可靠性（　　）。

A. 非常高　　B. 高　　C. 中等　　D. 低　　E. 非常低

2. 您认为社会工作者的安全性（　　）。

A. 非常高　　B. 高　　C. 中等　　D. 低　　E. 非常低

3. 您认为社会工作者的移情性（　　）。

A. 非常高　　B. 高　　C. 中等　　D. 低　　E. 非常低

十一、宁波社会救助政策绩效调查问卷

您好！我们因承担项目需要进行匿名问卷调查，请您给予大力支持和理解。在此我们衷心感谢您对本次问卷调查活动的支持与协助！

宁波社会救助由生活救助、专项救助、特殊救助和其他组成。专项救助由医疗救助、住房救助、教育救助和法律援助构成；特殊救助由残疾人救助、贫困老人救助、失业群体救助和流浪乞讨人员救助构成；其他由社会互助和灾害救助构成。

请您对宁波市每项救助的情况进行打分评价。其中分数在 100 – 90 分为“非常满意”，分数在 89 – 80 分为“比较满意”，分数在 79 – 70 分为“满意”，分数在 69 – 60 分为“不太满意”，分数在 60 分以下为“很不满意”。

1. 您认为宁波市的生活救助可以打（　　）分。
2. 您认为宁波市的医疗救助可以打（　　）分。
3. 您认为宁波市的住房救助可以打（　　）分。
4. 您认为宁波市的教育救助可以打（　　）分。
5. 您认为宁波市的法律援助可以打（　　）分。
6. 您认为宁波市的残疾人救助可以打（　　）分。
7. 您认为宁波市的贫困老人救助可以打（　　）分。
8. 您认为宁波市的失业群体救助可以打（　　）分。
9. 您认为宁波市的流浪乞讨人员救助可以打（　　）分。
10. 您认为宁波市的社会互助可以打（　　）分。
11. 您认为宁波市的灾害救助可以打（　　）分。

12. 您认为宁波市的失业群体救助可以打（　　）分。

十二、影响基层领导干部担当有为的因素调查问卷

您好！我们因承担项目需要进行匿名问卷调查，请您给予大力支持和理解。在此我们衷心感谢您对本次问卷调查活动的支持与协助！

我们把影响公民参与社会救助的因素分为“组织方面影响因素”“个人方面影响因素”等2个因素。这2个因素又细分为“绩效考核机制不科学”“晋升、淘汰机制失效”“报酬机制欠合理”“理想信念动摇，宗旨意识淡薄”“能力素质不适应”“不良传统行政文化影响”等6个因素。为了了解这些因素对基层领导发表担当有为的影响程度，我们想知道当这些因素两两进行影响程度比较时您的观点。这些因素和打分规则见表1、表2。

表1　　基层领导干部担当有为影响因素体系

组织方面影响因素	绩效考核机制不科学
	晋升、淘汰机制失效
	报酬机制欠合理
个人方面影响因素	理想信念动摇，宗旨意识淡薄
	能力素质不适应
	不良传统行政文化影响

表2　　打分规则

序号	对基层领导干部担当有为的影响程度等级	分数
Ⅰ	A因素影响程度与B因素影响程度　相同	1
Ⅱ	A因素影响程度比B因素影响程度　稍微大	3
Ⅲ	A因素影响程度比B因素影响程度　明显大	5
Ⅳ	A因素影响程度比B因素影响程度　非常大	7
Ⅴ	A因素影响程度比B因素影响程度　极端大	9
Ⅵ	A因素影响程度比B因素影响程度　稍微小	1/3
Ⅶ	A因素影响程度比B因素影响程度　明显小	1/5
Ⅷ	A因素影响程度比B因素影响程度　非常小	1/7
Ⅸ	A因素影响程度比B因素影响程度　极端小	1/9

分数2、4、6、8、1/2、1/4、1/6、1/8分别表示对基层领导干部担当有为的影响程度等级介于序号Ⅰ和Ⅱ、序号Ⅱ和Ⅲ、序号Ⅲ和Ⅳ、序号Ⅳ和Ⅴ、序号Ⅴ和Ⅵ、序号Ⅵ和Ⅶ、序号Ⅶ和Ⅷ、序号Ⅷ和Ⅸ之间。

填写指南：

以“绩效考核机制不科学”和“晋升、淘汰机制失效”相比较为例，如果您认为“绩效考核机制不科学”与“晋升、淘汰机制失效”对基层领导干部担当有为的影响程度是相同，那么请打 1 分；如果您认为“绩效考核机制不科学”对基层领导干部担当有为的影响程度比“晋升、淘汰机制失效”对基层领导干部担当有为的影响程度稍微大，那么请打 3 分；如果您认为“绩效考核机制不科学”对基层领导干部担当有为的影响程度比“晋升、淘汰机制失效”对基层领导干部担当有为的影响程度稍微小，那么请打 1/3 分。以此类推。

诸因素对民间慈善组织发展的影响程度：

	两因素对民间慈善组织发展的影响程度比较	分数
当您对这些因素进行两两比较时，您认为	绩效考核机制不科学的影响程度比晋升、淘汰机制失效的影响程度	
	绩效考核机制不科学的影响程度比报酬机制欠合理的影响程度	
	晋升、淘汰机制失效的影响程度比报酬机制欠合理的影响程度	
	理想信念动摇，宗旨意识淡薄的影响程度比能力素质不适应的影响程度	
	理想信念动摇，宗旨意识淡薄的影响程度比不良传统行政文化影响的影响程度	
	能力素质不适应的影响程度比不良传统行政文化影响的影响程度	
	组织方面影响因素的影响程度比个人方面影响因素的影响程度	

参 考 文 献

[1] 唐果，陈恺宇，徐建军，贺翔．社会力量参与社会救助的优势、途径及风险防范［J］．贵州省党校学报，2018（1）：124－128.

［2］杨团．慈善蓝皮书：中国慈善发展报告（2016）［M］．北京：社会科学文献出版社，2016.

［3］刘喜堂．完善社会救助制度 发挥社会组织作用［J］．中国社会组织，2014（20）：12－13.

［4］刘勇，张虎．公益营销：通过做好事 把事情做得更好［M］．北京：中国经济出版社，2011.

［5］王运才．国有企业创新帮扶救助工作机制的实践与思考［J］．市场周刊，2014（3）：15－16.

［6］王彬．建立企业困难职工帮扶救助机制［J］．新西部．2013（20）：81－82.

［7］陈其胜．建立健全企业帮扶救助长效机制的几点思考［J］．石油化工管理干部学院学报，2010（1）：68－70.

［8］唐果，贺翔．我国沿海省市慈善事业发展状况之聚类分析［J］．经营与管理，2012（12）：132－134.

［9］陆远权，马垒信，何倩倩．我国31省区人力资源状况比较研究——基于因子分析和聚类分析［J］．科技与管理，2010（5）：117－121.

［10］黄元龙．现代慈善事业的发展及其政策推进［J］．浙江社会科学，2011（5）：86－88.

［11］王萍．江苏：慈善工作快速发展［J］．社会福利，2009（12）：35－36.

［12］赵永林．中国慈善捐赠现状及其原因分析［J］．黑龙江对外经

贸，2008（12）：137－138.

［13］姚明．如何办好慈善公益事业［J］．科学决策，2006（6）：38－39.

［14］杨旋，唐果，贺翔．我国城市慈善事业发展状况的聚类分析——以沿海地区15市为例［J］．科技与管理，2013（3）：1－4.

［15］北京师范大学中国慈善事业研究中心．2001—2011中国慈善发展指数报告［M］．北京：北京师范大学出版社，2012.

［16］陆远权，马垒信，何倩倩．我国31省区人力资源状况比较研究——基于因子分析和聚类分析［J］．科技与管理，2010（5）：61－64.

［17］何兰萍．论慈善品牌建设与慈善事业的发展［J］．河南师范大学学报（哲学社会科学版），2011（3）：38－40.

［18］赵石羊．“鹏城慈善奖”托举深圳的感恩之心［J］．社会与公益，2011（5）：45－48.

［19］张志刚，明鸣．慈善事业发展的瓶颈及路径选择——以大连为例分析［J］．党政干部学刊，2010（5）：55－56.

［20］唐果，贺翔，敖丽红．企业参与社会救助：影响因素与政策启示——基于浙江省11市的调查［J］．中国行政管理，2017（9）：116－120.

［21］黄辉，唐果，贺翔．基于因子分析的浙江民营企业家捐赠意愿提升研究［J］．科技与管理，2013（1）：70－73.

［22］陆远权，马垒信，何倩倩．我国31省区人力资源状况比较研究——基于因子分析和聚类分析［J］．科技与管理，2010（5）：61－64.

［23］王守杰．慈善理念从传统恩赐向现代公益的转型与重构［J］．河南师范大学学报（哲学社会科学版），2009（2）：45－48.

［24］王振耀．现代慈善的十大基本理念［J］．当代社科视野，2011（6）：21－23.

［25］邓渝．中小企业慈善捐赠行为的特征与方式［J］．经济导刊，2010（7）：77－80.

［26］威廉·N·邓恩．公共政策分析导论［M］．谢明译．北京：中国人民大学出版社，2010：215－217.

［27］唐果．层次分析法确定企业社会责任考核指标权重研究——以宁波民营企业为例［J］．科技管理研究，2010（8）：244－249.

［28］卢岚，刘开明．中国企业社会责任标准实施指南［M］．北京：化学工业出版社，2007.

［29］程蕾，花明．实现企业社会责任：政府干预的正当性及其边界——基于宁波市政府的实践［J］．理论导报，2009（2）：50－52.

［30］谭跃进．定量分析方法［M］．北京：中国人民大学出版社，2002.

［31］黄贯虹，方刚．系统工程方法与应用［M］．广州：暨南大学出版社，2005.

［32］唐果，赵群．民营企业承担社会责任的SWOT分析［J］．学术交流，2009（1）：111－115.

［33］彭国甫，李树丞，盛明科．应用层次分析法确定政府绩效评估指标权重研究［J］．中国软科学，2004（6）：136－139.

［34］唐果，杨春花，贺翔．承担社会责任降低民营企业知识型员工流失率［J］．今日中国论坛，2008（6）：38－40.

［35］李碧珍．企业社会责任缺失：现状、根源、对策［J］．企业经济，2006（6）：12－15.

［36］唐果，贺翔．承担企业社会责任参与公共危机管理［J］．生态经济（学术版），2008（2）：71－73.

［37］薛澜，张强，钟开斌．危机管理［M］．北京：清华大学出版社，2006.

［38］陈振明．公共管理学原理［M］．北京：中国人民大学出版社，2003.

［39］张小明．公共部门危机管理［M］．北京：中国人民大学出版社，2007.

［40］薛澜．防范与重构：从SARS事件看转型期中国的危机管理［J］．改革，2003（3）：5－20.

［41］贺翔，唐果．社会救助政策方案规划中的福利经济学视点［J］．长春师范学院学报，2005（4）：26－27.

［42］唐果，邱佳砚，谢林吟，贺翔．地方政府促进公民参与社会救助的机制研究——基于浙江省11市的调查［J］．湖南行政学院学报，2019（1）：5－14.

［43］王晋颖．公民参与流浪儿童救助的研究［J］．商场现代化，

2012 (7): 291 - 292.

[44] 古丽燕. 建议增设公民不履行救助义务罪 [J]. 新疆社会经济, 1994 (6): 69 - 72.

[45] 杨红燕. 中央与地方政府间社会救助支出责任划分——理论基础、国际经验与改革思路 [J]. 中国软科学, 2011 (1): 25 - 33.

[46] 李虹, 王志章. 地震灾害救助中的地方政府角色定位探究 [J]. 科学决策, 2010 (10): 39 - 46.

[47] 石东坡, 李瑞宾. 试论地方政府履行社会救助职责的法治化问题——以地方政府舟曲救援为切入 [J]. 浙江工业大学学报 (社会科学版), 2012 (4): 436 - 441.

[48] 黄蕊. 地方政府对于失地农民救助的经济法责任及实现路径研究 [J]. 农业经济, 2017 (11): 75 - 77.

[49] 张洋. 关于地方政府对城市流浪群体救助行为的研究 [J]. 科教文汇, 2014 (2): 218 - 220.

[50] 蒋小民. 我国个人慈善捐赠行为的影响因素研究 [D]. 武汉: 武汉科技大学, 2011.

[51] 刘武, 杨晓飞, 张进美. 城市居民慈善行为的群体差异——以辽宁省为例 [J]. 东北大学学报 (社会科学版), 2010 (5): 426 - 432.

[52] 张进美, 刘武. 城市居民慈善认知状况及应对策略分析——以辽宁省 14 市数据为例 [J]. 社会保障研究, 2010 (6): 69 - 74.

[53] 苏媛媛, 石国亮. 居民慈善捐赠影响因素分析——基于全国五大城市的调查分析 [J]. 社会科学研究, 2014 (3): 111 - 115.

[54] 金英爱. 慈善组织诚信品质对公众捐赠动机的影响力分析——以青岛市和大连市城市居民为例 [J]. 社会福利, 2013 (3): 23 - 27.

[55] 黄晓瑞, 吴显华. 慈善捐赠的一个政策工具: 税收激励 [J]. 武汉大学学报 (哲学社会科学版), 2015 (4): 28 - 33.

[56] 胡晓明. 个人慈善捐赠动力机制研究 [D]. 郑州: 郑州大学, 2017.

[57] 贺翔. 地方政府助力“海归”高层次人才的企业突破创业期瓶颈之对策研究——以宁波市为例 [J]. 科研管理. 2018 (6): 30 - 36.

[58] 刘红霞, 武菊芳, 陈晓红, 齐新宇. 我国公民慈善意识缺失的思想渊源探析 [J]. 河北青年管理干部学院学报, 2012 (1): 44 - 46.

[59] 曲顺兰，张莉．税收调节收入分配：对个人慈善捐赠的激励[J]．税务研究，2011 (3)：33-35.

[60] 石国亮．慈善文化进学校：意义、挑战与路线图 [J]．长白学刊，2015 (2)：132-139.

[61] 邓国胜．慈善组织培育与发展的政策思考 [J]．社会科学研究，2006 (5)：119-123.

[62] 果佳，阚萍，马梦溪．从“格桑花”危机透视中国网络慈善组织的可持续发展问题 [J]．中国行政管理，2012 (11)：64-67.

[63] 孔祥利，邓国胜．公益慈善组织参与扶贫：制度困境与发展建议——基于广东省的实证研究 [J]．新视野，2013 (1)：72-76.

[64] 吕蓉蓉，陈沙麦．台湾义工慈善组织发展的思考与借鉴 [J]．中共福建省委党校学报，2009 (8)：53-57.

[65] 武菊芳，李骞．我国慈善组织现状解析与健康发展长效机制构建 [J]．河北师范大学学报（哲学社会科学版），2014 (5)：156-160.

[66] 张世君．企业社会责任的多元属性及其实现机制的构建 [J]．管理世界，2017 (9)：174-175.

[67] 赵辉．我国民营企业社会责任的层次性研究 [J]．经济纵横，2007 (5)：75-78.

[68] 金润圭．企业战略与管理 [M]．上海：立信会计出版社，2007.

[69] 付文阁．中国家族企业面临的紧要问题 [M]．北京：经济日报出版社，2004.

[70] 姜启军，顾庆良．企业社会责任和企业战略选择 [M]．上海：上海人民出版社，2008.

[71] 唐果，石静．推进宁波民营企业履行社会责任 [J]．经营与管理，2009 (10)：62-64.

[72] 罗必良．新制度经济学 [M]．太原：山西经济出版社，2005.

[73] 廖秋林，梁军．增强宁波中小型企业社会责任的对策探讨[J]．三江论坛，2008 (10)：40-44.

[74] 阎永哲，唐果，陈泱．新时代背景下我国慈善组织信用体系的创新研究 [J]．重庆城市管理职业学院学报，2018 (4)：18-25.

[75] 习近平．决胜全面建成小康社会，夺取新时代中国特色社会主

义伟大胜利——在中国共产党第十九次全国代表大会上的报告［EB/OL］. http://news.xinhuanet.com/politics/19cpcnc/2017 - 10/27/c_1121867529.htm（2017－10－27）.

［76］郑伟．互联网慈善运行模式及监督机制研究［J］．赤峰学院学报（汉文哲学社会科学版），2016（4）：91－92.

［77］周静雅．慈善监督体制与慈善公信力的关系研究［D］．长沙：湖南师范大学，2015.

［78］程慧栋．建立我国 NGO 信用评估体系刍议——基于北美 NCIB 慈善组织评估体系的启示［J］．经济与社会发展，2014（12）：74－76.

［79］李楠．慈善组织公信力的风险管理［D］．北京：中共北京市委党校，2013.

［80］邹勤．社会信任结构与社会信用体系建设研究［J］．四川师范大学学报（社会科学版），2006（7）：45－52.

［81］陈晓春，黄炎波，颜克高．非营利组织的共生探析［J］．湖南大学学报（社会科学版），2004（3）：52－54.

［82］汪忠，廖宇，吴琳．社会创业生态系统的结构与运行机制研究［J］．湖南大学学报（社会科学版），2014（5）：61－65.

［83］贺立平．慈善行为的经济分析［J］．北京科技大学学报（社会科学版），2004（2）：5－11.

［84］林于良，丁一岚．大数据提升高校精准资助成效的路径探析［J］．黑河学刊，2017（6）：186－188.

［85］张敏，马黎珺，张雯．企业慈善捐赠的政企纽带效应——基于我国上市公司的经验证据［J］．管理世界，2013（7）：163－171.

［86］阎永哲，唐果．基于大数据的慈善组织信息公开框架构建研究［J］．中国矿业大学学报（社会科学版），2017（5）：44－51.

［87］蔡勤禹，尹宝平．南京沦陷初期的慈善救助［J］．中国矿业大学学报（社会科学版），2015（5）：36－39.

［88］郝同民．基于公众预期的慈善组织财务信息披露研究［D］．乌鲁木齐：新疆财经大学，2014.

［89］俞可平，治理与善治［M］．北京：社会科学文献出版社，2000.

［90］曼瑟尔·奥尔森．集体行动的逻辑［M］．陈郁，译．上海：

三联书店，上海人民出版社，1995.

[91] 登哈特．新公共服务：服务而不是掌舵［M］．丁煌，译．北京：中国人民大学出版社，2010.

[92] 徐建军，杨晓伟，唐果．浙江高校青年志愿者参与和谐社区建设的模式总结与机制创新研究［J］．中国市场，2017（20）：218－219＋223.

[93] 胡锦涛．在省部级主要领导干部提高构建社会主义和谐社会能力专题研讨班上的讲话［N］．人民日报，2005－06－27（1）.

[94] 刘宏涛．新时期青年志愿服务问题研究［D］．北京：清华大学，2005.

[95] 刘雨青．共青团青年志愿服务工作机制的建构与完善研究［D］．南昌：南昌大学，2015.

[96] 马娜娜．宁波市社区体育志愿者发展的长效机制研究［D］．宁波：宁波大学，2013.

[97] 邢姝，包玲艳，游嘉慧．专业化志愿服务对大学生成长成才的实证分析［J］．北京教育（高教），2015（4）：62－64.

[98] 祝京衢．高校青年志愿者参与社区建设模式调查及思考［J］．浙江海洋学院学报（人文科学版），2010（1）：105－108.

[99] 乜琪．服务对象对社会工作的职业认同研究——对北京、上海两地服务对象的调查［J］．新视野，2011（1）：79－81.

[100] 吴彩容，甘燕飞．公众对社工职业的认同度及其影响因素研究——以广东地区为例［J］．广东开放大学学报，2015（6）：39－43.

[101] 卫利珍，王静．广东省社会工作者工作满意度及影响因素研究［J］．社会工作与管理，2014（9）：41－46.

[102] 张丽芬，童翎．论社会工作职业的社会认同度［J］．贵州师范大学学报（社会科学版），2015（3）：156－160.

[103] 邵青．民办社工机构承接政府购买服务：实践、困境与创新［J］．求实，2012（4）：51－54.

[104] 刘文瑞．民办社工机构社工人才流失问题的分析与思考——基于北京深圳成都三地的调查［J］．中国社会科学院研究生学报，2016（1）：63－68.

[105] 杨发祥，叶淑静．社工薪酬的结构性困境与可能出路——以

珠三角地区为例［J］. 江苏行政学院学报，2016（5）：48－53.

［106］陈恺宇，唐果．我国NGO人力资源管理困境对策研究——基于“钻石模型”的视角［J］. 现代商业，2016（29）：133－135.

［107］王文婷．中国非营利组织人力资源管理评议［J］. 辽宁行政学院学报，2009（10）：211－212.

［108］褚松燕．中外非政府组织管理体制比较［M］. 北京：国家行政学院出版社，2008.

［109］文青．“银杏计划”点燃青年公益人才希望——中国公益人才现状调研及南都“银杏伙伴成长计划”述评［J］. 社团管理研究，2011（1）：57－58.

［110］贺翔．弹性化政府模式对我国政府管理的启示［J］. 中共济南市委党校学报，2005（3）：87－89.

［111］B. 盖伊·彼得斯．政府未来的治理模式［M］. 北京：中国人民大学出版社，2001.

［112］程样国，欧阳润．政府管理的一种新模式——弹性化政府［J］. 江西社会科学，2003（11）：19－20.

［113］陈荣富．公共管理前沿问题研究［M］. 哈尔滨：黑龙江出版社，2002.

［114］傅大友，袁勇志．行政改革 & 制度创新［M］. 上海：上海三联书店，2004.

［115］陈振明．政策科学［M］. 北京：中国人民大学出版社，2003.

［116］贺翔，唐果．公共选择理论对我国政府管理的几点启示［J］. 科学学与科学技术管理，2005（2）：89－91.

［117］夏书章．行政管理学［M］. 广州：中山大学出版社，2003.

［118］J. M. 布坎南．自由、市场与国家——80年代的政治经济学［M］. 上海：上海三联书店，1989.

［119］丁煌．西方行政学说史［M］. 武汉：武汉大学出版社，1999.

［120］郭伟和．福利经济学［M］. 北京：经济管理出版社，2001.

［121］孙学玉．当代公共行政的政治经济学分析［J］. 中国行政管理，2000（10）：50－54.

[122] 朱柏铭. 公共经济学 [M]. 杭州: 浙江大学出版社, 2003.

[123] 唐果, 贺翔. 新制度经济学对我国政府管理的几点启示 [J]. 湖北社会科学, 2005 (4): 51 – 52.

[124] 道格拉斯·诺思. 制度、制度变迁与经济绩效 [M]. 上海: 上海三联书店, 1994.

[125] 姜明安. 行政法与行政诉讼法 [M]. 北京: 北京大学出版社, 1999.

[126] 余敏江, 杨小军. 新制度经济学视野中的“德治” [J]. 研究生论坛, 2002 (26): 67 – 69.

[127] 柯武刚. 制度经济学 [M]. 北京: 商务印书馆, 2000.

[128] 卢现祥. 新制度经济学 [M]. 武汉: 武汉大学出版社, 2004.

[129] 朱崇实, 陈振明. 公共政策 [M], 北京: 中国人民大学出版社, 1999.

[130] 金丽馥, 石宏伟. 社会保障制度改革研究 [M] 北京: 中国经济出版社, 2000.

[131] 葛寿昌. 社会保障经济学 [M]. 上海: 上海财经大学出版社, 1999.

[132] 方青. 论我国社会救助制度的改革 [J]. 安徽师范大学学报, 1999 (4): 462 – 467.

[133] 朱慧新, 唐果. 国家助学贷款政策执行梗阻探析 [J]. 教育理论与实践, 2011 (24): 3 – 5.

[134] 张亚强, 钟学忠. 高校助学贷款工作的现状及思考 [J]. 国家教育行政学院学报, 2009 (10): 73 – 75 + 68.

[135] 贾永梅. 改进和完善国家助学贷款政策的若干建议 [J]. 现代教育科学, 2009 (5): 37 – 39.

[136] 宋冰. 国家助学贷款制度实施的十年之思 [J]. 浙江金融, 2010 (1): 63 – 64.

[137] 王桂胜. 福利经济学 [M]. 北京: 中国劳动社会保障出版社, 2007.

[138] 郭德侠. 国家助学贷款还款机制的问题及其完善 [J]. 教育发展研究, 2010 (3): 28 – 32.

[139] 张波. 高校在国家助学贷款中的风险及对策探讨 [J]. 金融与经济, 2009 (11): 87-89.

[140] 陈振明. 公共政策分析 [M]. 北京: 中国人民大学出版社, 2003.

[141] 刘丽平. 国家助学贷款政策有关问题研究 [J]. 甘肃社会科学, 2009 (4): 38-41.

[142] 诺思. 制度、制度变迁与经济绩效 [M]. 上海: 上海三联书店, 1994.

[143] 马克思. 马克思恩格斯选集 [M]. 北京: 人民出版社, 1995.

[144] 郭丽. 商业银行的企业社会责任与可持续发展战略关系探析 [J]. 南方金融, 2009 (8): 67-68.

[145] 付来博. 强化军队基层干部担当精神的思考 [J]. 西安政治学院学报, 2016 (1): 43-46.

[146] 杨丽. 以"红船精神"促基层干部担当作为 [J]. 现代经济信息, 2018 (15): 94.

[147] 孙增余. 浅议容错纠错机制对基层党员干部担当的作用 [J]. 东方企业文化, 2018 (1): 61.

[148] 李洋. 努力建设一支忠诚干净担当的基层干部队伍 [J]. 创造, 2017 (6): 21.

[149] 任志媛. 努力打造忠诚敬业勇于担当的基层干部队伍 [J]. 法制与社会, 2015 (17): 183-184.

[150] 和亚宁. 干事不负民望 担当不辱使命 [J]. 社会主义论坛, 2014 (11): 77-80.

[151] 张志蓬. 干部考德中需要认识的几个问题 [J]. 前进, 2014 (8): 40-41.

[152] 王宁. 践行为民宗旨 弘扬务实精神 坚守清廉底线——谈领导干部敢于担当的方向、内涵及底气 [J]. 前进, 2014 (5): 42-44.

[153] 夏茂子. 年轻的领导干部要有担当的情怀 [J]. 决策探索, 2015 (6): 34-35.

[154] 汪洋, 汪青松. 敢于担当与邓小平对中国特色社会主义的开创 [J]. 求实, 2014 (12): 15-19.

［155］黄信斯，唐果，贺翔．宁波市社会救助政策绩效的评价及提升措施［J］．经营与管理，2013（12）：118－121.

［156］王启富，王仕龙，俞建文．和谐视野下的新型社会救助体系建设——以宁波市为例［J］．三江论坛，2008（9）：26－30.

［157］张旭，田旭．基于模糊综合评价法的地方政府科技管理职能绩效评价［J］．科技与管理，2008（6）：73－75..

［158］乐章．社会救助学［M］．北京：北京大学出版社，2008.

［159］张敏．浅析城市低保制度中的“隐含税率”［J］．西部财会，2011（7）：58－60.

［160］李楠楠．辽宁省城市居民最低生活保障标准研究［D］．沈阳：辽宁大学，2008.

［161］张勇敏．宁波市弱势群体法律援助的实践与思考［J］．宁波大学学报（人文科学版），2010（2）：114－118.

［162］贺翔，徐一萍．我国廉租住房政策为何效果不佳［J］．党政论坛，2008（2）：39－41.

［163］万婷．完善我国城镇住房保障制度的政策性研究［J］．中国房地产金融，2006（3）：31－34.

［164］周江．关于进一步完善我国住房保障制度的政策建议［J］．中国房地信息，2006（8）：42－43.

［165］向辉．巴曙松认为：廉租房开发贷款应证券化［N］．中华工商时报，2006－8－1.

［166］易忠．浅议我国城市廉租住房建设存在的问题及对策［J］．经济问题探索，2007（6）：45－48.

［167］唐果．我国城市公共政策的失效与防控探析［J］．上海城市管理职业技术学院学报，2009（6）：51－54.

［168］朱水成，张宝林，张莹．公共决策失误与体制创新［J］．理论导刊，2004（8）：12－14.

［169］张国庆．公共政策分析［M］．上海：复旦大学出版社，2004.

［170］智贤．公共行政——市场逻辑与国家观念［M］．北京：北京三联书店，2004.

［171］王浦劬．政治学基础［M］．北京：北京大学出版社，1995.

[172] 商子楠，唐果．宁波流浪乞讨人员的多元化救助管理模式研究 [J]. 经营与管理，2016 (5)：136 - 138.

[173] 梁艳．应积极探索流浪乞讨人员分类救助管理的办法 [J]. 中国民政，2004 (9)：41.

[174] 裴予峰．救助管理制度的不足及完善 [J]. 法制论丛，2004 (2)：74 - 76.

[175] 雷承佐．社会救助政策的问题研究与思考 [J]. 中国民政，2004 (7)：15 - 16.

[176] 李学举．建立和完善新型的社会救助制度——加强城市生活无着的流浪乞讨人员救助管理工作 [J]. 中国民政，2004 (6)：7 - 9.

[177] 赵有声，杨钊，蒋山花．城市流浪乞讨人员救助管理模式的分析与创新 [J]. 重庆社会科学，2005 (10)：107 - 111.

[178] 唐果．宁波公共就业服务质量改善机制构建 [J]. 北京航空航天大学学报 (社会科学版)，2018 (1)：50 - 56.

[179] 钟君，刘志昌．中国城市基本公共服务力评价 (2014) [M]. 北京：社会科学文献出版社，2014.

[180] 邓永辉．黑龙江省公共就业服务体系创新与就业质量的关联研究 [J]. 对外经贸，2015 (1)：89 - 90.

[181] 黄少坚，谭志雄．非政府组织参与基本公共就业服务均等化促进就业服务质量的对策研究 [J]. 高教探索，2013 (5)：67 - 68.

[182] 赵秋颖．公共就业服务信息系统建设过程中的质量控制分析 [J]. 信息系统工程，2014 (3)：127.

[183] 吕敏捷．强化政府公共服务职能实现高质量就业 [J]. 职业，2013 (12)：22 - 23.

[184] 黄瑞意，赖育明，李恒．以国际标准淬就业服务——记福田区公共就业服务平台推行 ISO 质量管理体系 [J]. 中国就业，2011 (10)：46 - 47.

[185] 于千千，邹再进，甘开鹏．服务型政府管理概论 [M]. 北京：北京大学出版社，2012.

[186] 陈志琴，程结晶．基于服务质量差距模型的数字图书馆服务质量分析 [J]. 图书馆学研究，2013 (8)：73 - 79.

[187] 孙顺利．基于服务质量差距模型的高等教育服务质量改进研

究［J］. 现代教育管理，2011（5）：62－64.

［188］王啸岱，李莉. 基于服务质量差距模型提升社区卫生服务质量的研究［J］. 中国卫生经济，2010（12）：72－74.

［189］丁洪福，王溢涵，董晓东. 服务质量差距模型在商业银行服务质量改进中的应用［J］. 浙江金融，2009（3）：36－37.

［190］瓦拉瑞尔 A. 泽丝曼尔，玛丽·乔·比特纳，德韦恩 D. 格兰姆勒. 服务营销［M］. 北京：机械工业出版社，2012.

［191］谢林吟，唐果. 老龄服务供给侧改革：供给主体的职责与关系［J］. 老龄科学研究，2018（10）：26－34.

［192］党俊武，周燕珉. 中国老年宜居环境发展报告（2015）［M］. 北京：社会科学文献出版社，2016.

［193］辜胜阻，吴华君，曹冬梅. 构建科学合理养老服务体系的战略思考与建议［J］. 人口研究，2017，41（1）：5－11.

［194］林宝. 养老服务供给侧改革：重点任务与改革思路［J］. 北京工业大学学报（社会科学版），2017，17（6）：12－15.

［195］刘晓静，张继良. 中国养老服务体系建设的理念、路径及对策［J］. 河北学刊，2013（3）：21.

［196］王桂云. 多元化社会养老服务体系建设对策研究［J］. 中国人口·资源与环境，2015，25（12）：168－169.

［197］邬沧萍，杜鹏. 中国人口老龄化：变化与挑战［M］. 北京：中国人口出版社，2006.

［198］杨凯元. 农村养老服务供给主体多元化发展研究［D］. 吉林：吉林大学，2017.

［199］张盈华，闫江. 中国养老服务现状、问题与公共政策选择［J］. 当代经济管理，2015，37（1）：51－56.

［200］周敏. 论我国居家养老服务的产业化之路：兼谈政府、市场及家庭的职能定位［J］. 社会保障研究，2015（1）：40－43.

［201］唐果，黄垚，阎永哲，陈恺宇，贺翔. 钻石模型视角下促进养老服务业发展的地方政府职能配置研究［J］. 经营与管理，2015（11）：143－145.

［202］Lester Salamon. Global Civil Society（Volume Two）：Dimensions of Nonprofit Sector［M］. Kumarian Press，2004：9－10.

[203] John S. Dryzek and Brain Ripley. The Ambitions of Policy Design [J]. Policy Studies Journal, Summer 1998, Vol. 7, No. 4, pp. 705 – 719.

[204] Brown W O, Helland E, Smith J K. Corporate Philanthropic Practices [J]. Journal of Corporate Finance, 2006, 12 (5): 855 – 877.

[205] Brammer, Stephen, Andrew Millington. Firm Size, Organizational Visibility and Corporate Philanthropy: an Empirical Analysis [J]. Business Ethics: A European Review, 2006, 15 (1): 6 – 18.

[206] O'Neil M. Research on Giving and Volunteering: Methodological Considerations [J]. Nonprofit and Voluntary Sector Quarterly, 2001, 30 (3): 505 – 514.

[207] Shih – Ying Wu . An Analysis of the Peer Effects in Charitable Giving: The Case of Taiwan [J], Journal of Family and Economic Issues, 2004, 25 (4).

[208] Paul C. Light. How Americans View Charities: A Report on Charitable Confidence [R]. 2008 Report on Charitable Confidence, 2008.

[209] Arthur C. Brooks. The Effects of Public Policy on Private Charity [J] . Administration Society, 2004 (2): 166 – 185.

[210] Keating E K, Frumkin P. Reengineering nonprofit financial accountability: toward a more reliable foundation for regulation [J]. Public Administration Review, 2003 (63): 3 – 15.

[211] Khumawala S, Neely D, Gordon T P. The cost and benefits of voluntary disclosures by nonprofit organizations [R]. Paper Presentation at the American Accounting Assn. Annual Meeting, 2010.

[212] Zucker, L. G. Production of trust: institutional sources of economic structure: 1840 – 1920 [J]. Research in Organizational Behavior, 1986 (8): 53 – 111.

[213] Grover Starling. Strategies for Policy Making, The Dorsey Press, 1988.

[214] David Easton. The Political System: An Inquiry into the State of Political Science, New York: Knopf, 1971.

[215] Frederickson. The Spirit of Public Administration, San Francisco, Jossey – Bass Publishers, 1997.

[216] Peter F Drucker. The practice of management [M]. New York: Harper Press, 1985: 89.

[217] James R . Evans. The Management and Control of Quality [M]. Singapore: engage learning, 2008: 114.

[218] David Osborne, Ted Gaebler. Reinventing Government: How the Entrepreneurial Spirit is transforming the Public Sector [M]. New York: Plume Press, 1993: 245.

[219] W. Edwards Deming. Out of the Crisis [M]. Cambridge, Mass. : MIT Center for Advanced Engineering Study, 1986: 127.

[220] Al Gore, From Red Tape to Results: Creating a Government That Works Better & Costs Less: The Report of the National Performance Review (Washington, D. C. : U. S. Government Printing Office, 1993), 67.

后 记

我于2008年进入宁波大学科学技术学院从事教学、科研工作，不知不觉已有十几年。在这十几年中，除了做好教学工作，我一直对我国地方政府治理问题和社会救助问题进行思考。自2008年至今，围绕地方政府治理问题以及社会救助问题，我陆续主持了17项厅市级以上课题，其中1项教育部人文社科一般项目、2项浙江省软科学项目，以独立作者或第一作者身份先后公开发表40多篇论文。随着对地方政府治理问题和社会救助问题研究的深入，我逐渐有了出书的想法。本书是我的第一本专著，是我对地方政府治理问题、社会救助问题的系统性思考和总结。宁波大学商学院贺翔副教授撰写了该书的一部分内容，宁波大学科学技术学院朱慧新、阎永哲、商子楠、陈恺宇、谢林吟、徐建军等老师对本书亦有贡献，在此一并感谢。

唐 果

2020年7月9日于宁波宁大花园